MALAS

Carmen Alborch

MALAS

Rivalidad y complicidad entre mujeres

© De esta edición:
2002, Santillana Ediciones Generales, S. L.
Torrelaguna, 60. 28043 Madrid
Teléfono 91 744 90 60
Telefax 91 744 90 93

• Aguilar, Altea, Taurus, Alfaguara, S. A.
Beazley 3860. 1437 Buenos Aires
• Aguilar, Altea, Taurus, Alfaguara, S. A. de C. V.
Avda. Universidad, 767, Col. del Valle,
México, D.F. C. P. 03100
• Ediciones Santillana, S. A.
Calle 80 N° 10-23
Bogotá, Colombia

Diseño de cubierta: Grafica

Primera edición: mayo de 2002
Quinta edición: junio de 2002

ISBN: 84-03-09294-6
Depósito legal: M-28.167-02
Impreso en España por Unigraf, S. L., Móstoles (Madrid)
Printed in Spain

A las mujeres de mi vida

Agradecimientos

Doy las gracias a José Luis Gutiérrez por su constante estímulo intelectual. A mi hermosa familia. A mis amigos de siempre, especialmente a Rafael García Montserrat, Josevi Plaza y Jesús Olavarría, y a mis queridas amigas Paca Conesa, Charo Álvarez, Toni Picazo, Isabel Morant, Consuelo Català, Neus Albertos y Amelia Valcárcel. A mis compañeros y compañeras del Congreso de los Diputados y especialmente a Ángeles Amador, Rosa Conde, Lola Gorostiaga, Elvira Cortajarena, Francesca Martín, Arantxa Mendizabal, Blanca García Manzanares, Amparo Rubiales y Juana Serna.

A Laia Frías por su esmerado trabajo bibliográfico. A la editorial.

Y de antemano mi gratitud a quienes tomen este libro como pretexto para intercambiar razones y emociones.

Índice

Introducción 13

Hurgar en la antigua herida 21
   Mujeres contra mujeres 24
   La conquista de la singularidad 31
   Del patriarcado impuesto al «consentido».......... 41
   Roles y expectativas... 51

Los cantos misóginos 61
   Sexismo, misoginia y antifeminismo 61
   Vituperio y elogio de lo femenino 66
   La desarticulación de la misoginia..................... 78

Madres e hijas.. 85
   Nuestro mapa del mundo 87
   El recurso a la queja 94
   Fantasías no, gracias... 97
   Encrucijada de culpas....................................... 103

El malestar de las mujeres............................ 117
   Querer ser, poder ser, llegar a ser 117
   La mujer liberada no existe................................ 126
   Un largo camino por recorrer 130

Encuentros y desencuentros **137**
Sentimientos: reconocerlos para reconocernos... 137
La envidia, hija de la inseguridad 143
Nuevos deseos 153
Saboteando la ambición 159
Compartir la buena estrella 164
Mujeres en el exterior 168
Competencia versus competitividad 175
Violencia y autoviolencia 185

La exteriorización de los conflictos **201**
Lloramos por tantas cosas 203
La franqueza 209
Relaciones complejas 216

De rivales a cómplices **223**
El difícil ejercicio de la libertad 224
Complicidades generacionales 229
La otra complicidad 234

Juntas **241**
Amor con amor se paga 241
Pactos y alianzas 248
Enredadas cosmopolitas 257
Mujeres construyendo paz 266
Creadoras de estrategias para la vida 281
Unidas por los saberes 285
Solidaridad y sororidad 293

Nosotras y ellos **303**

Bibliografía 311

Introducción

A lo largo de los años, en nuestra compleja existencia como mujeres, van haciéndose cada vez más perceptibles ciertas emociones que nos inquietan. Recurrentemente nos planteamos preguntas incómodas acerca de algunos de nuestros comportamientos que quisiéramos ignorar y a las que no damos respuesta. Hay palabras que nos causan temor, de la misma manera que hay sentimientos que no queremos desvelar ante nosotras, ni tan siquiera reconocer en nuestro fuero interno. Son temas espinosos que surgen en nuestras conversaciones, y sobre los que pasamos casi de puntillas. Hablo de las tensiones, encuentros y desencuentros entre mujeres. Nos queremos, nos envidiamos, nos compadecemos, nos enfadamos, nos prestamos a la confidencia, nos apoyamos, competimos, nos divertimos y aprendemos juntas. Nuestras aspiraciones y necesidades entran en conflicto y se crea el caldo de cultivo ideal para que germine la rivalidad.

Hablar de lo que nos une es más fácil, obviamente, que hacerlo de lo que nos separa y obstaculiza o entorpece nuestras relaciones, individuales y colectivas. Averiguar la causa de las tensiones que nos amargan, explicitarlas, reconocerlas, forma parte de un proceso, a veces doloroso, que nos resistimos a iniciar. Tropezamos con numerosos obstáculos, es cierto, y éstos no siempre son identificables con claridad. A veces parece que sean insuperables, y, por tratarse de condicionamientos *naturales*, inalterables. Bloqueadas por la misoginia, no indagamos en nuestros sentimientos y emociones, algo tan necesario para cambiar los paradigmas sociales que nos excluyen o nos enfrentan con nosotras mismas. La misoginia no es sólo una palabra antipática y lejana, patrimonio exclusivo de los hombres: yo también soy misógina, de forma involuntaria, acaso inconscientemente.

Rehuimos profundizar en algunas cuestiones, pero si llegamos a plantearlas, quienes lo hacemos parece que quisiéramos hurgar inoportunamente en la herida al poner de manifiesto los problemas que de hecho existen entre nosotras, ofreciendo argumentos al *adversario*. Sin embargo, nos conviene. Se corre el peligro de malas interpretaciones, de descontextualizaciones, de utilizaciones interesadas. Pero debemos asumir ese riesgo. Tenemos que aprender a vivir con los conflictos, sin rehuir hablar de ellos, aprender a mostrarnos como mujeres complejas y singulares.

Pero ¿qué llevamos en nuestra cajita de miserias? El lado oscuro, *la sombra*, es decir, aquello que relegamos a lo más profundo de nuestra mente. Al menos, ya vamos descubriendo que más vale asumir nuestras mezquindades y exponerlas que ignorarlas. Hablar de ellas supone, de entrada, una cierta valentía, y contribuye a que se desvanezcan. Hablar nos procura alivio, también.

Aproximarnos a los conflictos, conocer sus causas, partir de la realidad sin falsearla, resulta a veces complicado por nuestra propia implicación en ellos. La rivalidad entre mujeres se reproduce en la competencia por ocupar un lugar en el mundo; no es casual sino consecuencia de lo que hemos interiorizado a lo largo de los tiempos; tampoco es patrimonio exclusivo de las mujeres, ni mucho menos, pero sí tiene entre nosotras su propia especificidad, su peculiar perfil. La rivalidad no es natural ni inevitable, se puede superar si asumimos que existe e intentamos averiguar sus causas, sus orígenes, remotos y próximos. Y si cambiamos los procesos de socialización, los modos de aprender y lo que aprendemos.

Conscientes de nuestras semejanzas y diferencias, partícipes de una condición, con conciencia de pertenecer a una categoría biológica y social, somos moldeadas por una cultura que nos excluye o nos delimita como seres para los otros y de la que también formamos parte. Pero no queremos dejarnos llevar por el determinismo, ni caer en la trampa del *naturalismo* conservador en virtud del cual así son las cosas, así han sido y así serán. Nos hace falta hablar sobre nosotras. Mirarnos a nosotras mismas es, como mínimo, un ejercicio interesante. Es necesario, ya que nuestra vida está profundamente marcada por las relaciones con otras mujeres, desde el inicio, desde la importante relación nuclear madre-hija. Nos conviene liberarnos de ciertos miedos paralizantes, romper el cerco de los tópicos, los estereotipos, de los lugares comunes acerca de nosotras transmitidos y aprendidos a lo largo de años y años, y darle un papel protagonista a la creatividad, la franqueza, el respeto, la alianza, la complicidad.

Las mujeres no somos amigas por naturaleza, pero tampoco las peores enemigas. Abrigamos el anhelo de poder formular nuestros propios deseos y ambiciones, asumir el riesgo de descubrir quiénes somos. Es posible cambiar, mejorar las relaciones, los paradigmas. Con mayor o menor grado de conciencia, somos muchas —cada vez más— las que aspiramos a ser ciudadanas libres y responsables, las que anhelamos poder decidir sobre nuestra propia vida, las que sentimos la necesidad de progresar, de mejorar. Se está haciendo. De hecho hemos desarrollado formas de intercomunicación y relación de gran calidad. Entre nosotras y con ellos.

Cuando ponemos de relieve la fuerza que existe en el encuentro y la relación con las otras mujeres al compartir proyectos, sentimientos, vivencias, nos desplazamos *de la rivalidad a la complicidad*. Afirmamos nuestro protagonismo al plantearnos el reto de ser leales con nosotras, de tomarnos en serio. Quizá hayamos confiado, ingenuamente, en que determinadas transformaciones se producirían por el mero enunciado de unos principios, o en que con la simple repetición de conceptos como «liberación» o «solidaridad» determinados problemas desaparecerían, y con ellos la rivalidad y la envidia, y las relaciones de poder.

No queremos ser ni sentirnos víctimas, pero huir del victimismo no quiere decir que desconozcamos la realidad, nuestra trayectoria, nuestra propia historia personal y colectiva, que no la describamos y la valoremos. Transcurridos algunos años, podemos sentirnos orgullosas de haber alcanzado ciertos objetivos y de ser herederas de mujeres ejemplares que nos han transmitido valores hoy irrenunciables. Pero junto a todo ello también debemos asumir errores, carencias, y analizar dónde hemos tropezado y por qué. Todavía nos cuesta reconocer autoridad a las mujeres, liberarnos de prejuicios, de ciertas tradiciones, de aquello que obstaculiza nuestra plena autonomía, que mantiene la asimetría, que potencia y exagera los enfrentamientos. Los tiempos cambian, la realidad evoluciona rápidamente y, como consecuencia, las relaciones entre nosotras tienden a adquirir mayor complejidad, con aspectos positivos, sí, pero también con nuevos conflictos. Junto a la rivalidad histórica —la eterna competencia por el hombre— surgen otros motivos que nos enfrentan, entre ellos los que tienen que ver con la mayor participación en el mundo exterior, en el ámbito profesional y político, con la independencia económica. A lo de siempre se añade lo nuevo, nuevas razones para el conflicto en otros aspectos de la vida y en diferentes espacios.

«Malas» es el plural de «mala». Y «mala», a su vez, procede de «Mal». Las hipótesis sobre el Bien y el Mal se entrecruzan transversalmente en los campos del saber más variados y dispares, desde la metafísica a las ciencias que estudian el comportamiento humano, como la sociología o la psicología, la ética, la economía, la ciencia jurídica, la ciencia política. Si el Bien se identifica con la Belleza y la Verdad, el Mal es, *sensu contrario*, la Fealdad y la Mentira. Todo el saber humano aparece impregnado de ese interminable, eterno y maniqueo combate entre el Bien y el Mal, para desconcierto de teólogos que quizá encuentren algún obstáculo a la hora de explicar un universo creado por un Dios todopoderoso impulsado por infinita bondad que, sin embargo, contempla y permite que las fuerzas del Mal se interrelacionen en el universo enfrentadas a los designios de la Divina Providencia.

Aunque la concepción judeocristiana de la mujer arrastre el estigma bíblico de Eva como la gran incitadora y causante de la perdición de los hombres, al haber impulsado a Adán a caer en la tentación y probar la fruta prohibida tomada del Árbol de la Ciencia del Bien y del Mal —no podía llamarse de otra forma— la intención y las entonaciones del epígrafe que da título a este libro carecen de cualquier connotación bíblica.

La voz «malas» puede encerrar acepciones que van desde la travesura inocente y bulliciosa a la más taimada y refinada de las fechorías, de la mentira intranscendente a la traición más diabólica y despiadada protagonizada por cualquiera de las grandes damas del Mal que ha conocido la historia.

Sin embargo, la acepción de «malas» a la que se acoge este libro alberga pretensiones mucho más modestas y alude esencialmente a las relaciones entre mujeres en un mundo construido por y para hombres, mujeres en las que la lucha por el éxito y el triunfo ha *masculinizado* —en el peor de los sentidos de la expresión— algunos de sus hábitos, formas de comportamiento y recursos, forzándolas a adoptar los mismos lenguajes y ademanes bélicos de los hombres frente a sus congéneres, las demás mujeres, con las que se ven forzadas a competir desde la pueril concepción masculina del éxito y el triunfo.

Malas trata esencialmente de este fenómeno, que no es lineal, unidireccional, ni maniqueo, de enfrentamientos entre el blanco y el negro, sino un complejo universo de relaciones repleto de matices, sombras y claroscuros, en el que en muchas ocasiones resulta extremadamente difícil encontrar la luz, donde la complicidad puede transformarse en rivalidad y viceversa en el alma compleja y recóndita de las mujeres.

Me gustaría, además, con este título «conjurar el maleficio», desbaratar los planes de quienes desde las actitudes tradicionales —cada vez que no somos obedientes, subvertimos el orden establecido, no cumplimos las expectativas que se tiene sobre nosotras— nos acusan de malas, con la inevitable consecuencia de no ser queridas.

¿Desde dónde hablo, escribo? Desde un contexto específico, nuestro propio entorno político, cultural y generacional. No obstante, me haré eco de voces de mujeres no tan cercanas, pertenecientes a otras culturas, a otras épocas y generaciones, conocidas o anónimas, reales o de ficción, que nos aportarán experiencias individuales y colectivas, estrategias dignas de atención, ritos y mitos. Somos ciudadanas del mundo o al menos aspirantes convencidas a serlo, cosmopolitas *enredadas*, y por tanto aludiré a algunas experiencias que se están desarrollando en la Red, sobre todo como vehículo para la solidaridad. Hablaré también desde distintas perspectivas, de lo privado a lo público, del interior al exterior, del íntimo y complejo universo emocional a la autoridad, el éxito, los saberes, las alianzas.

Procuro aprender, me gusta escuchar y observar, siento una gran curiosidad por todos los temas que nos atañen como mujeres. He estado acompañada por libros importantes, por maestras, y no sólo maestras del mundo académico, también por mis amigas y compañeras, he participado en talleres y encuentros, compartiendo saberes variados y vivencias, intercambiando experiencias. Todo ello es lo que se puede encontrar en las páginas que siguen, escritas con franqueza. Las experiencias de estos últimos años, los que han servido de periodo de incubación de este libro, me permiten conservar la esperanza de que sea posible practicar la buena vida. Y mantener el sentido del humor.

Hurgar en la antigua herida

¿Qué es lo que no acaba de funcionar entre nosotras? Para dar respuesta a esta cuestión quizá sea necesario interrogarnos, aunque sea brevemente, acerca de los orígenes del asunto, es decir, quizá haga falta que nos planteemos esa pregunta tan universal y repetida y que corre el peligro de sonar trascendente en exceso: ¿de dónde venimos? Me refiero al origen del sistema de asimetría social que subordina a las mujeres, las divide y las enfrenta entre sí y las convierte, como condición inexcusable para la supervivencia del propio sistema, en rivales que compiten por ocupar un lugar en el mundo, un espacio limitado. Si, como he apuntado, nos hemos convertido en adversarias unas de otras —o nos han convertido— bueno será que en esta revisión indaguemos también en el papel, no siempre inocente, que hemos jugado nosotras en ello. Se trata de un elemental ejercicio de responsabilidad y un intento de no quedar atrapadas, de no desaprovechar energías vitales y vivir la vida.

Estamos inmersas en una cultura de la que formamos parte y cuyos valores hemos transmitido y seguimos transmitiendo al menos en parte. Representamos nuestro papel, el de «seres para los otros», en expresión de Franca Basaglia, pero algo se rebela en nuestro interior.

La mujer singular que somos, que se reconoce a sí misma como individuo, vive con un profundo sentimiento de esquizofrenia, en palabras de Agnes Heller, las señales contradictorias del mundo en que vivimos.

Las «señales contradictorias» y la «esquizofrenia» no son nuevas: decía sor Juana Inés de la Cruz que era «locura» enseñarle al niño quién es el «coco» y después exigirle que no tuviera miedo. A la pirueta barroca, añadía, dirigiéndose a los hombres que vituperan a las mujeres: «Queredlas cual las hacéis / o hacedlas cual las buscáis». Y así ha sido: ellos han configurado nuestro pensamiento y aún nos temen o nos desprecian. Buscan en la mujer lo que nunca han tenido el valor de inculcarnos. Es decir, lo hacen al revés: ensalzamiento de lo femenino como depositario de valores excelsos, como la maternidad (exclusiva, instintiva, incondicional), por una parte; subordinación social efectiva, por otra. Somos mujeres escindidas, como dice Franca Basaglia; eternas secundarias sin protagonismo alguno.

Seres incompletos que sólo obtienen razón de ser cuando se incorporan al mundo masculino; no es pues extraño que compitamos por un lugar en ese orden de valores. Y que las que no lo alcanzan sientan envidia de las elegidas.

Se propicia la rivalidad entre nosotras como elemento necesario para la supervivencia del sistema, decía antes. Pero lo más grave de la competencia femenina quizá sea el efecto perverso que provoca, la desvalorización de las mujeres por las propias mujeres. Gloria Steinem nos recuerda que todo aquello propio de un grupo poderoso, sin importar qué sea, se percibe como excelente y deseable; en cambio, los atributos de los grupos más débiles no son considerados tan anhelables, al margen de lo intrínsecamente importantes que puedan ser. Asimiladas las instrucciones sobre la utilidad social de la propia aniquilación, las mujeres siguen colaborando en su propia destrucción.

Rivalidad, envidia... Son palabras desagradables, incómodas, que nos rechinan en los oídos. Escucharlas, nos cuenta Ornella Tretin en su trabajo «Más allá de la punta de las flechas», nos produce un sufrimiento agudo, como si algo se nos clavara en el flanco o el corazón. Porque nos sabemos víctimas y verdugos a la vez. «Lo que yo tengo por dentro», decía Rosita, «me lo guardo para mí sola». Rosita guardaba las heridas y las burlas de otras mujeres... «Las mujeres que no tienen novio están pochas y recocidas», «Una carta de un novio no es un devocionario», o cosas semejantes, se decían por herir, por envidia o por rencor. (Federico García Lorca en *Doña Rosita la soltera*). Todo por amor o todo por... casarse. El propio poeta y dramaturgo lo entendió así: «Se trata de una línea trágica de nuestra vida social: las españolas que se quedan solteras» y el sufrimiento con el que cargan por ello. En Lorca era denuncia; en la vida real, una «tragedia»: insultos, vejaciones... La mujer *debe* casarse, *debe* tener hijos, *debe, debe, debe*... «No hay nada más triste que ver a un niño malo y, peor todavía, a una niña. ¿Sabes dónde van las niñas malas cuando mueren?», le decían a una joven romántica (Charlotte Brontë, en *Jane Eyre*).

Cuando una mujer hiere a otra con una frase irónica —vuelvo a Ornella Tretin— o una mirada hostil, se hiere a sí misma; y cada vez que manifiesta menosprecio hacia otra, refuerza todo lo acumulado por la historia sobre la espalda de las mujeres.

Lo aprendemos de pequeñas: aprendemos a competir entre nosotras, a devaluarnos, a crearnos inseguridad.

Vivimos en una necesidad constante de que nos acepten, de demostrar la propia valía. Hemos internalizado que somos menos que los hombres, y por eso no encontramos en nosotras valores con los que identificarnos. ¿Será cierto que no hemos hecho nada de qué enorgullecernos? ¿Será cierto que sólo somos como Eva, portadoras del pecado? ¿Sólo Pandora esparciendo males por la Tierra? ¿Sólo Mesalina, sólo Manon Lescaut, sólo Naná? ¿Sólo hadas o arpías? ¿Sólo monjas o brujas?

Muchas cosas podrían cambiar si entre nosotras prosperase la confianza. ¿De veras es imposible derrochar la energía en sentido contrario? Soñar con un apoyo recíproco y un respeto explícito, ¿es demasiado? No, porque es también una parte de la realidad. A veces, cuando hablamos entre nosotras, en conversaciones informales, parecería una aspiración realizable o más extendida. Sin embargo...

MUJERES CONTRA MUJERES

La primera relación de la mujer, ambivalente y contradictoria, relación a la vez de enemistad y de amor, es con su madre; después la ambivalencia se extiende a todas las mujeres, próximas y lejanas, amigas, hermanas, hijas, compañeras de trabajo o de grupo social. El conflicto es vivido también dentro de cada una, dice Marcela Lagarde.

Cualquier mujer es una enemiga en potencia: cada una disputa a todas las demás un lugar en el mundo a partir del reconocimiento del hombre y de su relación con él, de su pertenencia a sus instituciones sociales y al amparo del poder.

La rivalidad, el enfrentamiento entre mujeres ofrece algunos ejemplos clásicos. Comenzaremos por las diosas. Con motivo de las bodas de Tetis y Peleo, se reunieron en un banquete los dioses del Olimpo. La Discordia, que no fue invitada, dejó una manzana entre la fruta con la siguiente inscripción: «Para la más hermosa». Afrodita, Hera y Atenea lucharon por ser la más hermosa. Prudentemente, Zeus no quiso juzgar el asunto, y pidió que fuera el príncipe Paris quien decidiera la cuestión. Las diosas bajaron al monte Ida y mostraron sus encantos al príncipe... Además, Hera le prometió que, si la nombraba a ella, lo convertiría en dueño del mundo; Atenea le ofreció ser invencible en la guerra. Afrodita le prometió a la mujer más hermosa. El famoso *Juicio de Paris* se resolvió a favor de Afrodita: ésta le concedió a Helena y así comenzó la Guerra de Troya. Afrodita estuvo siempre de parte de Paris, pero Atenea y Hera se convirtieron en enemigas implacables de los troyanos. No será necesario explicar a qué conduce el mito.

El mito de la mujer vencedora en virtud de su maternidad se muestra en el ejemplo bíblico de Lía y Raquel. Ambas, hermanas, fueron esposas de Jacob, pero éste desdeñó a Lía —la de los ojos apagados— y no la amaba; prefería en cambio a Raquel —hermosa y de bello aspecto—. Desde el punto de vista humano, así debería ser; pero la mentalidad judeocristiana propone como esencial la maternidad. Así las cosas, Yavé hizo a Lía fecunda, y convirtió en estéril a Raquel. El premio de la mujer es la maternidad. La historia de las dos hermanas continúa: entregan a sus propias criadas para que le den más hijos, considerándolos suyos, y no niegan que «luchas sobrehumanas he reñido con mi hermana».

La belleza siempre ha estado relacionada con la mujer; la mujer es, por definición, bella. En la actualidad, el bombardeo de modelos de mujer físicamente perfecta es brutal. Muchas mujeres tienen ese modelo sumamente interiorizado y el físico obsesiona sus vidas. Es este aspecto de la feminidad el más palpable, el más claro, cuando hablamos de rivalidad y competitividad: más que ser la buena, la inteligente o la divertida, debes ser la bella, la diosa. El mito de la belleza, como nueva tiranía, ha sido profundamente estudiado por Naomi Wolf.

Añadiremos algunos ejemplos más que nos ayudarán a establecer en qué términos y por qué razones rivalizan las mujeres. María e Isabel Tudor eran hermanastras, nacidas del primer y segundo matrimonio de Enrique VIII con Catalina de Aragón y Ana Bolena, respectivamente. Tras los sucesivos matrimonios y ajusticiamientos, ambas hermanas fueron rebajadas —de princesa a lady—, pero entre ellas existía una competencia por el poder, ya que ambas aparecían en la línea sucesoria tras Eduardo I. Éste murió pronto y María fue proclamada reina. Comenzó entonces una terrible persecución contra Isabel, plagada de conspiraciones y encierros. A pesar de las súplicas y las peticiones, la reina María confinó a su hermana en la Torre de Londres, y después la alejó de sí. Sólo al final de sus días cesaron los temores y las amenazas, y la reina María Tudor declaró heredera a Isabel, nueva reina de Inglaterra.

Isabel de Farnesio y María Ana de la Tremouille de Noirmoutier, princesa de los Ursinos, se enfrentaron a la llegada de Isabel al trono de España. Inmediatamente dio comienzo la enemistad entre ambas. María Ana sabía que su competidora era una mujer ambiciosa, fuerte y cultivada. La princesa de los Ursinos confiaba en su influencia política y no dejó de demostrarlo, pero la nueva reina atajó pronto sus maniobras. Se dice que María Ana se negaba a hacer la preceptiva reverencia a su reina y que, incluso, llegó a hacerle notar lo grueso de su cintura, delatando la afición a la buena comida de Isabel de Farnesio. Al parecer, Isabel hizo llamar al jefe de su guardia y le dijo:

—Llevaos de aquí a esta loca que ha osado insultarme.

Sin mediar palabra y sin poder despedirse del rey, la princesa fue conducida a la frontera francesa con prohibición rigurosa de volver a pisar jamás territorio español.

María Callas y Renata Tebaldi forjaron una historia casi mítica de competitividad profesional. Todo comenzó a finales de la década de 1940, cuando ambas mujeres luchaban por asentar sus carreras en Italia, la cuna del arte operístico. La voz de Tebaldi era clásica, bella, cautivadora y encantaba a los más severos críticos. Callas no era técnicamente perfecta, pero resultaba expresiva, dramática y asumía los papeles a la perfección. En principio, hubiera sido lógico que entre ambas hubiese nacido una mutua admiración. Sin embargo, el hecho de que estuvieran intentando ocupar un lugar preeminente en la misma época, que ambas fueran sopranos y que, por tanto, dirigieran sus miradas a los mismos personajes, las convertía en competidoras-enemigas declaradas. A partir de 1950, con la gira americana, comenzaron los comentarios. En prensa aparecieron críticas de Callas hacia Tebaldi; aparecieron los celos y las intrigas. María Callas acusó a Tebaldi de haber conspirado contra ella y de haberle arrebatado algunos contratos. Los acercamientos fueron sustituidos por malentendidos y la prensa no dudaba en atizar el fuego, recogiendo cuantas frases ofensivas pudieran proferirse:

—Si llega el día en que mi querida amiga Renata Tebaldi cante *Norma* o *Lucía* una noche, y después *Violetta*, *La Gioconda* o *Medea* al día siguiente... entonces, y sólo entonces, seremos rivales —decía María Callas—. De lo contrario, sería lo mismo que comparar el champán con el coñac... no, con la coca-cola.

—La *signora* dice que no tengo espinazo —argumentaba Renata Tebaldi—. Respondo que tengo una cosa que ella no tiene: corazón.

El enfrentamiento prosiguió durante algunos meses, hasta que María Callas fue paulatinamente desapareciendo de la escena —su vida personal lo imponía—. El paso definitivo se dio unos años después, en 1968, cuando Renata Tebaldi actuaba en el Metropolitan de Nueva York. María Callas asistió al estreno y, tras la función, en el camerino, las dos sopranos se abrazaban y daban por finalizada, ante la prensa, una enemistad inútil. Ambas eran ahora mujeres maduras que, profesionalmente, habían llegado a la cima de sus carreras: ya no tenían que demostrar nada a nadie y, por lo tanto, debieron de sentir que no había razón para seguir representando una enemistad que, además, sólo convenía a terceros.

Es famosísima la enemistad entre Joan Crawford y Bette Davis. El apogeo de esta rivalidad llegó con el rodaje de *¿Qué fue de Baby Jane?* (Robert Aldrich, 1962). Ambas mujeres eran estrellas, aunque habían pertenecido a distintos estudios (la Warner y la Metro). Davis dijo de su oponente:

—Puede que exista el paraíso, pero si Joan Crawford está allí, yo no iré.

—Esos peinados —contestaba Crawford— no son adecuados para personas mayores. Creo que quedarían mejor en un perro...

—Siempre he opinado que su mejor actuación es la de Crawford por Crawford.

—Quítale los ojos saltones, el cigarro y esa extraña voz entrecortada y ¿con qué te quedas?

La competencia profesional, la apariencia física, los sentimientos... todo servía para atacar a la otra. Una rivalidad digna de Hera, Atenea y Afrodita. Sabemos que ésos no son los términos en los que debemos atacarnos, porque sabemos que estamos utilizando patrones que no nos pertenecen.

La explicación convencional de los malestares entre mujeres, señala Shere Hite, reside en que estamos abocadas a competir entre nosotras. ¿Cuál es la razón de esa competencia? La respuesta, también convencional, es que la estructura social hace que las mujeres se disputen a los hombres; aunque hay algo de verdad en ello, continúa la citada autora, nuestros enfrentamientos tienen causas más profundas que han pasado inadvertidas hasta ahora. Los celos motivados por el lugar que una mujer ocupa en el universo masculino no son tanto la razón de las peleas entre mujeres sino un síntoma de *deslealtad* a la propia condición femenina, una sutil manifestación de que se considera *irrelevante* la función de la mujer en la sociedad. Los enfrentamientos indican que la otra mujer no nos reconoce o acepta como miembros de primera clase (de la sociedad). Las dudas que la mujer tiene sobre su propia valía le hacen desconfiar también de la valía de las demás. Esto es lo que en gran medida mina las relaciones femeninas y da pie a los enfrentamientos. Conviene no olvidar la importancia de esta *devaluación*.

Lo que provoca el desencuentro entre las mujeres favorece el encuentro entre los hombres. De ahí que desde el orden masculino se impidan las alianzas femeninas para mantener el poder. El primer pacto entre hombres, señala Celia Amorós, fue la exclusión de las mujeres: para mantenerlas al *margen* es importante que no se encuentren. Ellos decidieron quiénes éramos y qué teníamos que hacer. Aunque nos hayan limitado el espacio, adjudicándonos papeles, destinos, ello no significa que el mundo entero no sea también nuestro, o no pueda serlo, sobre todo si somos capaces de utilizar nuestros recursos.

Parece bastante complicado que una mujer admire a otra mujer, que prescinda de esa mirada hipercrítica y comparativa que arroja sobre las otras. Son muchas, por contradictorio que parezca, las que sienten prejuicios contra el sexo femenino. Como consecuencia de haber internalizado nuestras supuestas carencias, tenemos una especial habilidad para detectar nuestros fallos, nuestras debilidades, y nos atenaza el miedo al ridículo, lo que se traduce en esa inseguridad que sentimos a la hora de actuar en el ámbito de lo público.

La humanidad ha estado sujeta a una visión limitada y distorsionada de sí misma precisamente en virtud de la subordinación de la mujer. «La humanidad ha sometido bajo el yugo a la mitad de sí misma: a la mujer», decía Eugénie Niboyet en su periódico *La Voix des femmes* (1848). Distorsión y confusión. Esta última surge, dice Lerner, cuando los subordinados absorben y hacen suyas una gran parte de las mentiras creadas por los dominadores. Y es más probable que se dé esa interiorización de las creencias dominantes si hay pocos conceptos alternativos a mano.

La conquista de la singularidad

¿Estoy repitiendo con lo dicho, una vez más, el viejo tópico de que las mujeres somos maliciosas, envidiosas y nuestras peores enemigas?, ¿es una creencia desfasada? «Mujer, tú eres la puerta del diablo», escribía Tertuliano, haciéndose eco de una tradición casi eterna. Me temo que seguimos jugando al mismo juego, aunque quizás ahora, por fin, intuimos su perversidad.

El lenguaje que utilizamos hoy es más correcto, pero la comparación, los juicios de valor aún están presentes en nuestra vida cotidiana. Si volviéramos a ver *Mujeres*, la película de Cukor de 1939, ¿podríamos, con sinceridad, considerarla desfasada? Recordemos que en *The Women* (sobre una obra de teatro de Clare Boothe), George Cukor narra la historia de Mary Haines (Norma Shearer), una dama neoyorquina, rica, guapa y bondadosa, cuyo marido mantiene relaciones con una encargada de perfumería, Chrystal (Joan Crawford). En lugar de quitarle importancia y fingir indiferencia, la esposa acepta los consejos de sus amigas, expertas en matrimonios fracasados y traiciones, y solicita el divorcio. Pero tras distintas peripecias, el marido infiel se acaba dando cuenta de que a Chrystal lo que le interesa fundamentalmente es el dinero. Anita Loos, brillante novelista y guionista, escribió escenas muy vivas. Destaca la de la *toilette* donde un grupo de mujeres cotillea frenéticamente. En medio de la conversación desencadenada, una de ellas toma una toalla y dice: «Mirad qué feo es este bordado chino». El propio Cukor recordaba que la actriz Billie Burke comparaba *Mujeres* a *Las alegres comadres de Windsor.*

Parece que hayamos interiorizado —y hemos de ser conscientes de ello si queremos superarlo—, aquello de que

el valor de cada mujer está en relación con la desvalorización de otras mujeres. Cuánto valgo, con relación a otra;
valgo más si tú vales menos. Se trata de una clave patriarcal en la que para que una mujer sea elegida, otra tiene que
ser excluida, nos recuerda Marcela Lagarde. Para valorar
a una mujer hay que descalificar a otra. Dependemos así
del valor que nos confieren los hombres. Lo masculino es
la manera de ser hegemónica, y se convierte en el referente universal del ser humano. La relación entre mujeres, por
tanto, no es directa; hay un mediador que nos da valor, el
hombre. Precisamente los desencuentros, los problemas
entre nosotras, la desvalorización que hacemos de otras
mujeres, se convierten en una barrera infranqueable para
la alianza femenina, que cada vez más aparece como una
necesidad inaplazable.

    ¿Dónde se nos coloca? Si partimos de la *jerarquía* y
centralidad de los hombres, las mujeres estamos en la *pe-
riferia*; lo masculino, la masculinidad, es la norma, el
referente, lo universal. Todas las relaciones están confi-
guradas —si somos aceptadas, queridas— desde la su-
premacía de los hombres. Se espera de ellas que sean femeninas, simpáticas, atentas, sumisas, discretas, por no
decir invisibles. Su destino consiste en agradar y complacer. «El orden de la naturaleza quiere que la mujer
obedezca al hombre», dice Rousseau en su *Emilio*. Tal es
el resumen: ellos nos quieren hermosas y alegres y nos
llaman frívolas. Nos piden sumisión y complacencia, y
así, nos tildan de inferiores y débiles. Recuérdese las palabras de sor Juana Inés de la Cruz citadas antes: nos hacen como quieren y nos desprecian por lo que han hecho
de nosotras.

    Muchas mujeres a lo largo de la historia hubieran de-
seado haber nacido hombre; muchas han maldecido su

condición y han llorado el nacimiento de sus hijas, pero no por la famosa envidia del pene, sino de la libertad y los privilegios de los que siempre ha disfrutado el hombre y de los que ha carecido la mujer. (En China se dice que el nacimiento de una hija es «una pequeña felicidad» en comparación con la gran felicidad que supone el nacimiento de un hijo; entre los gitanos, la fortuna de una familia estaba asimismo en relación con el número de varones adultos que la componían. En este mismo sentido, recuerdo la escena inicial de la película iraní *El círculo*, la desolación ante el nacimiento de una niña). No es una cuestión de biología sino de cultura. Lo curioso es que mientras que se desprecia a las mujeres concretas, para compensar se sobrevalora a *la mujer*, lo simbólico, «te ponen en un altar».

Sigue actuando, socavándonos, el prejuicio (prejuicios instalados en el «sentido común», como diría Agnes Heller) según el cual cada mujer es intercambiable por otra, reemplazable. Una complicación más. Como dice Celia Amorós, somos percibidas como un estereotipo, como un modelo andante prefigurado que poco tiene que ver con nosotras; se nos atribuyen características de género y cualquier cosa es adjudicada a todas. «La mujer es...», «Las mujeres son...», desde Salomón hasta nuestros días. Estamos en el mundo para cumplir unas funciones establecidas, y para ello debemos estar disponibles, ser sustituibles, reemplazables, seres para los otros sin personalidad individual.

Cada mujer debe singularizarse. La batalla por la *unicidad*, por ser única e irrepetible, ser una y no la otra, es uno de los temas más profundos a los que nos enfrentamos las mujeres. Supone vivir una tensión constante y no siempre consciente, ya que lo que hemos aprendido es contrario a la autonomía; así pues, hemos de *desapren-der* al mismo tiempo que aprendemos. Sin duda puede resultar una tensión enriquecedora si nos lo planteamos como un proceso que nos conduzca a ser reconocidas como seres humanos, únicos y distintos. «Necesito ser independiente para encontrarme a mí misma y para encontrar también la adecuada relación con los que me rodean», dice con toda precisión la Nora de Ibsen *(Casa de muñecas)*. Evidentemente, esto no es incompatible, sino todo lo contrario, con la solidaridad.

Vivimos inmersas en la comparación, y los mecanismos de valoración son siempre comparativos. Estamos midiéndonos constantemente, lo hemos integrado en nuestra conciencia. Se elige y se excluye al elegir. Aprendemos a competir para sobrevivir, siempre desde la escasez, diría Evangelina García Prince; sólo parece que haya un lugar, que ocupará la elegida (y además ésta tendrá que satisfacer las expectativas que ha despertado; de otra manera, será sustituida, como ha apuntado Amelia Valcárcel).

Pero, como nos explica Marcela Lagarde, compitiendo, en concurso permanente, siempre se sale dañada: si pierdes, porque has perdido; si ganas, porque ponemos en marcha mecanismos internos de menosprecio que nos envilecen. Estamos en manos de otros en esta valoración.

Victoria Sau nos invita a asumir el feminismo de exterior con la misma fuerza e intensidad que el de interior; estaríamos con ello iniciando una época realmente eficaz y transformadora. No sé si realmente hemos avanzado tanto en lo íntimo, pero en cualquier caso la autoconciencia, la autovaloración, son condiciones fundamentales para proyectarnos como protagonistas y promotoras de cambios más profundos y también más globales. Es un camino que va de la rebeldía individual a la social. «Lo personal es político»: el sufrimiento ha sido personal, pero el origen de la subordinación es político, las trabas son políticas y alcanzar la plena ciudadanía supone cambiar las condiciones de vida de las mujeres. De ahí la importancia de propiciar la conciliación entre la vida pública, profesional o laboral y familiar, el reparto del tiempo y del espacio, del trabajo remunerado y no remunerado y su valoración. Todo ello implica cambios legales, estructurales y culturales profundos.

Marcela Lagarde señala que para terminar con la enemistad histórica entre las mujeres es necesario vencer el desapego de éstas hacia sí mismas, su desamor; es necesario que el sistema patriarcal no siga disponiendo de las mujeres como siervas voluntarias; al contrario, debe encontrar en ellas la negación a trabajar invisiblemente para los otros: que no haya más renuncia, culpa, agresión o dádiva.

Parece pertinente que el feminismo aborde la transformación *profunda* de las propias mujeres. Pero la ideología igualitarista del feminismo puede enrarecer y enturbiar las relaciones. Las páginas que siguen son síntesis de un espléndido artículo de Marcela Lagarde, «Enemistad y sororidad: hacia una nueva cultura feminista», no suficientemente difundido, en el que aborda este tema. La antropóloga mexicana señala que ocultar la rivalidad y la competencia contribuye a exacerbar las tensiones y la agresión entre las mujeres. El problema político para el feminismo es que sus representantes reproducen la rivalidad entre las mujeres. En el feminismo se ha desarrollado una tendencia ilusionista en la que las mujeres creen vivir lo que proponen. De manera fantasiosa, se confunden las tesis ideológicas con la realidad. Se piensa y se cree estar viviendo de acuerdo con las concepciones utópicas. Se llega al extremo de creer en la afinidad de las mujeres como algo dado, inherente a todas ellas e incuestionable. Sin embargo, las feministas siguen siendo mujeres y como tales no están exentas de cuanto denuncian y critican en la sociedad y en las otras.

El temor y el desencuentro, producto de la competencia, el desprecio, la envidia y la admiración, generan sentimientos de desigualdad. Éstos caracterizan la relación entre mujeres y mujeres feministas, impiden el despliegue de los feminismos y desembocan en la imposibilidad de convencer a todas aquellas que por su condición podrían hacer suyas algunas propuestas transformadoras. Las más reticentes ante el feminismo son las propias mujeres que consideran a las feministas prepotentes, traidoras y amenazantes. El hecho de ser feministas ha vuelto distintas y lejanas a quienes dan pasos por sendas nuevas, continúa Marcela.

¿Por qué existe tanta dificultad para que nos identifiquemos unas con otras? El feminismo puede constituirse en espacio opresivo. Es doloroso reconocer que también en las relaciones entre nosotras se repiten formas de poder tradicional.

La escritora y directora de cine Nora Ephron, en *Ensalada loca*, describía en 1975 el enfado de Betty Friedan con Gloria Steinem. «Estoy enfadadísima con Gloria», decía, porque según ella Steinem estaba vendiendo a las mujeres, estaba destrozando el movimiento. En el momento en que Ephron escribe, Friedan (que fue presentada como «la madre de todas nosotras», en una convención feminista, lo que provocó que la autora de

La mística de la feminidad respondiera: «estoy harta y aburrida de ser madre-de-todas-nosotras») había ido perdiendo influencia en el feminismo organizado, lo contrario que le ocurría a Steinem. A propósito de esta disputa, Ephron comenta: «No comprendo por qué únicamente por razones personales Friedan decide desacreditar a Steinem atribuyéndole filosofías con las que nada tiene que ver». A pesar del tiempo transcurrido y de los comentarios de Nora, Betty Friedan sigue siendo un importante referente, y su libro sobre la mística de la feminidad resulta de lectura imprescindible, altamente valorado por sus análisis clarividentes. Seguimos aprendiendo de ambas. Afortunadamente.

Parece que por el solo hecho de ser mujeres debiéramos tener relaciones de encuentro, que debiera haber empatía entre nosotras: el falso supuesto se ha convertido en un deber: «Tú hablas, te desahogas, nos hartamos de llorar las tres y nos repartimos el sentimiento», dice una mujer lorquiana. Para complicarlo más todavía, en la moral judeocristiana la bondad se superpone a lo natural, de manera que naturalmente debemos ser afines y, moralmente, buenas. Y compasivas... debemos comprendernos por mandato religioso y social. «Para todo hay consuelo». Y, sin embargo: «No me agrada que me miréis así. Me molestan esas miradas de perros fieles. Esas miradas de lástima me perturban y me indignan» (de *Doña Rosita la soltera*, Federico García Lorca).

¿No tenemos derecho a tener disputas, como ellos incluso, o a discrepar entre nosotras? Conflictos habrá siempre. La vida se da a través de conflictos. La historia se mueve con conflictos, también nuestra historia. Nos conviene huir al máximo de supuestos falsos (y malintencionados). Ni amigas ni enemigas por naturaleza.

Para la cultura feminista es muy importante eliminar el naturalismo. El mito naturalista que supone una solidaridad innata entre mujeres, como algo obvio, es un ideal no sustentado en lo real que se convierte en expectativa y deber y provoca frustraciones, decepciones, y crea falsas ilusiones. Frente a este mito, y complementándolo, está el de la enemistad natural. Se trata de dogmas estereotipados. Enemigas/hermanas. El naturalismo no nos ayuda nada, porque nos enfrenta. De ahí que la idea que debemos impulsar sea la de considerarnos y reconocernos como lo que somos, seres de la historia, seres completos, ciudadanas. Françoise Collin sostiene, en este sentido, que la igualdad de la que hablamos ha de entenderse como «igualdad de derechos», no como «igualación de identidades». Se trata de dejar espacio a las diferencias individuales o colectivas, sin predefinirlas.

Necesitamos el apoyo de otras mujeres que valoren nuestras experiencias, compartan nuestras necesidades y comprendan nuestros compromisos. Hay quienes dicen que el poder masculino es el que se ejerce sobre el prójimo, la dominación, la fuerza. El poder al que también muchas aspiramos es el que aplicamos sobre nosotras mismas, la soberanía; es el poder que surge cuando exigimos participación política y rechazamos seguir cooperando con nuestra propia opresión. Desde el instante en que nos negamos a acatar las tiranías públicas o íntimas de manera absoluta, se nos abren nuevos horizontes. Tenemos derecho a sumar nuestras voces a la construcción de la democracia. Los antiguos griegos debatían públicamente en el ágora: allí era donde se forjaba el futuro y donde se decidían los caminos de las ciudades y los estados. Una estadística en prensa publicaba: «El 80 por ciento de las mujeres son agorafóbicas»: el miedo a enfrentarnos, a comunicarnos, a expresar nuestras opiniones ha sido y es una baza esencial de la dominación y la sumisión. Miedo potenciado y falta real de posibilidades. Tenemos derecho a usar nuestras propias experiencias para comprender e interpretar nuestro mundo. De ahí la importancia de asumir el reto de tomarnos en serio, de no propiciar la trivialización de lo femenino.

Una de las claves o instrumentos es el «empoderamiento», del inglés *empowerment*. En los últimos tiempos se ha hablado y escrito mucho sobre él. No se trata de cualquier tipo de poder, se trata de poderes individuales y colectivos que desmonten la opresión. El uso de la palabra «empoderamiento» en el movimiento de mujeres tiene la intención de impulsar cambios culturales sobre las relaciones de poder. Un poder sustentable, como señalaba Battiwala, en el que las relaciones entre hombres y mujeres permitan integrar lo micro y lo macro, lo privado y lo público, la producción, la reproducción, lo local, lo global, la ética generacional. Se trata pues de *empoderarnos*, de utilizar los bienes y derechos conseguidos, necesarios para el desarrollo de los intereses propios. Parece preciso cambiar de posición en el juego, alterar las reglas, incluso cambiar de juego. Utilizar los recursos propios y dejar de esperar el momento mágico de ser elegida: *la elegida*.

Hay varias docenas de canciones infantiles en torno a *la elegida:* llega un príncipe, y, a su alrededor, se alinean las niñas. Él las observa o les pregunta alguna cosa. Finalmente resuelve: «Ésta escojo, por hermosa / por bonita y por mujer». ¿Aún creemos en la ingenuidad de las canciones infantiles? Continuemos escuchando. Dice el varón: «Bien guardada la tendré / sentadita en silla de oro / bordando paños al rey. / Y azotitos con correas /

cuando sea menester, / mojaditas en vinagre / para que le sienten bien». Nada que añadir.

La figura de *la elegida*, además, es recurrente en la literatura: atañe, sobre todo, a nuestra condición de objetos y oficia como desencadenante de las envidias y rencores entre las mujeres. Jane Austen, más desenvuelta y perspicaz de lo que hubieran deseado sus coetáneos, es la autora de la frase: «Los hombres tienen la facultad de elegir... y nosotras tenemos el derecho de rechazar».

Quiero traer aquí algunas reflexiones que comparto con Elena Simón. No podemos hallarnos en armonía ni situarnos de modo distinto al que lo hacemos al lado de los varones si, por nosotras mismas, no averiguamos quiénes somos y de dónde venimos, y si, de alguna manera, no podemos transmitir todo ello a la generación más joven. Hasta ahora han sido ellos los que nos han dicho cómo somos y lo que tenemos que hacer: somos heterodesignadas, en palabras de Celia Amorós.

«En ella confía el corazón de su marido: nunca le faltará de nada. Ella le procura la dicha y no desgracia todos los días de su vida. Hace acopio de lana y de lino, y trabaja con mano decidida. Es como la nave de un mercader: trae de lejos sus provisiones. Se levanta cuando aún es de noche y prepara la comida a los suyos. Piensa en un campo y lo adquiere, con el fruto de sus manos planta una viña. Ciñe con fuerza sus caderas y mueve con vigor sus brazos. Sabe que su empresa prospera; su lámpara no se apaga de noche. Toma la rueca en sus manos... Confecciona colchas... Ella hace telas y las vende... Abre su boca con sabiduría, su lengua instruye con dulzura. Vigila el ajetreo de su casa, no come el pan ociosamente...» (*Proverbios*, 31, 10).

Dios o los hombres han ordenado nuestra vida y nos han situado donde estamos. Si no somos conscientes de todo esto, sigo de nuevo a Elena Simón, no podremos incidir en la transformación, estaremos reproduciendo el *statu quo* con nuestro involuntario y pasivo consentimiento. Seremos como nuevas ricas en el escenario androcéntrico, seguiremos siendo el segundo sexo, mermando nuestras posibilidades. Y una de las novedades de nuestra época, al menos para las mujeres occidentales, consiste en poder elegir nuestra forma de vida, nuestras relaciones y forma de sustento. De manera que no tenemos que seguir entrando en el juego de la rivalidad al que nos ha abocado el patriarcado. Hemos de reconstruir nuestra genealogía y pactar entre nosotras —y también con ellos— para refundar una cultura común desde la paridad, sumando la experiencia de las mujeres.

DEL PATRIARCADO IMPUESTO AL «CONSENTIDO»

¿Qué decidieron los varones sobre nuestro destino?, ¿qué papel nos hicieron jugar? No se trata de fuerzas ocultas, esotéricas, sino de historia. El patriarcado —tomo la definición de Dolors Reguant entre otras posibles— es una forma de organización política, económica, religiosa y social basada en la autoridad y el liderazgo del varón; un sistema en el que se da el predominio de los hombres sobre las mujeres, del marido sobre la esposa, del padre sobre la madre y los hijos, y de la línea descendente paterna sobre la materna. Celia Amorós define el patriarcado como el conjunto metaestable de pactos entre los varones por el cual se constituye el colectivo de éstos como género y, correlativamente, el de las mujeres.

Se ha llegado al extremo de afirmar (Badinter) que correspondería a un esfuerzo por contrarrestar la debilidad de la constitución masculina.

Para Victoria Sau el centralismo patriarcal permanece cohesionado a costa de mantener divididas a las mujeres. La autora afirma que no habrá nuevo orden social mientras que el colectivo de mujeres no recupere la condición de *sujeto*, y con ella una identidad social y política propia.

Se han realizado amplias investigaciones sobre el patriarcado y sus orígenes, en las que no vamos a entrar. Sólo nos interesa retener que el dominio masculino supuso la creación de una idea de la naturaleza femenina en clara asimetría con la masculina y así, cuando ellos se imaginaron a sí mismos, no lo hicieron como una parte de la especie humana, sino que se presentaron como *el ser humano*, y sus habilidades y capacidades se *representaron* como las de toda la especie, lo que supuso la desvalorización de las desarrolladas por las mujeres. Obsérvese en *Génesis* (1, 27-3-20) que «creó Dios al hombre a imagen suya: a imagen de Dios lo creó; varón y hembra los creó»; pero inmediatamente el pecado —la culpa, más bien— recae sobre la mujer, y, acto seguido: «Él te dominará».

La fuerza del orden masculino se descubre en el hecho de que prescinde de cualquier justificación: la visión androcéntrica se impone como *neutra*, y no siente la necesidad de enunciarse en discursos que la legitimen. El orden social funciona como una inmensa maquinaria simbólica, en palabras de Pierre Bordieu, que tiende a ratificar la dominación masculina en la que se apoya la división sexual del trabajo.

Es posible distinguir, siguiendo a Alicia Puleo, entre aquellos patriarcados que estipulan lo que está permitido o prohibido a las mujeres por medio de leyes o normas consuetudinarias, sancionadas por la violencia, y los patriarcados occidentales contemporáneos, que modelan los roles sexuales a través de imágenes atractivas y poderosos mitos transmitidos en gran parte por los medios de comunicación.

El patriarcado *de coerción* está todavía vigente, desgraciadamente, en países como Arabia Saudí, Nigeria, Irán o Pakistán... En 31 países aún se aplican penas físicas, marcas de fuego o lapidación a las condenadas... La sudanesa Abok Alfa Akok vio anulada su pena de muerte (lapidación) gracias a la presión internacional. Sólo la presión internacional logrará que Safiya Husseini Tudu, nigeriana, no sufra ese castigo. (Un tribunal estaba encargado de revisar la condena mientras se escribía este libro). En Argelia, los integrismos intentan asegurar por todos los medios la continuidad de las tradiciones, amenazada por las mujeres portadoras de modernidad, por no hablar de las mutilaciones genitales, frecuentes y aceptadas por la sociedad en muchos lugares de África: la sexualidad femenina, siempre objeto de control y manipulación. Hemos podido comprobar recientemente la inhumanidad a la que han estado sometidas las mujeres afganas.

En el patriarcado contemporáneo *de consentimiento*, el amor es uno de los pilares de la dominación masculina, señala Anna Jonasdotir. La inversión amorosa de la mujer es mayor, da más de lo que suele recibir (las mujeres están subalimentadas en cuanto amor se refiere) y esto acarrea consecuencias en el ámbito público, ya que los hombres emergen a este espacio reforzados, con mayor reconocimiento y autoridad a causa de ese plus de amor que reciben.

El amor ha sido una relación asimétrica que raramente contemplaba la reciprocidad. El hombre y la cultura inventaron la compensación que la mujer podía encontrar: puesto que era débil e incapaz por naturaleza, su felicidad debía consistir en responder a las necesidades del hombre que amaba. Amor y sacrificio eran inseparables y ha resultado a veces difícil diferenciar el amor del poder.

La unión de ambos conceptos llega a su cima literaria en el famoso episodio de Dido (*Eneida*, IV). La reina de Cartago cometió el error de enamorarse del «piadoso Eneas», el cual tenía una misión: fundar Roma. La Dido virgiliana hace saber a Eneas cuánto le ama y cuánto ha sacrificado por él: «Por ti, en fin, he sacrificado mi pudor y perdido mi primera fama [...]. ¡Si a lo menos antes de tu fuga me quedase alguna prenda de tu amor; si viese juguetear en mi corte un pequeño Eneas, cuyo rostro infantil me recordase el tuyo, no me creería enteramente vendida y abandonada».

Pero, como apuntábamos, el patriarcado se adapta a los nuevos tiempos. Hasta hace unas décadas, las mujeres nos movíamos en compartimentos estancos, no podíamos circular de unos a otros (las famosas esferas: madre/esposa, soltera, prostituta... Ya lo vimos en las páginas de *Solas*); hoy, según señalan Danielle Juteau-Lee y Nicole Laurin, el patriarcado adoptaría la forma de una jaula de ardillas, con una rueda que gira y gira dando la falsa impresión de avanzar cuando en realidad se pasa de una posición a otra sin llegar a ninguna parte. Ésta sería una metáfora perfecta, según señala Alicia Puleo, del patriarcado de consentimiento: cuando la mujer cree obrar en libertad en realidad está obedeciendo nuevas consignas sociales.

Victoria Sau afirma que el patriarcado no hubiera podido mantenerse a lo largo de miles de años sin la complicidad de las propias mujeres (cómplice es el que participa en la comisión de un *delito).* Lo difícil, según la autora, es identificar el porqué y el cómo de este colaboracionismo. El propio feminismo se ha sustraído al análisis. Pero precisamente este momento de avance y consolidación del movimiento de mujeres parece el adecuado para introducir nuevas reflexiones.

¿Se puede atribuir a las mujeres la responsabilidad de su propia opresión? A veces se sugiere que son ellas quienes deciden adoptar unos comportamientos de sumisión, que les gusta ser dominadas, cómo son tratadas, gracias a una especie de masoquismo constitutivo de su naturaleza. En esta línea, Pierre Bordieu afirma que el poder simbólico no puede ejercerse sin la contribución de los que lo soportan, porque lo construyen como tal. Pero coincide con Catharine A. MacKinnon al señalar que la complicidad de las mujeres con su opresión no impide que ésta sea fundamentalmente inaceptable.

En ocasiones se extiende la creencia de la discriminada feliz de su situación y cómplice de la misma. Esto parece, y en ello coinciden varios autores, más una pantalla ideológica para legitimar la opresión que una descripción objetiva de los hechos. Ciertamente, la dependencia emocional, la inmadurez, la inseguridad y el conservadurismo son condiciones psíquicas universalmente atribuidas a los subordinados, y tienden a hacer recaer en las víctimas la responsabilidad de su situación desfavorable, pero son argumentos legitimadores de la asimetría, no una descripción de las características propias. En muchos casos no estamos delante de un problema psicológico de dependencia emocional o falta de conciencia en lo referente a la opresión, sino de falta de alternativas para enfrentarse a ella. De ahí la importancia del *empoderamien-*

to, de mujeres con autonomía y capacidad para controlar ciertos resortes sociales y de generar e impulsar opciones innovadoras.

Victoria Sau ejemplifica en algunas figuras femeninas este colaboracionismo con el orden masculino. Entre las temibles y desdichadas heroínas trágicas griegas alude a Electra como la primera mujer interesada en que se imponga el orden patriarcal, envidiosa de la posición de su madre, Clitemnestra.

Recordemos la historia: el destino de Casandra, hija de Príamo y de Hécuba, está marcado por el don de ver el futuro, profetisa de inminentes desastres, y por la desgracia de no ser creída. Es el drama de una feminidad cuyo emblema es la palabra inútil, la voz desoída.

Tras la caída de Troya, Agamenón se lleva a Casandra como parte del botín de guerra. Asolada por una profecía, suplicará a su amante que no retorne a Micenas. Adivina que su esposa Clitemnestra será vengativa con la nueva pareja. Efectivamente, Clitemnestra tenía motivos suficientes para estar enfurecida. Agamenón había matado a su anterior esposo (Tántalo), había sacrificado a Ifigenia, la hija de ambos, en honor de la diosa Ártemis para que ésta permitiera a la flota griega llegar a Troya. Que además tomara a Casandra como nueva amante debió de terminar por quebrar el amor que Clitemnestra pudiera sentir hacia Agamenón, transformándolo en terrible odio, el cual alcanzó también a Casandra. Es así como Clitemnestra, ayudada por su amante, Egisto, se decide a organizar un complot, y cuando Agamenón regresa a su patria se perpetra un cuádruple asesinato, el de Agamenón, Casandra y sus dos hijos mellizos. La tragedia finaliza cobrándose una nueva víctima, la propia Clitemnestra, en un ejemplo más de enemistad entre mujeres. Su hija Electra también estaba ansiosa de venganza contra ella. Destrozada por el asesinato de su padre y tratada como sirvienta por Clitemnestra, que ya no reconoce en Electra a su hija sumisa, insta a su hermano Orestes a cometer el matricidio. Tras el nuevo asesinato, Electra no podrá escapar a la locura, la única manera de poder olvidar a su madre.

Clitemnestra, y también Antígona, señala Dolors Reguant, son mujeres que remiten a un orden social anterior, mujeres con voz propia. Electra, por el contrario, es el arquetipo de mujer patriarcal que vive alienada, pues necesita de un ser que le dé vida; a cambio, le ofrecerá su fidelidad incondicional. Por ello entrará en lucha contra las otras mujeres para defender este nuevo orden, premisa fundamental para que dicha sociedad se perpetúe.

Del Antiguo Testamento Victoria Sau elige la figura de Sara. La historia de Sara o Saray es uno de los casos más relevantes del colaboracionismo con el régimen patriarcal y de la disposición de la mujer a contribuir a la perpetuación de las estructuras dominantes. Sara era la esposa de Abraham (en *Génesis*, 16, 1 y ss.). Su obligación, naturalmente, era darle hijos, conforme a la «utilidad biológica» femenina. Sin embargo, Sara era estéril y no duda en aprovechar su posición de superioridad sobre Agar, la esclava, para tener la descendencia de la que le privó el cielo: «Ya ves que Yavé me ha hecho estéril: llégate, pues, a mi esclava; quizás yo obtenga hijos por ella». Agar, teniendo en su seno a Ismael, se burló de Sara y ésta pidió permiso a su señor para maltratar a la esclava y expulsarla. El resto de las peripecias de Sara, incluido el rapto por Abimélek y su prodigioso embarazo tardío, están regidas por la conciencia de «ser para el hombre», además de contribuir al sostenimiento del linaje.

En realidad, las mujeres de los textos sagrados forman una estructura simbólica en la que aparecen como modelos de acción (objetos, en fin) cuya única finalidad es coadyuvar al sostenimiento de organizaciones ideológicas rígidas. No se recurre habitualmente a Ruth, la espigadora, y su suegra Noemí: cuando todos abandonaron a Noemí, sólo Ruth permaneció con ella. Suele considerarse un gesto de fidelidad, salvo si lo observamos desde la perspectiva que aquí se ofrece: «Adonde tú vayas, iré yo, y donde te alojes, me alojaré. Tu pueblo será el mío, y tu Dios será mi Dios. Donde mueras, moriré, y allí seré sepultada». (Acaso será necesario recordar esta fidelidad filial más adelante, cuando estudiemos las relaciones madre-hija). Noemí, como madre, propone un nuevo casamiento a su nuera y hace uso de la ley: «Lávate, pues, y perfúmate; ponte tu manto y baja a la era. No te des a conocer a él antes de que haya terminado de comer y de beber. Cuando él se acueste, fíjate en el lugar en que se acuesta. Entonces vas tú, le descubres un poco por los pies y te acuestas allí. Ya él te indicará luego lo que debes hacer» (en *Ruth*, 1, 15-3, 3 y ss.). Ambas mujeres se presentan aquí como seres que asumen exclusivamente valores *de uso*.

Victoria Sau considera que una de las complicidades de las mujeres con el orden patriarcal ha sido, en todos los tiempos, el apoyo a la guerra como institución y a los hombres como guerreros. Excluidas de la discusión, han aceptado el estereotipo: reposo del guerrero, madre generosa que ha entregado a uno o varios hijos, viuda ejemplar, joven enamorada, hermana virtuosa; en definitiva, doncellas y matronas que aplauden en los desfiles, que lloran y se desmelenan de dolor cuando es demasiado tarde. Y se pregunta: ¿qué es lo que hace que las mujeres sigan pegadas a las sillas silentes e inmóviles?, ¿qué complicidades han tejido con el mundo masculino, también nacido de mujer, para que toleren hasta la patología los desmanes de los hombres y contemplen con parsimonia cruel cómo vejan el mundo, juegan a morir y matar, asolan la naturaleza, torturan lo viviente?

En este juego de complicidades al que venimos aludiendo, a veces, demasiadas veces, aunque sólo tengamos escasa noticia de ello en esta parte del mundo en que vivimos, las mujeres también colaboran en esa «tortura de lo viviente» y justifican y argumentan su colaboración. Veamos lo que nos cuenta Nawal Al-Sa'dawi en *La cara desnuda de la mujer árabe:* «Una noche, cuando tenía seis años, y yacía confortable y plácidamente en mi cama, en un agradable estado a medio camino entre la vigilia y el sueño, imaginando que un cortejo de hadas encantadas revoloteaba por los aires de mis dulces ensoñaciones infantiles, sentí, de pronto, que algo se movía bajo las sábanas. Parecía como una enorme mano, fría y áspera, que me manoseaba el cuerpo como si buscara algo. Casi al mismo tiempo, otra mano fría y áspera y grande como la primera, me tapó la boca para impedirme gritar». La escena terrorífica de la ablación está minuciosamente narrada, y prosigue: «No sabía qué parte del cuerpo me habían cortado y no intenté descubrirlo, simplemente lloraba y llamaba a mi madre pidiendo ayuda. Pero, cuando miré alrededor, el golpe más duro fue descubrir a mi madre allí, de pie, a mi lado. Sí, era ella, en cuerpo y alma, no me estaba confundiendo, allí en medio de todos esos extraños, hablándoles y sonriéndoles, como si, apenas hacía unos minutos, no hubieran participado en en el sacrificio de su hija». Con su hermana hicieron otro tanto. Una vez hubo acabado el «sacrificio», ambas se miraron, y descubrieron en qué consistía todo: «Ya sabemos lo que es. Ya sabemos en qué consiste nuestra tragedia. Hemos nacido de un sexo especial, el sexo femenino. Estamos destinadas a padecer la miseria y a vivir con una parte del cuerpo mutilada por unas manos frías, insensibles y crueles».

Lo cierto es que en esta parte del mundo la colaboración con el orden masculino va haciéndose cada vez más sutil, menos abierta, más disimulada, aunque la violencia contra las mujeres está dramáticamente presente en nuestras vidas. ¿Cómo convivimos con ello, nosotras y los hombres?

En nuestro ámbito, un caso particular lo constituye el de las mujeres gitanas, a pesar de que su vida no se limita al espacio doméstico, y se valora a la mujer que «trae el pan», que saca adelante a su familia, son las encargadas de transmitir las normas, las costumbres más tradicionales de su grupo, por esta razón suele decirse que son «muy machistas»: las madres, las esposas e incluso las hijas distribuyen los roles sexuales y asumen como natural la subordinación femenina (una muestra de ello podría ser la prueba de la virginidad, pues mientras es *moza*, la principal virtud de la mujer gitana es la castidad). En resumen, menos derechos que los hombres y más obligaciones a pesar de que es un mundo que también se está modernizando.

Victoria Sau no considera complicidad todas las actuaciones en las que las mujeres obraban en ayuda de los hombres, aunque indirectamente lo sea, porque el coste de la desobediencia podía haber sido humanamente insoportable. Pero hay que reconocer que se han instalado rutinas acomodaticias y muchas mujeres, so pretexto de que velaban por la seguridad de los suyos, relajaron su pensamiento y su acción. No estaban obligadas a cumplir todas las órdenes recibidas, fueran cuales fueran. Para que los cambios sean profundos y reales, tenemos que aprender a decir no, como nos propone Franca Basaglia.

ROLES Y EXPECTATIVAS

Recibimos desde nuestra más tierna infancia mensajes que nos van configurando, generando expectativas en nosotras mismas y en las demás. Sin duda los roles y los estereotipos tienen que ver con todo esto. Soledad Murillo nos advierte de que el mecanismo que conforma el rol es sumamente sofisticado y contiene un fuerte componente normativo. Separarse de sus máximas expone al sujeto a un primer acto de deslealtad. Mantenerse leal supone la satisfacción de las expectativas de grupo (la familia u otros sujetos) y del macrogrupo (el orden social). De acuerdo con estas expectativas, cada uno adquiere el compromiso de asumir como propias determinadas actitudes para cumplir debidamente los mandatos que exige su rol; a cambio, el grupo lo aprueba y le otorga el mayor de los sentidos: una identidad reconocida socialmente.

¿Qué se espera de nosotras? Amélie Nothomb nos describe en *Estupor y temblores* la historia de una mujer japonesa, Fubuki. Una joven europea reflexiona sobre el mundo de la mujer en Japón, mientras observa a Fubuki; he aquí algunos fragmentos significativos: «[La belleza de la mujer japonesa] ha sobrevivido a tantos corsés físicos y mentales, a tantas coacciones, abusos, absurdas prohibiciones, dogmas, asfixia, desolación, sadismo, conspiración de silencio y humillaciones [que] constituye un milagro de heroísmo». Los preceptos a los que se somete la mujer ja-

51

ponesa atañen al cuerpo («Moldean su cerebro: "Si a los veinticinco años todavía no te has casado, tendrás una buena razón para sentirte avergonzada", "si sonríes, perderás tu distinción", "si tu rostro expresa algún sentimiento, te convertirás en una persona vulgar" [...], "si, en público, un muchacho te da un beso, eres una puta", "si disfrutas comiendo, eres una cerda", etcétera») y a la mente («No aspires a enamorarte porque no mereces que nadie se enamore de ti», «No esperes que la vida te dé algo, porque cada año que pase te quitará algo», «Puedes aspirar a llegar a vieja...»). La vida de las mujeres japonesas es una sucesión de deberes: comer poco porque tener curvas es vergonzoso; obligación de ser hermosa, aunque ello no signifique mucho; obligación de casarse; obligación de tener hijos; trabajar; y «tu obligación es sacrificarte por los demás. No obstante, no se te ocurra pensar que tu sacrificio hará felices a aquellos por quienes te sacrificas. Eso sólo les permitirá no avergonzarse de ti. No tienes ninguna posibilidad ni de ser feliz ni de hacer feliz a nadie». En fin: «Tu vida no vale nada».

Las mujeres han interiorizado los hábitos y rutinas que conforman «lo esperable» de ellas, se apropian de sentimientos y pensamientos que organizan sus vidas diarias como si surgieran exclusivamente de sus propias decisiones y elecciones.

La literatura, el cine, el teatro y los medios de comunicación ofrecen constantemente esta asunción de roles: la mujer llega a pensar que su posición en el mundo es la que es porque se trata de una «decisión propia» y ni siquiera es capaz de percibir los condicionamientos de su presunta elección.

Buena parte de los conflictos internos y externos se deben a la imagen que se ofrece de las mujeres. De ello pueden hablarnos con conocimiento de causa las guionistas de Hollywood (en *Mujeres guionistas de Hollywood*, 1996, de Lizzie Francke). Los estudios de cine no suelen estar dispuestos a modificar la imagen de la mujer (de nuevo: belleza, maternidad, sumisión, etcétera), de modo que persiguen un modelo convencional. Salka Viertel, amiga de Greta Garbo, con la que trabajó en *La Reina Cristina de Suecia* (1932) o *Ana Karenina* (1935), conoció bien la tiranía de la industria cinematográfica. Intentó que Garbo encarnara personajes como Juana de Arco, Safo, George Sand o Marie Curie, pero sus propuestas fueron desechadas. Virginia van Upp, guionista de *Las modelos* (1944) es también la autora de *Gilda*, película que Rita Hayworth sólo aceptó con la condición de que la propia Van Upp estuviera también al frente de la producción.

Ida Lupino es heredera de aquellas pioneras, su compromiso social contradice la industria de los sueños: «Esta película, como todas las que hago, dirá lo mismo y mostrará lo mismo dramáticamente». Eleanor Perry, guionista de cine, declaró que se sentía encasillada en su trabajo: siempre había querido escribir una película bélica, pero sólo le ofrecían guiones sobre matrimonios, divorcios, abortos y sufragistas. Penélope Spheris trataba también de ofrecer una imagen distinta de las mujeres: «Creo que una de las razones de que en la industria me hayan mantenido a raya es que mis películas tienen siempre una dosis de brutalidad y de furia, y eso asusta a los hombres. No quieren que las mujeres traten esa clase de emociones». Los estudios, en efecto, quieren modelos «clásicos»: Linda Woolerton fue la guionista de Disney para *La bella y la bestia*. El encargo fue preciso: Bella debería ser un buen ejemplo para las niñas. «Lo que ha predominado hasta ahora», dice, «es el mito masculino y la perspectiva comercial masculina que dice: "¡Oh, necesitamos algunos mitos para las mujeres!". Ello desemboca en *Pretty Woman* [versión moderna de *La Cenicienta*] o *Superwoman:* el superhéroe macho en cuerpo de mujer». El resumen en palabras de Callie Khouri, guionista de *Thelma y Louise:* «Creo que los papeles generalmente disponibles para las mujeres en las películas de Hollywood están increíblemente estereotipados: la amiguita, la esposa, la muñeca, la prostituta, la víctima de una violación, la moribunda de cáncer... Quería [con *Thelma y Louise]* hacer algo fuera de los límites».

Aún falta la imagen de la mujer enemiga: la feminista estadounidense Susan Faludi comentó a propósito de *La mano que mece la cuna:* «Me parece especialmente interesante y trastornador que el criminal sea el difunto ginecólogo pero la furia de la mujer se dirija contra otra mujer que sólo es una víctima más [...]. Según parece, sólo conseguimos una película al año en la que se permita de veras a las mujeres ser amigas». La película comentada fue escrita por una mujer: Amanda Silver.

No obstante, hay películas en las que aparecen personajes femeninos o relaciones entre amigas que siguen siendo referentes muy positivos; entre otros, los de *Ricas y famosas* y *Julia*.

Emilia Fernández Núñez, en su trabajo «La mujer fatal en el cine de los ochenta y noventa», señala que en la última década se han producido algunas modificaciones en el tratamiento cinematográfico de la mujer, en particular en relación con el tema de la maternidad. Sigue habiendo películas en las que las mujeres que no asumen el rol maternal tradicional son tratadas de forma negativa, «pero es lo menos corriente, en general el tema se suele obviar, el sistema ha asumido a regañadientes el poco interés de las parejas —ya se habla de dos— en perpetuar la especie». En ocasiones se dan planteamientos más modernos. La posibilidad de que la mujer pueda asumir la maternidad fuera del ámbito familiar sin connotaciones negativas en *Mujeres al borde de un ataque de nervios*, de Pedro Almodóvar. No obstante, ya que nos referimos al cine y a un director español, no quiero dejar de mencionar a algunas mujeres de distintas generaciones, sobre todo jóvenes, que están contándonos —o nos han contado— historias que tienen mucho que ver con las mujeres reales... y también con ellos: Pilar Miró, Josefina Molina, Lola Salvador, Icíar Bollaín, Azucena Rodríguez, Isabel Coixet, Helena Taberna, Gracia Querejeta, Rosa Vergés o Chus Gutiérrez, entre otras. A pesar de todo, para las mujeres, colocarse detrás de la cámara no está exento de dificultades. En el ámbito de las series televisivas internacionales, los personajes femeninos de series como *Las chicas de oro* o *Sexo en Nueva York* son excepcionales.

Soledad Murillo creo que sintetiza muy bien lo que quiero expresar con lo expuesto. A través de diferentes vías no sólo incorporamos los roles, sino que los activamos y encarnamos en los comportamientos de cada individuo, reproduciendo lo que se espera de nosotros como hombre o como mujer. Lo primordial es registrar como si fuera natural lo que constituye un producto social, fruto de una división y reparto de responsabilidades entre hombres y mujeres. Los roles se aprenden a temprana edad; se internalizan en el entorno afectivo (la familia es el lugar donde se inaugura el aprendizaje); con ellos se interioriza también todo el universo simbólico implícito. En el hogar las hijas presencian una distribución de tareas que no son neutras. Observan a la madre y la red de mujeres de su hábitat organizar un espacio íntimo, como responsables del mismo, aunque tengan otras actividades de tipo remunerado. Saben de su tolerancia al varón, y comprueban que no solicitan una reciprocidad en la actuación masculina. Por eso la autora habla de *domesticidad* como actitud, que no sólo se ciñe a la suma de tareas y la responsabilidad que conlleva, sino que se manifiesta como una predisposición para priorizar las demandas ajenas frente a las propias.

En la cultura mediterránea pagana también se plantea la distribución de roles: el hombre adquiere, la mujer conserva, tal y como puede verse en los textos más antiguos. «Tú has de cuidarme las riquezas que poseo» (*Odisea*, XXIII; véase más adelante la justificación aristotélica). Cada cultura y cada época parece haber creado sus claves. En el siglo XVII español, por ejemplo, el imperioso mandato de conservar el honor de una familia no recaía sobre los hombres; bien al contrario, era responsabilidad última de la dama. En este caso se proponía la fragilidad de la mujer («Es de vidrio la mujer», había sentenciado Cervantes) y era necesario protegerla como un bien.

Hoy las responsabilidades siguen repartidas según los sexos a pesar de los avances laborales de las mujeres. Y sigue habiendo una serie de estereotipos que, a modo de guión social, indican cómo deben comportarse y sentir de forma ideal las mujeres y los hombres.

Generalmente, mujeres sin conciencia de pertenencia a su género no ven la razón de cambiar el orden constituido, o ni se lo plantean, y colaboran con el patriarcado en tanto en cuanto éste les produce seguridad y les garantiza la subsistencia en condiciones conocidas. Una madre/esposa tradicional es baza indispensable para la reproducción del sexismo en la esfera familiar porque lo considera un seguro de vida, dice Elena Simón; el patriarcado la colocó en la dependencia y al ser dependiente no puede aspirar a la *autodesignación;* si su estima viene de otros no puede renunciar a ella so pena de quedarse sin nada, incluso sin designación, aunque ésta le venga de fuera. Se trata de lo que se ha dado en llamar la «dependencia interiorizada». El precio que hay que pagar al «separarse» se pone en una balanza y se descubre que no compensa.

«¡Cuán triste libertad respiro! / Hice un mundo de ti [...] / y en honda y vasta soledad me miro», cantaba Gertrudis Gómez de Avellaneda en su más famoso poema. Tras la decisión de la poetisa («Te amé, no te amo ya»; «Todo se terminó, recobro aliento»), sigue latiendo la dependencia interiorizada de la que hablamos: la triste libertad, la soledad y el vacío parecen ser la consecuencia de una decisión independiente.

La necesidad de supervivencia, por otra parte, es lo que ha ligado siempre a las mujeres a los valores más conservadores. Señala Franca Basaglia que la retórica de la feminidad ha escondido vilezas y miedos.

El miedo es el peor enemigo de las mujeres y no es casual que nos hayan enseñado a temer. Sirve para paralizarnos, tenernos a raya, minar nuestras energías y nuestra atención, limitar nuestra imaginación y nuestra creatividad. Si esperamos a no tener miedo quizás esperemos demasiado, dice Lerner. Se nos enseña a pensar desde una óptica, como si se pudiera separar a los individuos del sistema de relaciones en que funcionan.

Muchas mujeres no han podido pensar en otras posibilidades por condicionamientos externos, internos o ambos a la vez. Las madres/esposas se declaran felices con la entrega, la generosidad, la abnegación, y tienen sus satisfacciones. Son respetables, y muchas veces entrañables, les agradecemos la existencia que nos han dado, ciertas enseñanzas, afecto. Tienen su justificación vital en ser para los otros y han ido perpetuando su papel a través de la familia. Esto no quiere decir que no podamos reconocer los cautiverios, exhaustivamente estudiados por Marcela Lagarde, y que no critiquemos la transmisión de valores que han llevado a cabo las cautivas de todos los tiempos. No obstante, muchas mujeres, silenciosamente, han ido rebelándose y logrando avances personales y colectivos.

Pero no sólo las madres/esposas carecen de conciencia de género, ni todas, ni siempre; también están las que Celia Amorós denomina «becarias desclasadas», las que se despegan del resto y se olvidan de su procedencia sin advertir que, aunque no quieran recordarlo, aunque no les parezca relevante o nunca hayan «sentido» la discriminación, los seres humanos somos conceptualizados en primera instancia por nuestra condición sexual. Pero no vamos a dedicarnos a reñir a las mujeres, no soy quién y además no se trata de eso; se trata, en cambio, de tejer apoyos, de ser capaces de hablar con cierta franqueza. Es sabido que la estrategia de dividir para vencer ha sido ampliamente aplicada a lo largo de la historia y especialmente en el caso de las mujeres.

Nos hicieron creer que éramos *enemigas por naturaleza*, de la misma manera que quisieron que creyéramos en nuestra inferioridad *natural* en la que insistía Moebius y a quien ha contestado brillantemente Franca Basaglia. La devaluación externa e interna, individual y colectiva, tiene que ver con la autonomía y la autoestima. Porque, como dice Jean Baker, las personas oprimidas son especialistas en *hostilidad horizontal* contra personas vulnerables como ellas. Flechas que tienen puntas en los dos extremos, en afortunada metáfora de Ornella Trentin. Con todo, o a pesar de lo dicho, las mujeres se acercan unas a otras. Se atraen y se necesitan. Para alcanzar sus objetivos requieren de las demás y existen porque las otras les brindan su existencia. Lo extraordinario, ciertamente, es que en ese territorio bélico construyan amistades ricas y creativas.

Los cantos misóginos

SEXISMO, MISOGINIA Y ANTIFEMINISMO

Sería necesario hacer algunas precisiones terminológicas antes de entrar en este capítulo, siguiendo el estudio *Un siglo de antifeminismo*, editado por Christine Bard. El *sexismo* es un desprecio a las mujeres basado en la creencia de que un sexo es por naturaleza superior al otro; se las ve como seres inferiores que inspiran desdén, menosprecio, y se las minusvalora; la minusvaloración no siempre ha ido acompañada de aversión, ni las mujeres han sido siempre representadas como fuente de peligros; no obstante, cuando se salen del orden, sí se las considera seres amenazadores que hacen peligrar la estabilidad de la sociedad, y para conjurar el temor que provocan se las denigra y vitupera (recordemos lo paradójico del temor al inferior). Es un conjunto de valores e interpretaciones, acciones y actitudes de lo que pasa en el mundo. El *machismo* es una de las dimensiones del sexismo. Es la exaltación ideológica, afectiva, intelectual, erótica, jurídica, de los hombres y lo masculino.

La *misoginia* puede definirse como un rencor u hostilidad hacia las mujeres que a veces alcanza manifestaciones violentas. Un paso más allá, ya en el terreno de lo patológico, la *ginecofobia* es el odio hacia las mujeres, inspirado en la creencia de que éstas son seres peligrosos y malignos, a los que se teme, y se les desea el mal, porque se les considera dotados de un poder superior, que se percibe como una amenaza.

El *antifeminismo* es la oposición a la emancipación de las mujeres. Se diferencia de la misoginia en que intenta razonar sus argumentos y es menos visceral. Se articula con el feminismo, del que a su vez pretende ser antídoto y exorcismo. Conviene aclarar que partidarios y adversarios de la emancipación no plantean sus batallas en el mismo terreno y por tanto no utilizan las mismas armas. El antifeminismo está frecuentemente basado en la misoginia, pero el feminismo no se sustenta en el odio a los hombres.

El odio a los hombres que los antifeministas creen descubrir entre las feministas, aunque se traiga a colación con mucha frecuencia, no resiste el más mínimo análisis. La *misandria* sería contradictoria con la reivindicación de una ética de la no-violencia, que es la que preconizan las feministas, frente a la violencia tradicional en el mundo patriarcal. El antifeminismo mantiene un permanente coqueteo con la misoginia. Los adversarios de la emancipación de las mujeres deforman el significado del término «feminismo», en el que centran todos sus temores y fantasmas, y le dedican sus sarcasmos. El antifeminismo se sustenta en una serie de miedos entremezclados: miedo a la pérdida del poder y a una potencia femenina amenazadora que habrá que reprimir; miedo a que con las mujeres llegue una invasión de lo irracional, de las emociones incontroladas; miedo a la desvalorización que la presencia de las mujeres introduciría en las actividades profesionales; miedo a una desvirilización inducida por la obligación de colaborar en el ámbito de lo doméstico; miedo también a la emancipación sexual de las mujeres, convertidas en dueñas y señoras de la procreación. Su inmenso poder sobre la vida ha inquietado siempre a los hombres. Si las mujeres dejan de ser mujeres, ¿cómo podrán los varones seguir siendo hombres? Estos temores, personales o colectivos, reales o imaginarios, motivan que se levanten sólidas barreras contra el feminismo.

Sexismo, misoginia, ginecofobia, antifeminismo... Se trata de conceptos que frecuentemente se mezclan y se confunden. El odio, el miedo a las mujeres, afirma B. S. Anderson, está tan imbricado en la cultura occidental que ha sido considerado más como un hecho cotidiano que como un concepto psicosocial merecedor de análisis. Desde Aristóteles a Freud, y aun con posterioridad, tanto en la alta cultura como en el saber popular, los estereotipos que han denigrado a la mujer han encontrado una amplia difusión y aceptación (por cierto, María Ángeles Durán evidencia lo difícil que resulta para las investigadoras de hoy relacionarse con los maestros: «han dicho tantas cosas que debemos arrancar de nuestra cultura ¡y al mismo les debemos tanto!»). Las creencias acerca de la inferioridad de las mujeres, de que traen al mundo el demonio y son responsables de los sufrimientos de la raza humana tienen una larga historia. Los mitos que ridiculizan a la mujer, las imágenes, los chistes, las apreciaciones malévolas y las mofas pueden encontrarse a lo largo del tiempo en un amplio abanico de sociedades. *Cosi fan tutte*.

No resulta difícil reunir todos estos rasgos atribuidos a la mujer. Fernando de Rojas, hábil recopilador de tradiciones, los enumera por boca de Sempronio, recomendando a Calisto que se aleje de las mujeres. He aquí sus razones: «Lee los historiales, estudia los filósofos, mira los poetas. Llenos están los libros de sus viles y malos ejemplos, y de las caídas que llevaron los que en algo las reputaron. Oye a Salomón donde dice que las mujeres y el vino hacen a los hombres renegar. Conséjate con Séneca y verás en qué las tiene. Escucha a Aristóteles, mira a Bernardo. Gentiles, judíos, cristianos y moros, todos en esta concordia están. Pero lo dicho y lo que de ellas dijere no te acontezca el error de tomarlo en común; que muchas hubo y hay santas, virtuosas y notables cuya resplandeciente corona quita el general vituperio. Pero de estas otras [de aquéllas], ¿quién te contaría sus mentiras, sus tráfagos, sus cambios, su liviandad, sus lagrimillas, sus alteraciones, sus osadías? Que todo lo que piensan osan sin deliberar: sus disimulaciones, su lengua, su engaño, su olvido, su desamor, su ingratitud, su inconstancia, su testimoniar, su negar, su revolver, su presunción, su vanagloria, su abatimiento, su locura, su desdén, su soberbia, su sujeción, su parlería, su golosina, su lujuria y suciedad, su miedo, su atrevimiento, sus hechicerías, sus embaimientos, sus escarnios, su deslenguamiento, su desvergüenza, su alcahuetería. Considera qué sesito está debajo de aquellas grandes y delgadas tocas, qué pensamientos so aquellas gorgueras, so aquel fausto, so aquellas largas y autorizantes ropas, qué imperfección, qué albañares debajo de templos pintados. Por ellas se dice: arma del diablo, cabeza de pecado, destrucción de paraíso [...]», (Celestina, I); en párrafos siguientes continúa haciendo acopio de erudición misógina (Antiguo Testamento, Aristóteles, Ovidio, Boecio, Alfonso Martínez de Toledo, etcétera).

Desde hace años se estudia cómo la hostilidad hacia las mujeres colabora en el mantenimiento del sistema social y cultural asimétrico, basado en la dominación del hombre y la sumisión de la mujer. Identificar las manifestaciones y las razones de la misoginia implica una serie de transacciones intelectuales complejas, señala B. S. Anderson en el prólogo a *Historia de la misoginia;* pero sobre todo es necesario darse cuenta de que lo que ha sido visto como universal está en realidad concebido en beneficio del hombre, y en consecuencia sesgado en contra de la mujer.

Un episodio de *Palabras, ojos, memoria* de Edwidge Danticat puede desvelar algunos rasgos culturales —no importa el lugar del mundo de que se trate— que sitúan a la mujer en una posición de inferioridad, el desprecio desde el instante en que nacen. Nos cuenta la novelista haitiana Edwidge Danticat:

«—¿Ves esa luz que se mueve? —preguntó señalando la distante luz de la linterna—. ¿Sabes por qué va de un lado a otro?

»Estaba concentrada en el desplazamiento, y sus pupilas acompañaban cada movimiento.

»—Es un bebé —dijo—, ha nacido un bebé. La comadrona va de la cabaña hasta el patio donde hierve el agua. Pronto sabremos si es niño o niña.

»—¿Y cómo lo sabremos?

»—Si es niño, pondrán la linterna fuera de la cabaña. Si hay algún hombre, se quedará en vela toda la noche con el niño.

»—¿Y si es chica?

»—Si es chica, la comadrona cortará el cordón umbilical y se irá a casa. La madre quedará sola en la oscuridad con el bebé en brazos. No habrá lámparas, ni velas ni luces.

»Esperamos. Una hora después se apagó la luz de la casa. Por entonces mi abuela dormitaba. Otra niña había venido al mundo».

Especialmente en algunos países como la India, las mujeres soportan una discriminación absoluta y su única función —o al menos la más importante desde el punto de vista social— es traer un varón al mundo. Volvemos a las historias que nos cuenta Laurence Binet en *Nakusha, la no deseada:* «Mi madre se lamenta todo el día. Esta mañana me ha dicho que Sharmila se merecía esta suerte [fue expulsada de la casa de su marido y repudiada por éste y por su familia] por no haber dado todavía a luz a un hijo varón. Según ella, hubiera hecho mejor en morirse».

VITUPERIO Y ELOGIO DE LO FEMENINO

La hostilidad hacia las mujeres es un concepto central de la historia. Presente en las más diversas culturas, la misoginia adopta formas diversas. En la Grecia arcaica, las mujeres homéricas estaban socialmente discriminadas, pero no se las consideraba inferiores, sino distintas. En una sociedad en la que la guerra ocupaba un lugar capital, según Mercedes Madrid —cuya obra *La misoginia en Grecia* sigo en esta cuestión, básicamente—, los poemas homéricos reflejan una cultura del honor, masculina y competitiva, en la que las mujeres son seres indefensos y objetos de codicia que hay que capturar o defender, pero son valoradas y estimadas. Los varones esperaban cuidados y atenciones de ellas, pero en ningún caso temían males, pese a ese halo de misterio que, a veces, rodea a las principales heroínas homéricas.

Helena ha soportado, especialmente a partir de los siglos medios, la carga de haber sido traidora a su pueblo, pero ésa no era la interpretación homérica: Helena no era *responsable* de sus actos cuando abandonó a su esposo (Menelao), sino *víctima* de la voluntad divina. En el rapto de Paris, Helena es sólo un sujeto pasivo: sólo era la mujer más hermosa y los dioses (Afrodita) ofecieron al príncipe troyano la posibilidad de poseerla. Es el honor lo que enciende la guerra de Troya, no un acto deliberado de Helena, sometida a los caprichos de las divinidades: «Yo lloro por mí, desventurada» *(Ilíada,* XXIII).

En el mismo sentido puede juzgarse la figura de la más popular de las heroínas homéricas: Penélope. Se valora, desde luego, por su actitud respecto a su dueño (Odiseo). «Mujer, ninguno de los mortales sobre la inmensa tierra podría censurarte, pues en verdad tu gloria llega al ancho cielo...»; pero ella misma es consciente de su posición en el mundo: «Si al menos volviera él y cuidara de mi vida, mayor sería mi gloria y yo más bella». En el mundo de la guerra y el honor, el estado de la mujer depende en todo de la posición del hombre (también en los siglos XVI y XVII). En las mujeres homéricas, además, la reducción de individualidad se ve acrecentada por el sistema mítico —y en esto difícilmente se podría diferenciar del hombre, especialmente de Ulises—: «Pero ahora estoy afligida, pues son tantos los males que la divinidad ha agitado contra mí» *(Odisea,* XIX). El universo mitológico, no obstante, asume también una posición de superioridad masculina y atribuye a la mujer las cualidades tradicionales —hermosura, maldad, debilidad, recursos engañosos, etcétera—. En el sometimiento a los caprichos de la divinidad es en lo único en que se asemeja al hombre.

«El vituperio de lo femenino» como tópico literario en el que la misoginia se tiñe de sarcasmo y adquiere tono burlesco y satírico nace y se consolida en la lírica griega. Las mujeres pierden su prestigio en la obra de Hesíodo, quien inicia la tradición misógina en la literatura griega. El poeta concibe a la mujer como una especie *aparte*, la «raza de las mujeres», que no nace de la tierra. En su obra, las mujeres provocan la hostilidad por su alteridad y por la atracción que ejercen; se las odia porque son seres socialmente improductivos, aunque imprescindibles para que los varones tengan descendencia, y se las teme porque están dotadas de encantos irresistibles. El poeta nos presenta la naturaleza femenina como malvada y causante de las desgracias de los humanos. En opinión de Mercedes Madrid, las razones de la misoginia de Hesíodo residen en la necesidad de proyectar en alguien la frustración por los bienes perdidos y los males hallados; es decir, las mujeres son una especie de chivo expiatorio. Si la Humanidad entiende inexplicables la maldad y el dolor, es necesario ofrecer una solución, y la solución pasa siempre por la acusación: ¿quién tiene la *culpa?* Hesíodo propone la siguiente historia: Prometeo había conseguido encerrar en un ánfora todos los males (en *Los trabajos y los días).* Fue la curiosidad —defecto tradicionalmente asociado a la mujer— la que incitó a Pandora a abrir la vasija de la desgracia. Otra versión supone que la vasija contenía los bienes. En este segundo caso, los bienes vuelan hacia el Cielo —los males se esparcían por la Tierra en la primera tradición—, pero en ambas sólo la esperanza permanece encerrada y a disposición de los mortales.

Éstas son las dos corrientes más comunes, conocidas a partir de Hesíodo. Sin embargo, una línea anterior puede facilitar la comprensión del «vituperio de lo femenino»: una primera versión del mito de Pandora se acerca, incluso, a la tradición judeocristiana. Zeus, enojado con el osado Prometeo, decide vengarse de la raza humana, y encarga que sea modelada una mujer en arcilla. La orden es que se asemeje en la figura a las diosas; se le atribuyen encantos y belleza, pero Hermes le otorga la maldad y la falta de inteligencia. Así se consuma la *venganza* contra la raza humana: enviando a una mujer al mundo terreno. Pandora se identifica con el fin de una supuesta edad de oro. Por influencia de los poemas de Hesíodo, en el imaginario ciudadano quedaron indisolublemente unidas la felicidad perdida y la presencia de las mujeres.

La temática de la «raza de las mujeres», corriente en el género dramático, al tratar la solidaridad de las mujeres juega con los temores que en el imaginario masculino se habían ido relacionando con toda asociación femenina. En la tragedia, cuando una heroína convoca a sus congéneres es siempre para maquinar alguna desgracia contra el sexo opuesto. La imagen de la feminidad en estos textos nunca deja de ser inquietante.

Esquilo no presenta a las mujeres, en conjunto, como un mal y una fuente de desgracias para los hombres; sólo aquellas que se rebelan y quieren ir más allá del papel que la ciudad les ha confiado son denostadas. (Es posible que las danaides de Esquilo, que se negaron a admitir la tiranía masculina de los egipcios, fuesen finalmente castigadas —lo son en el relato mítico—, aunque la pérdida de las dos últimas partes de *Las suplicantes* no permite conocer la intención del dramaturgo en este caso). Si bien Esquilo aún establecía una distinción clara entre una feminidad positiva y una negativa, esta diferencia se desvanece en las tragedias de Eurípides. En sus obras, la raza de las mujeres deja de ser representada como la encarnación de la alteridad, y éstas son agrupadas en un colectivo que tiene características y naturaleza propia; las mujeres son vistas en una cierta simetría con los varones. La progresiva atenuación de la ginecofobia tiene relación, probablemente, con la consolidación de los valores democráticos. Presentimos en Eurípides que la mujer tiene voz propia —lo que no significa que su destino final haya de ser modificado—. En *Medea*, el coro afirma: «Nosotras también poseemos una Musa que nos acompaña en la búsqueda de la sabiduría». Sin embargo, en *Electra*, la protagonista confiesa a su hermano, antes del matricidio, que «es cosa indigna que mande en su casa la mujer y no el esposo». Tener voz y conocer la posibilidad de comunicar era ya mucho, de modo que difícilmente se podría esperar que comunicaran algo distinto a lo que social y mitológicamente se esperaba de ellas (Antígona, por ejemplo, se ve impulsada al suicidio tras infringir la ley que ordenaba no enterrar a uno de sus dos hermanos).

Con la comedia de Aristófanes, sin embargo, aparece la crítica a la misoginia. En sus obras se percibe cierta comprensión hacia las mujeres y un sentimiento de compasión respecto a la inferioridad en que la sociedad las ha colocado. La diferencia entre Eurípides y Aristófanes consiste en que en el teatro del primero las mujeres son representadas como seres peligrosos y temibles, cuya invocación a la solidaridad femenina suele acarrear la muerte para los varones; en las comedias aristofánicas, en cambio, las mujeres aparecen como cualquier cosa menos como seres pavorosos y rechazables, y su toma de poder es un motivo de hilaridad más que de temor. La acción de las mujeres evidencia los males existentes o les pone fin.

En *Lisístrata*, Aristófanes presenta a una mujer enojada ante la incapacidad masculina para concluir con la guerra entre atenienses y espartanos. Ésta es la conversación de la protagonista con una vecina antes de la famosa reunión de mujeres:

LISÍSTRATA: —[...] Sufro mucho por nosotras, las mujeres, porque entre los hombres tenemos fama de ser malignas.

CLEONICA: —Y lo somos, ¡por Zeus!

LISÍSTRATA: —Se les había dicho [a las mujeres] que vinieran aquí a deliberar sobre un asunto no pequeño, y duermen y no llegan.

CLEONICA: —Vendrán, querida: les es difícil salir de casa a las mujeres. Una se afana con el marido, otra despierta al criado, otra acuesta al niño, otra le lava, otra le da de comer.

Lisístrata propone una huelga sexual, en primer término, pero también actúa en otros sentidos (anula la posibilidad de utilizar el tesoro para proseguir con la guerra). Lisístrata propone «acción» en el conflicto y supera la tradición: «Pero ¿qué cosa sensata o brillante podrían hacer las mujeres, que no sea estar en casa bien pintadas, con nuestros vestidos de color azafrán, bien arregladas, con nuestras cimbéricas cayendo rectas y nuestros zapatos», dice una de las mujeres. Lisístrata sabe que son capaces de actuar.

Del mismo modo, en *La asamblea de mujeres*, son Praxágora y sus compañeras las que toman el poder. La protagonista, con barba ficticia, se muestra como perfecta oradora: «Así pues, transmitamos a ellas, varones, el gobierno de la ciudad y no andemos chachareando ni preguntándonos qué es lo que van a hacer, sino simplemente dejémoslas gobernar, considerando esto tan sólo: que, siendo madres, desearán ardientemente preservar a los soldados; además, en cuanto a las provisiones, ¿quién les enviaría raciones suplementarias más rápidamente que la que los parió? Para procurar dinero la mujer es la cosa más ingeniosa, y estando en el gobierno nunca se dejaría embaucar, pues ellas sí que están acostumbradas a engañar. Dejaré de lado lo demás. Si me hacéis caso en esto, pasaréis la vida colmados de felicidad».

Podría pensarse, de todos modos, que en las comedias de Aristófanes —cuyo fin no es revelar un estadio diferente para la mujer, sino criticar un estado político y social— se utiliza a la mujer como un arma de doble filo: el hombre ha llegado a tal estado de incompetencia política que *incluso* las mujeres podrían hacerlo mejor que los hombres.

Para Mercedes Madrid, la gran diferencia entre Lisístrata o Praxágora y las heroínas de Eurípides que invaden la esfera pública —con fines positivos como Antígona o negativos como Clitemnestra— es que las primeras no adoptan una conducta masculina, sino que llevan a buen fin sus planes utilizando sus habilidades más femeninas, y manteniendo su capacidad de seducción, lo que supone el fin de la identificación de la sexualidad femenina con el peligro y tiene relación con la salida a la esfera pública de las mujeres. No se veía ya esta irrupción en lo público de las mujeres como un hecho temible que acarrearía la subversión del orden social y el fin de la ciudad. Aristófanes ya no culpa a las mujeres de las desgracias, sino que las utiliza para evidenciar la degradación de la política. Especial interés reviste la plasmación de la ginecocracia de Praxágora, que tiene como consecuencia la ruptura de la solidaridad existente entre la raza femenina, al aparecer diferentes intereses entre las mujeres libres y las esclavas, las jóvenes y las viejas.

Lisístrata (cuyo nombre, por cierto, han adoptado muchos colectivos de mujeres) es un ejemplo de cómo la alianza entre mujeres puede alcanzar un objetivo tan complicado como el cese de las luchas entre los hombres: ya hemos aludido a su propuesta de abstinencia sexual mientras dure la guerra, de la que están hartas las mujeres. De estas obras se desprende una complicidad entre todas ellas.

Será Platón quien reconocerá (para que su proyecto político sea posible) que las mujeres tienen iguales capacidades que los hombres; pero aunque estime que algunas pueden superarlos, genéricamente las sigue considerando inferiores a ellos. Según Mercedes Madrid, a Platón no le gustan las mujeres, pero no las desprecia, aunque abra el camino al sexismo feroz de Aristóteles, en el que confluyen todos los tópicos de la tradición misógina.

Aristóteles define a las hembras por su inferioridad anatómica y fisiológica, las caracteriza por la carencia y traslada a la totalidad del mundo animal el *a priori* de la inferioridad de las mujeres basada en su subordinación social. El filósofo griego apuntala la excelencia masculina afirmando que la hembra es un macho mutilado, estéril, una malformación de la naturaleza; priva a las mujeres de la autoridad moral, les niega toda independencia por su incapacidad de controlar sus emociones y, en consecuencia, las somete a la razón del hombre, que se define por su capacidad para mandar (en *De generatione animalium*). Los encantos irresistibles de las mujeres, que las hacían temibles y poderosas, se transforman en carencia, defecto e inferioridad. De esta manera, el temor fue sustituido por el menosprecio, la diferencia por la inferioridad, la ginecofobia por el sexismo.

Si de la literatura pasamos a la escultura, encontramos parecida simbología femenina. Por una lado tenemos mujeres jóvenes, agradables, tranquilas, sonrientes, representadas por decenas de *korai*; por otro, agresivas y peligrosas medusas, arpías, ménades o amazonas, nos recuerda Dolores Juliano. Las primeras no sólo están integradas en la cultura dominante, sino que la representan. Las *korai* se transforman en cariátides que, como es sabido, soportan el peso de los templos; el modelo de mujer que representan está vinculado a la idea de conservadurismo y sumisión voluntaria. «En el hogar difieren bastante los deberes del hombre y de la mujer. El del uno es adquirir, el de la otra, conservar», Aristóteles *dixit*. Las otras mujeres están situadas fuera del ámbito de la cultura y constituyen un modelo peligroso de contrapoder. Las *korai* forman parte de un colectivo indiferenciado, carecen de individualidad, son idénticas, intercambiables, mientras que las pertenecientes al segundo grupo tienen personalidad y objetivos propios. Resulta interesante esta doble tipología: la de la mujer cómplice de su dominación y la de la mujer portadora de una contracultura radicalmente opuesta a la existente.

En la tradición hebrea, la mujer aparece como un ser perverso. Creada con el fin de procurar felicidad y compañía al hombre, como complemento de éste, pecó e hizo pecar a Adán, y por ello, durante toda su existencia, sus hijas tendrán que pagar la culpa. No es que el mal fuera inherente a la mujer; es que, dada su naturaleza inferior, por su debilidad e incapacidad para prever las consecuencias de sus acciones, fue la elegida por el enemigo de Yavé. «La serpiente me engañó», dice Eva ingenuamente *(Génesis, 3, 12)*. En el mismo capítulo, Yavé se dirige a la serpiente-demonio, a Adán y a Eva. El parlamento de Dios o la maldición que dirige a la mujer se reduce a dos objetos: parir con dolor y ser la esclava del hombre: «Multiplicaré en gran manera tus sufrimientos y tus preñeces; darás a luz hijos con dolor. Hacia tu marido será tu anhelo, pero él te dominará». Eva es, pues, un ser culpable e impuro que, por su irresponsabilidad, trajo la desgracia para todo el género humano. Ya en nuestra era, los pensadores cristianos de los primeros siglos fundamentaron la inferioridad física y espiritual de las mujeres. Y hasta ahora.

En un manual de confesores se afirmaba incluso que la palabra *mulier* significaba *Mal de los males, Vanidad de vanidades, Lujuria de las lujurias, Ira de la ira, Envidia de las envidias, Ruina de los reinos*. Han sido escasas las voces sensatas que intentaron poner dique a la sinrazón. Entre ellas es muy interesante la réplica que realizó Isabel de Villena con su *Vita Christie* al misógino *L'Espill* de Jaume Roig, obra satírica con tintes misóginos como tantas en la literatura medieval.

La teoría del «animal imperfecto» aristotélica continuó siendo una idea común en los siglos XVI y XVII: «Mira que no hay joya en el mundo que tanto valga como la mujer casta y honrada, y que todo el honor de las mujeres consiste en la opinión buena que dellas se tiene; y pues la de tu esposa es tal que llega al estremo de bondad que sabes, ¿para qué quieres poner esta verdad en duda? Mira, amigo, que la mujer es animal imperfecto, y que no se le han de ponere embarazos donde tropiece y caiga, sino quitárselos y despejalle el camino de cualquier inconveniente...», (*Quijote*, I, XXXIII).

Apuntaremos aún otro ejemplo más: un texto de mediados del siglo XVIII en el que se demuestra la incapacidad intelectual femenina asociándola a una explicación de tipo sociológico: «La mujer tiene un sentimiento innato para todo lo bello, bonito y adornado. Ya en la infancia se complacen en componerse y los adornos las hacen más agradables. Son limpias y muy delicadas para lo repugnante. Gustan de bromas y les distrae una conversación ligera, con tal de que sea alegre y risueña. Tienen muy pronto un carácter juicioso, saben adoptar un aire fino y son dueñas de sí mismas, y eso a una edad en que nuestra juventud masculina bien educada es todavía indómita, basta y torpe. Muestran un interés muy afectuoso, bondad natural y compasión; prefieren lo bello a lo útil...»; y más adelante: «El bello sexo tiene tanta inteligencia como el masculino, pero es una inteligencia bella; la nuestra ha de ser una inteligencia profunda». «La meditación profunda y el examen prolongado son nobles, pero pesados [...]. El estudio trabajoso y la reflexión penosa, aunque la mujer fuese lejos en ello, borran los méritos peculiares de su sexo». Esta demostración (Immanuel Kant, *Observaciones sobre el sentimiento de lo bello y lo sublime*, 1764) no pasa de ser una recopilación de las mismas teorías históricas, en este caso aplicadas a la supuesta debilidad intelectual femenina.

No me resisto a citar, por último, las aportaciones de Celia Amorós y Amelia Valcárcel al estudio de la misoginia romántica. Amorós considera *El juramento de los Horacios*, la pintura de David, como la moraleja patriarcal del *idéntico* destino de las *idénticas*. Afirma en su libro *Tiempo de feminismo* que la hipertrofia del género femenino que caracteriza el discurso de la misoginia romántica lleva hasta el límite la anulación de toda diferencia individual entre las mujeres. Ciertamente las mujeres han sido siempre «las idénticas», a diferencia de los varones, que han constituido entre ellos el «espacio de los iguales». De forma brillante, también se refiere a la misoginia romántica Amelia Valcárcel, en su libro *La política de las mujeres*.

El número de citas misóginas de grandes pensadores es inmenso. ¿Qué cambia del Corán a Rousseau, del Génesis a San Agustín, de Catón a Fichte, de Kant a Nietzsche, de Pitágoras a Lombroso?, se pregunta Franca Basaglia. Si tenemos interés en rastrearlas podemos consultar algunos diccionarios, como el *Dictionaire misogyne* de Agnès Michaux (1993) o *La naturale inferiorità delle donne*, de Tama Starr, libro que compila 5.000 citas misóginas de todos los tiempos. Impresionan los textos de Moebius sobre la inferioridad natural de la mujer (citaremos aquí sólo el expresivo título de su panfleto: *De la debilidad mental y fisiológica en la mujer*). Hay muchos otros ejemplos no tan lejanos, incluso en obras, por otra parte brillantes y atractivas, como *Pygmalion*. Es una muestra de cómo ha habido un extendido doble discurso o, mejor, de cómo algunas aseveraciones *científicas* sobre la personalidad y la estructura psíquica de la mujer están contaminadas por tradiciones y supersticiones heredadas acerca de su supuesta naturaleza.

Así pues, a lo largo de los tiempos se han utilizado tres grandes argumentos misóginos: la inferioridad moral (el paradigma de Eva mil veces repetido y reelaborado: curiosidad, debilidad, lujuria, portadora de la maldad y del pecado), inferioridad biológica (debilidad física, nacida para la procreación y la conservación, etcétera) e inferioridad intelectual. Las ejemplificaciones y demostraciones son tan frecuentes que se han tenido por ciertas e indudables.

Se trata, en fin, de esa triste carga de desprecio que, en palabras de las autoras de *Historia de la misoginia* citada al inicio de este capítulo, fue extendiéndose como una tenebrosa mancha de aceite; son mitos, creencias irracionales, tradiciones nunca puestas en duda.

LA DESARTICULACIÓN DE LA MISOGINIA

Hay una amplia coincidencia en estimar que la misoginia no es algo del pasado o que practiquen exclusivamente los hombres; nosotras mismas a veces devaluamos a las mujeres en general y a algunas en particular. Las actitudes imperantes y la mitología sobre la condición femenina han creado en las mujeres el sutil prejuicio de que las relaciones entre mujeres, por fuerza, han de ser triviales, inconstantes y poco sinceras. Han llegado a creer que es más fácil entenderse con los hombres, que son más claros y leales y, sobre todo, más interesantes y poderosos. Actuando de acuerdo con estas convicciones, las mujeres se han convertido en parias para las de su género. Cuando las relaciones femeninas no son sólidas, las mujeres están más expuestas a ser explotadas por los hombres. Privadas de un adiestramiento básico en la creación de vínculos de afinidad, las mujeres se ven obligadas a funcionar como sistema de apoyo para las actividades y redes de relación masculina. ¿Cómo se origina esta situación?, ¿quién ofrece a la mujer la manzana envenenada?, ¿quién la empuja a refugiarse en un mundo de subordinación psíquica a los hombres?

La misoginia entre nosotras explica muchos comportamientos. Como dice Marcela Lagarde, también las feministas somos misóginas, aunque nos duela, en cuanto que tendemos a diferenciarnos de las mujeres que son víctimas de la alienación que el sistema produce. Como es habitual en ella, la antropóloga mexicana nos ayuda a reflexionar desde otra perspectiva, vinculando la misoginia con la *sororidad*, desde la necesidad de esta nueva ética, de un compromiso. La sororidad, dice, es el resultado de un conjunto de procesos de encuentro entre mujeres, una alternativa compartida y un apoyo para transformar la vida a favor de cada mujer. No se trata de unificar el pensamiento femenino, ni de eliminar las diferencias entre nosotras, al contrario: reconocemos la diversidad y la queremos. Nos detendremos más adelante en ello.

Marcela Lagarde insiste en que no debemos favorecer la misoginia ni dejarnos llevar por sus cantos, que no sólo dañan a las demás, sino también a quien los entona. El primer pacto, el primer objetivo, debería ser el de situarnos de manera diferente ante nuestros conflictos, eliminar la hostilidad destructiva entre las mujeres, aprender a disentir sin misoginia, respetando las discrepancias. Aquí no se salva nadie, es cierto. Los hombres no tienen el monopolio del antifeminismo, y son las propias feministas las primeras en admitirlo.

Es también un hecho que cuando las mujeres mantienen posturas propias del orden masculino, los conceptos de misoginia y antifeminismo aparecen con frecuencia asociados. Quizá el menosprecio de *lo femenino* por parte de algunas mujeres no sea más que un simple reflejo de la necesidad de supervivencia, sobre todo cuando la mujer se arriesga a entrar en los dominios masculinos o cuando su asimilación al orden del varón pasa por tener que integrar todas las normas sexistas del medio. Se *debe* ser misógina como parte de la moral patriarcal; lo aprendemos como mandato, como una autodefinición. Incluso somos misóginas con las mujeres que queremos, con las más entrañables. La misoginia entre mujeres conduce a la venganza: quien ha recibido misoginia se siente autorizada a vengarse misóginamente, ejerciendo su violencia contra otras mujeres. La misoginia funciona por acumulación, crece y se puede volver (se vuelve) parte de nosotras. Para la cultura feminista y democrática es fundamental deconstruir la misoginia en la sociedad, en las personas, en cada una de nosotras.

En el contexto de lo que estamos comentando, es interesante aludir al llamado síndrome de la «abeja reina», padecido por cierto número de mujeres triunfadoras. Se define como el de la mujer —abogada, doctora, mujer de negocios...— que triunfa y ha podido abrirse camino en el «mundo de los hombres» por ser extraordinariamente competente y gran trabajadora. Para esta mujer, llegar hasta ahí con su propio esfuerzo ha sido muy duro y considera que las feministas son unas quejicas. Es una antifeminista clandestina, aunque dice ser una mujer liberada y estar a favor de la liberación de la mujer. El éxito personal obtenido dentro del sistema la induce a mantener su posición única y no está interesada en que otras mujeres se «liberen fácilmente» sin tener que luchar como ella lo ha hecho o, todavía peor, no le interesa tener a otras mujeres como competidoras. Ella cree que lo ha conseguido con el sudor de su frente (sólo) y que si las demás mujeres están dispuestas a pagar el precio, pueden intentarlo. Muchos hombres machistas la apoyan para que mantenga a las demás mujeres en el lugar que les corresponde, y ella, a cambio de su apoyo y admiración, estaría de acuerdo con frases como ésta: «si las mujeres no triunfan en la vida es por su culpa».

Como veremos más adelante, hoy se han desencadenado nuevas competencias entre las mujeres, hay nuevas formas de poder de unas sobre otras, aunque no queramos. Eliminar la misoginia supone enfrentarnos a la forma de ejercer los poderes, y cuestionar cuáles son los legítimos.

Desmontar la misoginia no es una cuestión de ser bondadosa con las demás mujeres, sino que más bien tiene que ver con la autoestima. Porque si se tratase de una fobia contra las mujeres por el solo hecho de ser mujeres, insiste Marcela Lagarde, ello querría decir que habría un rechazo hacia una misma, a la condición de mujer, de la que todas participamos.

La misoginia cambia de naturaleza en nuestra época; se afirma que, sin duda, ello se debe a que los movimientos de emancipación femenina se van dejando oír, y se perciben como un nuevo revulsivo político y social. Lejos de desaparecer —en la actualidad se pone como ejemplo el varón «histérico», como prototipo de hombre joven triunfador, según Bosch—, las actitudes misóginas (especialmente la violencia contra las mujeres) se perpetúan, se transmiten, en ocasiones de manera sutil, otras directa y descaradamente, trágicamente, en la persistente violencia doméstica, los delitos sexuales, el acoso. Los medios de comunicación y en especial de la publicidad lanzan imágenes de lo que se supone que somos y también de lo que se espera de nosotras. La industria mediática nos ha colocado como objeto de consumo sexuado. Las imágenes sexistas suponen una gran parte del contenido de los medios de comunicación: madres sacrificadas, mujeres muy malas, ejecutivas infelices, ejecutivas masculinizadas, mujeres frustradas, amorosas en exceso, aisladas o descontextualizadas, mujeres obedientes, fieles, servidoras... Aspectos, en nuestro país, que destacan especialistas como García de León y que son objeto de estudio y de debate, como por ejemplo en el Congreso organizado por la Associació de Dones Periodistes de Catalunya. El mundo de la publicidad es un espejo de estas imágenes, en algún caso sutiles, veladas o pretendidamente igualitarias. Un informe realizado por el Instituto de la Mujer —«La mujer en cifras, 1996-2000»— señala que las denuncias planteadas por publicidad sexista fueron 339 en el año 2000 (382 en 1996). No será necesario citar ejemplos concretos y desestimaremos las muestras más burdas; bastará con señalar dos tipos de imagen de mujer. La primera atañe al rol tradicional: se vende leche, margarina o productos congelados. El hombre (padre, novio, hermano) permanece sentado y la mujer «sirve» la mesa, y además parece feliz. Es la más conocida imagen sexista. Un segundo ejemplo es más sutil: consiste en la «masculinización» de la mujer. En este tipo de ejemplos se utiliza un recurso que, aparentemente, debería agradar a las mujeres (hombre objeto sexual, desprecio al hombre, aplicación a la mujer de valores tradicionalmente masculinos). Si eso fuera lo que deseamos, ¿por qué habría de molestarnos la misma actitud en los hombres? Sin embargo, estos proyectos de identificación no «desencadenan» a la mujer, simplemente se las rocía con ideas y conceptos que no le pertenecen y que siempre hemos considerado ofensivos e indignos. Aunque es bien cierto que muchas mujeres son permeables a estos mensajes y, en algunos casos, seguimos estos patrones convencidas de que ése es el modelo a seguir.

En parte, la realidad es así, aunque no es toda la realidad, lo sabemos, de la misma manera que sabemos de la lentitud de las transformaciones culturales que podrían hacer cambiar estas imágenes. Se producen nuevas relaciones vitales que a su vez pueden ser transformadoras; las mujeres ocupan otros espacios, realizan propuestas, asumen responsabilidades que no son reflejadas en los medios.

Si hablamos de cifras actuales, en un informe reciente, realizado por RTVE —«Representación de género en los informativos de radio y televisión», diciembre de 2001—

las apariciones de las mujeres en los informativos se sitúan en torno al 15 por ciento. Y el resto ya se sabe. La
imagen prevaleciente en ellos es la de la feminidad subordinada a la masculinidad. Los estereotipos de género
ofrecen una imagen simplista, correspondiente a un punto de vista tradicional acerca de cómo es la mujer y cuál
debe ser su papel, imagen que resulta más difícil de cambiar que en el caso de otros estereotipos. Recordamos y
percibimos selectivamente las conductas que se ajustan
al rol de género, tendemos a adaptar nuestro comportamiento a lo que suponemos que debemos ser.

Las trampas del sexismo son infinitas: recientemente (según la información aparecida en el diario *El País*),
un equipo de investigadoras de la Universidad de Vigo
puso de manifiesto la existencia del «sexismo benevolente» (en el informe «Evaluación del sexismo moderno
en adolescentes de la ESO»). El sexismo benevolente es
aquel que apenas puede apreciarse, ya que se manifiesta
en actitudes cariñosas, pero que subsiste en lo cotidiano, en el ámbito familiar, en el trabajo o en las relaciones sociales. La señal de alerta debe empezar a funcionar
cuando un hombre dice a una mujer: «Encárgate tú de
cocinar, porque yo soy un desastre y a ti se te da muy
bien», o «Hay que ver qué bien entiendes a los niños. Yo
no. Me pongo nervioso; menos mal que estás tú aquí».
Un tono afectuoso cargado de valoración positiva hace
que ellas «caigan en la trampa»: se sienten imprescindibles, pero no tienen conciencia de que se les está aplicando
el mismo papel que le ha sido asignado a las mujeres durante siglos. Las mujeres también pueden contribuir al
sexismo benevolente: «¡Ah, yo no entiendo de averías!
A él le encantan los motores» o el clásico «Los hombres
no lloran». La directora de la investigación, la profesora

María Lameiros, advierte: «El tono afectivo-positivo enmascara sexismo. Hay que estar atentos».

Pero esto no debe conducirnos al pesimismo, incluso los estereotipos de género, lentamente y con dificultades, se están adaptando a la realidad actual.

Madres e hijas

Si la elaboración de este libro ha sido complicada, este apartado me ha resultado especialmente difícil y en algunos momentos incluso doloroso. Se comprenderá enseguida.

Proponer generalizaciones sobre la experiencia de las mujeres o hablar de una conciencia colectiva entraña el peligro de dar lugar a estereotipos despectivos, por lo que debemos cuidarnos de no caer en ellos. Los casos específicos son tan variados y tan diferentes como diferencias y variaciones existen entre las personas y dentro de los grupos raciales, étnicos y de clase social. Con todo, afirma Marianne Walters, una de las autoras de *La red invisible*, hay condiciones universales que conforman la conciencia y la autodefinición individual. Esta realidad en común es un marco de referencia que puede vincular a madres e hijas no sólo entre ellas o con otras mujeres, sino también con las condiciones y experiencias externas a la familia que, paradójicamente, harán que sus problemas y conflictos intrafamiliares resulten menos amenazadores. Madres e hijas aprenden muy temprano en su trayectoria juntas que deben prever conflictos. No se trata de culpabilizarse mutuamente por cualquier problema que aparezca ante ellas, sino de intentar mejorar la calidad de vida de ambas. Seguramente para muchas mujeres que quieran revisar sus relaciones con otras mujeres y consigo mismas sería preciso redefinir sus relaciones con su propia madre. Esto no quiere decir que no haya madres e hijas admirables; ejemplares en cierta medida, que las hay en la actualidad, muchísimas, y yo tengo la suerte de conocer a algunas.

Son varias las autoras que coinciden en que la madre es el primer espejo en el que nos miramos en búsqueda de la autoconfirmación y en el que se manifiestan los vínculos femeninos posteriores. El reflejo que nos devuelve a menudo es ambivalente y distorsionado, y esto nos hace vacilantes e inseguras en la búsqueda de otros espejos, de otras mujeres con las cuales encontrarnos. Tanto si las buscamos como almas gemelas o como modelo, probablemente nos aferraremos a ellas como a una tabla de salvación, en vez de confiar en nuestra propia capacidad de flotar y en la fortaleza de nuestro ego. Esta privación de autonomía tiende a caracterizar los vínculos de las mujeres en general.

El mito de la madre contribuye a crear una mujer con una personalidad determinada en gran parte por valores y expectativas impuestos desde fuera. La madre es una mujer que da a luz a una criatura mucho antes de haberse dado vida a sí misma y por tanto se enfrenta con la difícil tarea de criar a una hija autónoma. Madre e hija son dos espejos que constantemente buscan confirmación en el otro, pero a menudo sólo son capaces de reflejar una inseguridad profunda caracterizada por una baja autoestima y la negación del ego. De ahí el interés de detenernos algo en esta relación. En cualquier caso, si los tiempos efectivamente están cambiando, una muestra importante de ello se traduce en las relaciones madre-hija.

La modernidad se va superponiendo al modelo social hegemónico tradicional. Aquí también hay esperanza.

NUESTRO MAPA DEL MUNDO

Llegamos al mundo como réplicas de nuestra madre, destinadas a ser no sólo su *alter ego*, sino también sus calladas inquisidoras. La relación madre-hija es el vínculo más íntimo, más intenso, más simbiótico y más simétrico que se conoce entre dos seres humanos. El contacto entre madres e hijas se prolonga a lo largo del tiempo. Desde la infancia, hasta la vejez, pasando por los distintos estados, madres e hijas se transforman en compañeras y puentes las unas de las otras. Para algunas, el tiempo real pasado en compañía es mínimo o constituye una experiencia negativa; pero ni las hijas menos afortunadas en este sentido escapan al intenso influjo de la relación con la madre.

El tiempo que transcurre junto a la madre constituye una segunda vida. Es una relación absorbente que genera enormes tensiones y conflictos y, paradójicamente, la menos expresada (en esto también coincidimos con Laura Freixas), la que más a menudo se acepta como un hecho natural, la más impermeable al análisis. No obstante, se está produciendo un continuo goteo de memorias, novelas, películas y pinturas que están aventurándose a explorar este territorio sin mapas.

Aún volvemos sobre la mitología: Phyllis Chesler estudia, desde la perspectiva de la psicología, la relación entre madres e hijas, y sugiere el mito de Deméter, que explicaría o, al menos, ejemplificaría la relación de absorbencia y control sobre la hija.

Para todas las criaturas, la experiencia primordial del poder absoluto tiene como foco la figura de la madre. Nuestras primeras respuestas de placer o dolor están asociadas a ella y, en adelante, su espectro señoreará sobre todas nuestras experiencias de intimidad, sean positivas o destructivas. Ella es quien estructura nuestro ser orientándolo hacia el goce de la seguridad de la simbiosis o el temor al trauma de la separación. La niña interioriza el mito de la madre. Puede pasarse toda su vida proyectando la figura de la madre perdida o de la madre «buena» en sus amantes, amigos o mentores y hasta en diversos grupos sociales. Se valora a las madres según una fantasía ideal que finalmente acaba generando frustración y desconcierto. Es el resultado de la perpetuación de unas expectativas exageradas en las hijas y de una desorbitada sensación de culpabilidad en las madres.

Se supone que la hija tiene derecho a la atención exclusiva, al amor incondicional, a que la madre satisfaga todas sus necesidades y cumpla ciertos roles estereotipados. Pero el de las madres es un *amor alarmado:* lo manifiesta preocupándose. Cuando esta esperanza no se cumple, la reacción es de ansiedad y resentimiento. Las primeras señales que aprende a detectar una hija son de ambivalencia sobre lo que significa ser mujer. La madre le transmite «el temor a ser mujer».

Un breve relato de una joven amiga nos habla de esto: «Luna tiene una relación conflictiva e intensa con su madre: nunca logra ser comprendida, respetada, aceptada y tampoco ella consigue hacerse comprender del todo. La relación entre ambas se convierte en frustrante, pero esto no hace que consigan alejarse, desvincularse del todo: siempre queda un poquito de esperanza de que, de alguna forma, vuelvan a unirse, a quererse. El intento constante de construir por fin una relación armoniosa. Y las críticas que realice su madre sobre su forma de amar, sentir la vida, nunca dejan de pasearse por su cabeza despierta. Y no consigue calcular qué le ofrece de positivo y de negativo la relación con su mamá. Y no consigue ordenar sus sentimientos de rabia, frustración, tristeza, piedad, amor. A veces su madre le resulta un ser triste, perdido, al que no querría parecerse, pero al que nunca podría odiar, y entonces Luna sufre, pues no desea ese presente para su mami y también porque siente que su madre es ella misma, la imagen de su futuro...».

En la relación madre-hija aprendemos a relacionarnos con la mujer/madre y con todas las demás mujeres; la madre es mujer, pero además representa a la *primera mujer*, cargada de valores, positivos o negativos, modelo de todas las demás, explicaba Marcela Lagarde en el taller organizado por el Col·lectiu de Dones de Montcada. Simboliza a cualquier otra mujer con autoridad o saber, es madre/maestra que organiza, que disciplina, que lidera; tiene capacidad de reglar la vida, *tu* vida; ejerce control sobre ti y sobre tus cosas, tus amistades y tus seres queridos; nombra lo prohibido y lo permitido, el tabú y el deber; te transfiere su deseo, en una especie de colonización sentimental; a veces, incluso, te suplanta. Si cumples con el deber de hija, si realizas los deseos de tu madre, obtienes el premio del reconocimiento; si no, el castigo de la ignorancia o el desafecto: no existes, no te reconoce, no se ve en ti. La palabra de la madre es la auténtica, la palabra de todos los dogmas, de las verdades absolutas. Un ejemplo extremo de proyección y realización a traves de la hija, que representaría además a la mujer liberada, podemos verlo en *Mi hija Hildegart*, la magnífica interpretación de Amparo Soler Leal, magistralmente dirigida por Fernando Fernán Gómez.

A menudo suele citarse la relación de María Callas y su madre como paradigma de ese control de la madre sobre la hija. La necesidad casi obsesiva de Evangelia Dimitriadis de hacer de su hija una cantante «famosa en el mundo entero» no hizo sino convertir la infancia de la joven María en un infierno: «Debería haber una ley contra esa clase de cosas. Una niña tratada de esa manera envejece antes de tiempo». *Esa manera*, a la que se refería María Callas, consistía en recibir amor sólo y exclusivamente cuando su actitud se adecuaba a los gustos maternos. Evangelia quiso ser actriz y la frustración cayó sobre su hija: el resultado no pudo ser otro sino distanciamiento. La madre se sintió entonces abandonada; la hija, sin *la sombra*, apenas podía comprender qué sucedía a su alrededor. Para ambas, la relación fue destructiva.

La madre también representa un conjunto de valores vitales positivos. Te impulsa a vivir, a crecer —un poco, no mucho, para que no te vayas—; te acepta en su vida y te da un lugar en el mundo; te enseña a establecer vínculos con otras personas; te prodiga cuidados vitales, frente al sufrimiento, el dolor y el malestar; te dice para qué sirves, qué sientes. Es el agente activo de tu desarrollo personal, impulsa tu evolución, construye tu independencia, te da la palabra, según dice Marcela Lagarde. Si no fuera por ella, no crecería adecuadamente nuestra autoestima, y en la medida en que nos han estimado podemos autoestimarnos.

Una buena madre se realiza si su hija evoluciona, aun a costa de que ella no lo haga. A su vez, se espera de la hija que sea obediente, que viva en minoría de edad con su madre toda la vida. «En todos los estados se sirve a Dios, Frasquita, pero el complacer a su madre, asistirla, acompañarla y ser el consuelo de sus trabajos, ésa es la primera obligación de una hija obediente», dice Leandro Fernández de Moratín en *El sí de las niñas*. Debe aprender a cuidar de otros, y en primer lugar de su madre, y cumplir con los mandatos femeninos. Una hija ha de ser una madre en miniatura, y luego, al desarrollarse, repetir el modelo, convirtiéndose en madre.

La mujer-madre ejerce en la mujer-hija una doble influencia; es decir, no sólo transmite las normas del sistema patriarcal, sino que, con ellas, transmite también sus propios conflictos invisibles e internos, creando así en el ámbito familiar un espacio de contradicciones.

Se espera que una madre transmita a su hija las habilidades necesarias para adaptarse a la cultura patriarcal, nos recuerda Franca Basaglia. Así, enseña que la capacidad de encajar en la sociedad se adquiere negándose a sí misma. A la vez que los mensajes de la cultura, la madre transmite también sus respuestas a los mensajes que recibió de su propia progenitora; se produce así una transacción entre tres generaciones (o entre muchísimas más por los efectos perdurables de la memoria social). Un mensaje se repite: no te excedas, no destaques; modérate y limítate, contén las manifestaciones excesivas de afecto. La madre se convierte en una especie de perfeccionista de la socialización femenina, una fiel intérprete del rol tradicional femenino. Después, raciona las alabanzas y limita el grado de adulación, amortiguando la vitalidad desbordante de la hija. A base de tentaciones y privaciones, la atrae hacia una relación simbiótica. Durante toda su vida, la hija continuará siendo adicta a este tipo de compromisos, y tenderá a adaptarse a los sentimientos y respuestas inconscientes de su madre más que a los dictados de la conciencia personalmente adquirida.

Para que dicha socialización sea operativa, es imprescindible la obediencia a los compromisos. La tensión entre la conciencia personal y la necesidad de obedecer generan preguntas y actitudes como las siguientes, por ejemplo: «¿Soy una mujer infame?». «¿He dejado de ser buena y honrada?». «Soy más mala que las peores mujeres de la tierra». «Un impulso terrible me arroja de esta casa. Quiero huir, quiero correr fuera de aquí». «¡Ah!, no puedo engañarme sobre este particular. No puedo ni destruirlo ni atenuarlo; pero puedo confesarlo y lo confieso, diciéndote: "¡Señor, que aborrezco a mi madre!"» (Benito Pérez Galdós, *Doña Perfecta)*. Una decisión propia en el pensamiento de una joven —incluso cuando esa decisión también sea producto de una mentalidad forjada en la servidumbre al hombre— entra en conflicto con la imposición de la madre sobre la hija.

Señalan las autoras de *La red invisible* que el amor materno, si es excesivo, puede conducir a una simbiosis; si es insuficiente, a una carencia. De hecho, la madre idealizada y la madre demonizada son las dos caras de la misma moneda. Ambos conceptos mitifican la maternidad, ambos son deshumanizantes y por tanto sirven para dificultar que las madres se hagan cargo de su propia maternidad. Ni los ídolos ni los diablos son reales o accesibles, o capaces de construir su propia realidad. Tanto la idealización como la demonización de las madres las mantienen en un lugar en el que el fracaso está asegurado.

Todos iniciamos la vida muy vinculados a las personas que nos rodean. A los hombres se les anima a salir de ese estado de su existencia, a las mujeres en cambio se les obliga a permanecer en él y, a medida que crecen, a transferir su apego a una figura masculina.

En la socialización de niñas y niños, según diferentes autoras, el contexto familiar refuerza la diferenciación genérica mediante la elección de vestimentas, actividades, juegos... Se espera de las niñas que sean pasivas, ordenadas, obedientes y educadas; se enfatiza el futuro rol maternal y doméstico y se las requiere para el cuidado, se las estimula a introyectar *lo femenino*. Los costos personales emocionales y sociales de esta educación sesgada son altos, ya que se puede obstaculizar el desarrollo de capacidades y aptitudes que no estén de acuerdo con el modelo genérico.

En cambio los niños son tratados desde el principio como *otros*, como ajenos a la madre. Están familiarizados con la otredad y la diferencia (el proceso de diferenciación del yo sigue caminos distintos en niños y niñas). La actitud de oposición sostiene y refuerza la identidad masculina, estimula el proceso de diferenciación. Es un acto de afirmación del yo. Mientras las mujeres buscan su identidad a través de la conexión con los otros, los hombres buscan la suya intentando diferenciarse de los demás. Si los hombres desean ansiosamente la distancia, las mujeres anhelan en cambio la proximidad afectiva.

Un reto crucial para el desarrollo de las niñas es el de verse como personas semejantes, pero separadas de sus madres; comparten género, pero la madre misma, al no poseer personalidad autónoma, dificulta el proceso evolutivo. Muchas mujeres han de luchar toda su vida para establecer una identidad propia y separada.

Una complicación añadida en esta lucha es la figura del padre. Ante él, madre e hija se configuran como idénticas. Él es el referente de la identidad de ambas. Tiene poderes, todos los poderes, incluso sobre la madre, a quien habíamos considerado omnipotente. La hija queda desamparada e internaliza las relaciones de dependencia jerárquica de la madre con respecto al padre.

El padre encarna el poder, la autoridad, es propietario de todo lo valioso. Aunque hayamos percibido a las madres como todopoderosas, es el padre quien ocupa el lugar superior en la jerarquía, tanto de forma simbólica como jurídica o política.

Franca Basaglia señala que, a las hijas, descubrir el poder del padre sobre la madre les produce orfandad: la omnipotente es impotente, la que me protege necesita protección, la que tiene no tiene, la que sabe no sabe. Ambas tienen que hacer enormes esfuerzos para ser aprobadas, reconocidas, amadas por el padre. En un sistema de propiedad privada de las personas en el que compartir es muy complejo, el cónyuge de una es el padre de la otra; y parece como si por esta razón, por compartir un solo hombre, la conyugalidad de una interfiriera en la filialidad de la otra, nos recuerda también Marcela Lagarde.

EL RECURSO A LA QUEJA

¿Quién podía escuchar a las madres?, ¿dónde podían volcar sus quejas, inquietudes, incertidumbres?, ¿cómo podían atreverse a hablar de algo que no sabían nombrar? El canal de expresión más cercano para depositar su queja eran sus propias hijas, dice Alicia Lombardi. Y la queja es también el medio por el cual las madres intentan lograr reconocimiento. Así es como las hijas percibieron el rol maternal. Hay uno que se posterga y otro que causa postergación. El beneficiario es a la vez culpable del sacrificio del otro. Irremediablemente, el culpable queda en deuda moral. En este intercambio se pierde la idea de reciprocidad. Las características de la madre en este drama cotidiano parecen masoquistas, se supone que goza con su generoso altruismo, con la entera disposición al servicio de sus hijos. La «madre sacrificada» aparece frecuentemente en las obras artísticas. El nivel básico se refiere a las mujeres que soportan o toleran ciertos inconvenientes en beneficio de sus hijos. El segundo nivel se refiere a sacrificios de otro orden: sufrimiento, búsqueda, privaciones, dolor, etcétera. El tercer nivel es el más trágico y muy utilizado por su operatividad dramática: la madre muere por sus hijos. Transcribiremos aquí el diálogo establecido entre María y Yerma en la obra de Federico García Lorca: asunción del sufrimiento como inherente a la condición de mujer y madre:

MARÍA: —Dicen que con los hijos se sufre mucho.

YERMA: —Mentira. Eso lo dicen las madres débiles, las quejumbrosas. ¿Para qué los tienen? Tener un hijo no es tener un ramo de rosas. Hemos de sufrir para verlos crecer. Yo pienso que se nos va la mitad de nuestra sangre. Pero esto es bueno, sano, hermoso. *(Yerma,* I).

Hay una amplísima coincidencia entre los estudiosos del tema en que la competencia entre mujeres se aprende en las relaciones madre-hija. Al competir se está poniendo en entredicho el vínculo de fusión, según se lee en *Agridulce;* la percepción de la rivalidad puede ser experiencia íntimamente aterradora. Las aleja, pone en peligro la relación. Las rivales, madre e hija, sufren el trágico sentimiento de estar aniquilando a la otra mujer, al tiempo que, paradójicamente, pierden su propio yo.

La rivalidad histórica de las mujeres está marcada por este desencuentro entre personas del mismo sexo, que conduce a la desagregación de la mujer en buena y mala, en madre e hija. Cada una es de manera simultánea o sucesiva madre/hija, mala madre/madre buena, mala hija/hija buena. En esta dialéctica, lo común es anulado, y sólo queda aquello que separa a las mujeres: clase, edad, belleza, rango, poder, prestigio; es decir, lo que está en la base de su enemistad histórica.

En algunas épocas ha tenido especial vigencia el ideal de altruismo y postergación de sí misma que K. Boulding denomina «trampa del sacrificio». Las madres reprimieron una enorme cantidad de sueños y fantasías para no tener que enfrentarse a un conflicto demasiado agudo, insoportable. Esa generación de madres se adaptó, en definitiva, a la mística de la época. Eran muy pocas las posibilidades de desarrollarse en otro tipo de proyecto personal, y muchas las amenazas de ser censuradas por el entorno social, nos cuenta Alicia Lombardi refiriéndose a Argentina hace ya algunas décadas.

Existía en nuestras madres una imposibilidad de expresarse abiertamente porque lo que habían incorporado como norma impuesta era el imperativo social. Ni ellas mismas podían comprender lo que les pasaba, y, por lo tanto, tampoco podían transmitirlo con claridad a sus hijas. Por eso su forma de instruir estuvo teñida de un halo de confusión y de aspectos contradictorios. Ser madre podía y puede resultar tanto una maravilla, lo más gratificante del mundo, como lo más esclavizador y frustrante; depende, también, de los momentos, las situaciones, las oportunidades, los recursos.

Entre llevar una vida solitaria y sentirse en la marginación, o el ideal prescrito socialmente, las mujeres eligieron esto último. Encerradas en el ámbito de lo doméstico, carecían del hipotético intercambio enriquecedor del trabajo reconocido como tal socialmente; sus compañías eran reducidas, sin vínculos de paridad que hubieran contribuido a su desarrollo personal; inmersas en los círculos repetitivos de lo cotidiano, sus diálogos giraban alrededor de los hijos, el marido, la casa, desprovistas de los suministros básicos para el desarrollo de una vida plena. Creer que eran menos de lo que eran fue la forma de mantener la armonía en su ámbito de responsabilidad, el hogar. «Si soy ignorante, buen provecho me haga», decía una heroína del siglo XVIII. «Yo sé escribir y ajustar una cuenta, sé guisar, sé planchar, sé coser, sé zurcir, sé bordar, sé cuidar de una casa; yo cuidaré de la mía, y de mi marido, y de mis hijos, y yo me los criaré. Pues, señor, ¿no sé bastante?».

La dedicación de las madres al ámbito de lo familiar o doméstico provocó consecuencias afectivas muy particulares en las hijas. *Ser* era igual a *ser madre* con dedicación exclusiva.

La madre siente que es lo que hace, madre y ama de casa. La deuda así se torna más difícil de saldar que si en la familia se transmitiera la noción de la maternidad como una forma de trabajo. No es reconocida ni se reconoce como trabajadora, y para hacerse valer se siente impulsada a hacer notar su dedicación, señala Burin.

FANTASÍAS NO, GRACIAS

¿Cómo se construyen los mitos acerca de la maternidad? El imaginario social se nutre de procesos sociales, de ideologías, de creencias, de valores. Alude a la naturalidad de la maternidad. Los mitos perduran a lo largo de los tiempos, realimentados por la persistencia, la repetición, en cada presente histórico, mostrando su eficacia más allá de los tiempos en que fueron conformados. Los mitos sustentan lo visible y lo invisible de la realidad y funcionan como una forma de prescripción y control social. El mito permanece atrapado entre lo que es y lo que debería ser. Así, dice la autora de *Adiós, Bella Durmiente*, Madonna Kolbenschalg, si interrogamos al mito nos responde acerca de lo que expresa, pero a la vez sobre lo que oculta. El mismo movimiento que configura lo visible organiza aquello que es invisible, lo que no se puede ver ni escuchar. En los mitos acerca de la maternidad lo visible es el amor incondicional, la ternura, el instinto materno; lo invisible es la agresión, el erotismo, la mujer, el padre.

El ejercicio de la maternidad no está exento de conflictos y patologías, de inseguridad y ansiedades, de sentimientos de culpa y sobreadaptación.

Junto a los mitos de la perfección y el sacrificio encontramos los que animan a la madre a buscar la propia satisfacción no en ellas mismas sino en sus hijas. Y así como las hijas tienen la impresión de que no hubo condicionalidad de las madres hacia ellas, tampoco tiene que haberla desde ellas hacia sus madres.

Para el feminismo, la maternidad ha sido tema central y ha estado sujeto a distintas interpretaciones en su valoración. Ya hace años, Simone de Beauvoir nos alertó de los peligros de la identificación con las madres y con la maternidad: «El amor materno no tiene nada de natural». Fue el principio de lo que se ha dado en llamar «la mujer desmaternizada». Es decir, que la mujer tenga la necesidad, la obligación, el deber o el imperativo natural de ser madre, ha de ponerse en duda. El mito de la maternidad es, según Elisabeth Badinter, sólo una forma de alienación o de esclavitud. En *Yerma* —y en *Doña Rosita la soltera* y otras—, García Lorca ofrece ejemplos de este mito: «¡Ay, qué puerta cerrada a la hermosura, / que pido un hijo que sufrir y el aire / me ofrece dalias de luna!».

Ahora creo que estamos en un momento de equilibrio: conceptualmente la maternidad no es el único destino, sino elegida y responsable; no se trata de un instinto, sino de un deseo. Nos cambia la vida, nuestras emociones, prioridades, nuestra realidad cotidiana, el espacio y el tiempo. Y como siempre, depende…

La aspiración a cumplir el papel de la «buena madre» o a representarlo ha generado gran desasosiego en las mujeres de distintas culturas y generaciones.

Ser buenas, para las mujeres, es un gran valor, dice Alicia Lombardi. No sólo lo fue para nuestras madres, también para nosotras es un ideal en cuya búsqueda podemos dejarnos por el camino nuestros más preciados deseos. La cultura ha creado la imagen de una madre capaz de darlo todo, fuente de comprensión y bondad, pero en la práctica, la niña se encuentra con una adulta *carenciada* que transmite sus carencias. Estos fantasmas de bondad pueden sustentar toda una teoría altruista de la vida que, en el fondo, esconde una profunda dificultad para la gratificación personal. La imagen cultural de la bondad femenina se encarga cuidadosamente de reforzar esta ideología, continuación de la «trampa del sacrificio» en la cual cayeron nuestras madres. Todo el peso de los fantasmas inconscientes refuerzan la idea de que se es buena cuando no se pide nada. Ahora bien, si cumplimos con el ideal podemos sentirnos buenas, pero no valiosas. Los mitos hablan de perfección y de sacrificio, y demasiadas veces se fuerza a las mujeres a elegir entre falsas dicotomías que finalmente les hacen renunciar a sus propios intereses o postergarlos sin horizonte inmediato de realización.

La madre puede encarnarse en dos imágenes contradictorias. Por un lado, la de la figura maternal complaciente, capaz de aceptarlo todo, absorber los malos hu-
mores de todos, irradiando cariño y bienestar sin que nunca
aflore a la superficie el enfado; por otro, la arpía furiosa y
rezongona insatisfecha con su suerte, que reacciona in-
dignada ante el menor atisbo de rebeldía. La Virgen María es la representación de la madre perfecta en la cultura occidental. Todo cuidado y amor, entrega absoluta, no
piensa en el propio interés, sino que sólo persigue satisfacer el de los demás. No tiene nada que pedir para sí misma, sino que se entrega sin reserva.

En realidad, la Virgen María es, desde una lectura
bíblica, poco relevante (es la depositaria humana de la
semilla divina, receptora necesaria en el programa de
humanización de la deidad). Su importancia alcanza no-
toriedad en el siglo XII, cuando, tras un complejo proceso —asociado a divinidades paganas y a la necesidad
eclesiástica de acceder a ellas a través del cristianismo—,
la Virgen se convierte en Madre de todos los hombres.
En la tradición cristiana, María es la «intercesora», la
que auxilia a sus hijos y la que ruega a Dios a favor de
los humanos. La mitología grecolatina habla de Gea (la
tierra, la madre, el poder reproductor). Curiosamente,
Gea, en las distintas tradiciones, se rebela contra su esposo (Urano o Cronos) para impedir la muerte de sus
hijos.

Los cuentos son, probablemente, las narraciones que
mejor han sabido expresar algunos de los conflictos clásicos entre mujeres, de los cuales el más significativo es
el que estamos comentando, el que se establece entre madre e hija. Una de las características básicas de los cuentos
es que recogen los principales elementos del subcons-

ciente humano. A su vez, como destaca Dolores Juliano, han sido contados generalmente por mujeres.

Los personajes de dichas fábulas suelen ser, sobre todo en las versiones contemporáneas y políticamente correctas, distintivamente maniqueos y psicológicamente planos —buenos/malos, listos/tontos, ricos/pobres, guapos/feos, etcétera—. No obstante, estas historias esconden en un plano menos superficial ciertas complejidades. En los enfrentamientos entre progenitora e hija, por ejemplo, lo usual es encontrar una madrastra mala encarnando a la primera, en ausencia de la madre, que representaría el bien. Aunque a nivel subconsciente ambas pueden ser el mismo personaje, como las dos caras de la misma moneda, el hecho de que sea madrastra posibilita la puesta en marcha de un mecanismo que permite explicar y aceptar las rencillas que uno desearía que no existieran entre verdaderas madres e hijas.

En los cuentos escindimos la imagen de nuestra madre en dos, la madre buena, que concebimos como nuestra verdadera madre, y la madre mala, destructiva, que asociamos a las demás mujeres, a quienes creemos incapaces de amor maternal: es el arquetipo de la madrastra, una invención producto de nuestro miedo. Es el reverso del mito de la madre, el chivo expiatorio sobre el cual descargar el temor y el odio a la madre que no dejamos aflorar.

Resulta fácil identificar, en este sentido, a la madrastra de Blancanieves o de Cenicienta. En el primer caso, como es sabido, el odio se desata porque la madrastra entiende que Blancanieves comienza a ocupar un espacio antes sólo reservado para ella —en el cuento se aplica a la hermosura—. En el segundo cuento, Cenicienta se ve acosada, además, por varias hermanastras —dos o tres, dependiendo de las versiones— y, en último término, la lucha se establece para resolver quién se quedará con el príncipe, quién será la elegida.

Blancanieves es una de nuestras primeras compañeras de fantasías. Como todas las metáforas, esta historia, de la que existen variaciones en casi todas las culturas, ofrece a la vez un programa para explorar la experiencia y un medio para su interpretación y explicación. Su primacía sobre otras narraciones se debe quizá a que constituye una descripción metafórica de la relación madre-hija.

En *Blancanieves* encontramos la rivalidad de la madrastra, mujer terrible y vengativa, con la niña, que es la bondad personificada, justificada en los celos que despierta en ella su juventud y extrema belleza: «Dime, espejito mágico: ¿quién es la mujer más hermosa del reino?».

Blancanieves se convierte en objeto de una virulenta envidia, sádica y masoquista a la vez. Blancanieves es la representación de las cualidades positivas, afirmadora de la vida que amenazan a la personalidad narcisista. El espejo que siempre dice la verdad es el icono del narcisismo y la envidia, que constituyen el núcleo emocional del relato. Inocente, pero sedienta de vida, de aprender, Blancanieves lucha por huir de la madrastra, pero se coloca a su merced. La inseguridad le hace vulnerable a las mismas tentaciones narcisistas que acosan a su perseguidora.

Coinciden varios analistas en que los cuentos de hadas nos transmiten historias sobre madres demasiado buenas para ser reales, o de una maldad tal que resulta imposible comprender. Nos ofrecen una definición del carácter femenino y esbozan sus posibilidades. Cuando la madre es buena, al poco tiempo muere. Se trata de un principio cardinal de la ontología sexista: la única mujer buena es la mujer muerta. Cuando es mala sobrevive, o cuando sobrevive, es mala.

ENCRUCIJADA DE CULPAS

Erich Fromm, en 1950, se refería a la madre de una manera tan idealizada que resulta imposible y frustrante cualquier intento de aproximación a este ideal. Pero a la vez que es idealizada, mitificada, se la culpa de cualquier problema emocional que pueda afectar a sus hijos, señala Marianne Walters en *La red invisible*. Lo que hace por ellos nunca es bastante, y siempre corre el peligro de hacer demasiado... El mito de la madre perfecta y de la madre diabólica están en competencia permanente. La madre puede ser colocada en un pedestal, pero tendrá pies de barro.

La amenaza de ser una mala madre es aterradora y produce culpabilidad. En Estados Unidos, la década de 1980 contrapuso las posibilidades de autonomía económica de las mujeres al bienestar de su descendencia: se criticó acerbamente el «abandono» de los hijos, de cuyo cuidado eran responsables, por las oportunidades laborales que le permitían autonomía económica y le daban la posibilidad de independencia con respecto al varón. Como señala la psicóloga Elizabeth Debold en *La revolución en las relaciones madre-hija*, las madres son traicionadas por una cultura que en lugar de facilitarles recursos para criar a sus hijos se dedica a culpabilizarlas cuando los buscan (los recursos también son para sí, por ellas mismas).

El conflicto de roles que padecen las mujeres está relacionado, por un lado, con las distintas obligaciones a las que están sometidas y por otro con las expectativas respecto de sus propias vidas. Se traduce, por ejemplo, en sentimientos de malestar, de culpa, de sobreadaptación, que sufren cuando desean o deben trabajar fuera y son madres. Ser una «buena madre» entra en contradicción con otras necesidades y expectativas relacionadas con el mundo profesional. Las mujeres han internalizado las normativas, lo que les lleva a vivir conflictivamente el cumplimiento de los diversos roles. La culpabilidad en las mujeres profesionales tiene que ver (no siempre, claro) con la adecuación o no al rol principal, la maternidad, en el que podríamos decir que muchas veces se sienten atrapadas, al margen de lo maravillosa que pueda ser su realización, sobre todo cuando ese deseo existe.

Los términos utilizados para describir las conductas de las madres son a menudo culpabilizadores: controladora, acaparadora, sobreprotectora, fría, abusiva, loca («Aquí se hace lo que yo mando» [en *La casa de Bernarda Alba*]). Son juicios tan hostiles que han dificultado la evaluación justa de las dificultades reales de las madres.

A las madres se les echa la culpa de las carencias que sienten las hijas. Culpar a la propia madre es la respuesta automática cuando nos preguntamos por el porqué de demasiadas enfermedades sociales («Tú no tienes derecho más que a obedecer», dice Bernarda Alba a su hija menor, Adela). En muchas ocasiones, tanto en los medios de comunicación como en conversaciones privadas entre nosotras, la atención se centra en las deficiencias de nuestras propias madres como personas, en lugar de recaer en las deficiencias de nuestro sistema social.

En algún momento parecería que somos duras con ellas, con nosotras mismas; por eso hay que ponernos en su lugar, ser conscientes de con qué recursos han contado y con los que contamos nosotras. Cuántas hijas no perdonan a sus madres su pobreza, su falta de educación, su sumisión. A veces no se acepta la vulnerabilidad de las personas, ni siquiera la de las más cercanas.

A veces hablamos mucho, pero no hablamos lo que supone la pérdida de una madre. Para Soledad Puértolas (en *Con mi madre*) escribir sobre su madre muerta es una forma de buscar consuelo; de vivir con su ausencia sabiendo que «nunca la conoceré del todo y que sus motivaciones más profundas le pertenecen a ella».

Sentirse enfadada y atribuir la culpa a otra persona es a menudo una defensa contra los sentimientos de dependencia e impotencia que experimentamos. Es cierto que nuestras madres ejercieron y a menudo siguen ejerciendo un poder profundo y complejo sobre nuestras propias vidas. Algunas, además de omnipotentes en lo simbólico, son prepotentes en la realidad, invasoras y controladoras («Una hija que desobedece deja de ser hija para convertirse en una enemiga»). Sin embargo, la capacidad de nuestra madre para estar emocionalmente cerca de nosotras e impulsar nuestro desarrollo como seres autónomos se ha visto comprometida por la lucha por la subsistencia, por nuestro propio bienestar. Parece necesaria más comprensión y más generosidad por parte de quienes hemos tenido más oportunidades. No obstante, aunque las queramos mucho, ser como ellas o vivir como ellas es harina de otro costal.

Dice Debold que al llegar a la adolescencia, muchas jóvenes expresan cierto desprecio hacia su madre, el deseo más intenso de ser diferentes de ella y el miedo más profundo ante la posibilidad de que, a pesar de todo, acaben iguales. Interpretan la traición de la cultura como si fuera una traición de su madre. Hacia el final de la adolescencia la hija tiende a interesarse por las estrategias que conoce su madre como mujer, cómo trata a su marido, cómo se distribuyen los roles, qué concesiones hace en la negociación de todo esto. A medida que van creciendo es cuando empiezan a criticar abiertamente las decisiones de sus madres, reflejo del diálogo que mantienen consigo mismas intentando evaluar el modelo de mujer que quieren ser. Las chicas piensan: ¿tengo que hacer todos esos sacrificios? Ligadas por un vínculo poderoso, se sienten traicionadas cuando se dan cuenta de los sacrificios que ha tenido que hacer su madre. Generación tras generación. Irónicamente y también trágicamente, se les echa la culpa a las madres por haber sido traicionadas ellas mismas.

Las madres tradicionales han enseñado a sus hijas la misma lección que aprendieron ellas cuando eran más jóvenes. Para que sobrevivan en un mundo donde los hombres acaparan el privilegio y el poder, les transmiten que el único medio es complacerles a ellos.

No es de extrañar que los mensajes que lanza una madre a su hija acerca del sexo sean heterogéneos. Capacitar sexualmente a la hija, afirma Marianne Walters, puede resultar peligroso, prevenirla puede tener un efecto inhibitorio, la actitud censora será vista como represiva, la permisividad como irresponsable. Para la hija, hacerse cargo de la propia sexualidad es demasiado agresivo, ser precavida y dócil implica demasiada sumisión. Una madre puede recurrir a enseñarle a la hija cómo utilizar el sexo para manipular y lograr poder; puede prohibirle toda conducta abiertamente sexual a la vez que la alienta solapadamente a ser seductora; puede advertirla contra la promiscuidad y al mismo tiempo admirarla, hasta envidiarla en secreto (por su capacidad de amar a los hombres). La habilidad estará en lograr la combinación justa. Seguramente se tratará de confiar más y exigir menos.

Madres e hijas adolescentes necesitan sentirse funcionales en relación con la otra en un proceso continuo, explorando nuevos medios para mejorar su calidad de vida.

Se dice que aunque son los hombres los que generan los peligros, a las madres les toca el papel de «carceleras» de sus hijas. Las hijas no hacen mucho caso de las advertencias de las madres y responden a ellas con enfado y rebeldía por la limitación, que consideran innecesaria, de su libertad e independencia. Los intentos temerosos, pero justificados, de las madres para proteger a sus hijas, los mandatos implícitos y explícitos de que actúen como ellas, y la rabia que sienten las hijas cuando se dan cuenta de que la impotencia de su madre es un espejo del futuro que les espera a ellas mismas, generan una tensión insoportable entre ambas.

La respuesta de la madre a la cólera de su hija, muchas veces consiste en sacar los restos de su propia rabia juvenil. Porque revive los miedos y desacuerdos del pasado. Se sienten incómodas con sus hijas y ese malestar toma mayores proporciones a causa de que los sentimientos y recuerdos hostiles de las madres no se reconocieron en su momento y siguen latentes. Algunas madres expresan su enfado, otras lo transforman en depresión, y muchas lo niegan. Pocas de ellas son capaces de enseñar a sus hijas cómo convivir con la rabia que sienten, cómo utilizarla, cómo entender que la rabia está cargada de información y de energía.

¿Por qué? Porque las madres también son hijas. Cuando jóvenes, también se encontraron con el mismo muro, dudaron de su madre, sintieron una dolorosa desconfianza hacia ella y la relación que mantuvieron entre ambas también se vio agitada por la decepción y por el enfado. Una vez a la sombra de un muro se olvida cómo era vivir fuera de sus confines. Las madres de las madres tampoco supieron cómo tratar la rabia de sus hijas, y por eso una traición que no se olvida y no se expresa con palabras enturbia también las relaciones maternales de las que fueron hijas cuando llegan a ser madres.

La figura de la madre se define así en *La casa de Bernarda Alba*, de la que hemos espigado algunas frases significativas: «¡Mandona! ¡Dominanta!»; «Tirana de todos los que la rodean».

Aunque explorar las dificultades experimentadas en la relación con nuestra madre es parte fundamental de una terapia que devuelva la identidad y la autoestima a las mujeres, la verdadera curación requiere, según Elizabeth Debold, ir más allá de la rabia por las heridas sufridas que no expresamos cuando éramos niñas o adolescentes. Debold nos propone explorar la complejidad de la conducta de la madre, situarla en el contexto socioeconómico y político adecuado y que nos preguntemos acerca del papel del padre en el comportamiento de la madre.

Únicamente a partir de la comprensión del contexto que envuelve la relación madre-hija será posible que cicatricen las heridas entre las mujeres de diversas épocas y entre las de una misma generación. Si educamos a nuestras hijas de otra manera nos enfrentamos al *statu quo* patriarcal, sinónimo de civilización en la cultura occidental, y a la posición superior y de privilegio de los hombres con respecto a las mujeres.

Qué paradoja de la humanidad que las hijas necesiten negar a las madres a fin de afirmarse ellas mismas; o tal vez no sea tan paradójico, quizá se trate de otro ejemplo más de la penetrante influencia del modo de pensar patriarcal en todos nosotros. Es sumamente difícil no identificarse con la fuente del poder, con los valores dominantes, aunque a cierto nivel puedan significar opresión, dice Marianne Walters. Se trataría de ser dueñas de nuestra vida, dejar de buscar la autorización de la madre y crecer.

Cuando las hijas se convierten en madres y han sido alimentadas en la culpabilización, los sentimientos se vuelven más desconcertantes y aterradores. Amenazadas por un arma de doble filo, ¿cuántas veces el afán de una vida diferente para nuestras hijas surge del deseo de no ser nosotras mismas como nuestras madres? ¿Por qué resulta tan alarmante detectar que estamos comportándonos como ellas? Para muchas, supone la pérdida de control sobre lo que son y dicen, tienen la sensación de que hay alguien que las empuja.

Culpabilizar y expulsar a la madre que hay en nuestro interior es una especie de maldición porque genera odio autodestructivo y rechazo de una parte de nosotras mismas.

La matrofobia puede entenderse como una división del yo de una mujer causada por el deseo de acabar con la esclavitud sufrida por nuestras madres, de convertirnos en seres individuales, libres. La madre que hay en nuestro interior representa la víctima. Cuando las madres obedecen enseñando a las hijas a adaptarse a la sociedad, las chicas asocian con su madre el dolor y las renuncias que esto representa para ellas. Por supuesto, lo odioso no son nuestras madres, sino aquellas partes de nosotras mismas que nos parecen acomodaticias y débiles y que muchas veces asociamos con nuestras madres, dice Debold.

La enorme responsabilidad que recae sobre ellas, unida a la falta de autoridad plena, los ideales imposibles y la exigencia de sacrificios y las dudas y la confusión acerca de sí mismas, conducen a las madres a sentirse impotentes y tener una profunda sensación de pérdida, en estado de permanente insignificancia.

¿Cómo se produce la adquisición de la culpa entre mujeres dentro de este juego especular? Una fuente muy importante del sentimiento de culpabilidad, señala Alicia Lombardi, depende de la forma en que la madre haya mirado a su hija. Y es frecuente que una madre mire a su hija con cierto grado de displacer, en parte por su frustración interna como mujer, que nada tiene que ver con la hija, y en parte porque la hija, al ser semejante a ella, reaviva sus propios conflictos de mujer. Fatal espejo ese al que las mujeres no podemos dejar de mirarnos para identificarnos como tales; es en los ojos de nuestras madres donde nos buscamos para saber quiénes somos, y éstos, a menudo, nos devuelven una mirada inquietante, temerosa, frágil.

Es la imagen de un rostro de alguien que se siente culpable. Ella es una marginal, su condición de mujer la ubica en este rango, y cuando mira a una igual no puede dejar de establecer con ella una analogía. Así, las madres miran a sus hijas como víctimas y culpables, tal como ellas se sienten.

La hija busca el rostro de su madre, pero no siempre encuentra una devolución gozosa de la mirada por parte de ésta, no se puede reconfortar en ella porque siempre encuentra una cuota de recelo. La hija interpreta esta mirada como una incapacidad propia: hay algo que no tiene y que, sin embargo, debería tener para hacer feliz a su madre, con quien tiene una deuda que no puede saldar.

Cuántas veces he escuchado a mis amigas decir: «No sé qué quiere más de mí; he hecho todo para que esté contenta o se anime, y no lo consigo». Y se expresan con un tono en el que hay una mezcla de sentimientos de amor, culpa, hostilidad y decepción. La situación desgraciada de la madre es un peso para la hija y a la vez algo que le atañe a ella. Así lo vive. Y se pregunta, en el fondo, si no se deberá a ese sutil y no reconocido sentimiento de solidaridad que une a los oprimidos entre sí. Recordemos que tanto el tema de la maternidad como el de las relaciones entre hermanas en un entorno familiar ha sido especialmente tratado por Ingmar Bergman en *Gritos y susurros* y en *Persona*, sobre la intensa relación entre una actriz y su enfermera.

Según algunos especialistas, a menudo utilizamos un mecanismo inconsciente de igualación con una madre que se siente carenciada. Es muy común que las hijas, cuando han tenido más posibilidades, libertades, calidad de vida, recurran a mecanismos de autodesvalorización de las propias capacidades para aplacar la culpabilidad que sienten al distanciarse de su madre, para que la madre no las castigue con la pérdida de su amor. Esto podría explicar el síndrome del temor al éxito que se observa en algunas mujeres excepcionales y la tendencia de las mujeres luchadoras a volver a adoptar roles regresivos después de casadas. Se requerirá más de una generación para deshacer el nudo de la relación madre-hija.

La culpa se desata al admitir que se tiene más autonomía y capacidad de realización que ella. La diferenciación no es vivida como tal, sino como un abandono. Si me atrevo a ser distinta, siento que te abandono a ti, con quien tengo una deuda de vida. La hija se vive y es vivida como una propiedad de la madre y, por lo tanto, una prolongación de ésta; es, en consecuencia, igual o casi igual a ella. Por eso no aceptamos el elogio que nos distingue, enfatizamos nuestros defectos, quitamos importancia a nuestras propias cualidades.

A algún personaje interno tiene que aplacar la hija, empequeñeciéndose. Puede ser que ese personaje esté enfadado con ella porque crece y la abandona. Lo mismo ocurre entre mujeres, cuando una de ellas destaca. La culpa la señala haciéndola responsable de su crecimiento como si fuera una mala acción. Es muy difícil desarrollar con libertad un proyecto vital cuando se han recibido dos mensajes contradictorios al mismo tiempo: sé independiente, como yo no puedo, ni pude; y por otro, no me dejes sola. Otra defensa habitual frente al sentimiento de culpa es la de la generosidad, el dar constantemente, generosidad que no está al servicio del otro, porque no se tiene verdaderamente en cuenta si la otra persona necesita que le den, somos nosotras quienes necesitamos sentir que damos para hacernos perdonar la separación.

A lo largo de nuestra existencia seguiremos sufriendo estos sentimientos de abandono, aunque ahora en relación con nuestras amigas, por ejemplo. Hay mujeres que sienten una profunda pena cuando una amiga inicia una relación estrecha con otra persona: se produce una carencia real que evoca la pérdida de la intimidad que un día tuvimos o deseamos tener con la madre. En sus relaciones de adulta, la hija busca encontrarse a sí misma, pero el único mecanismo que conoce es el de la identificación y la confusión con los demás. Las mujeres han estado frecuentemente enlazadas unas a otras de una forma limitadora. Sin darse cuenta, al unirse para sentirse más fuertes, se limitan muy seriamente. La psicología de la mujer está constituida de tal forma que su capacidad para estar y dar, y su miedo a la separación, son psíquicamente indivisibles, se dice.

Parece que es difícil escapar de ese sentimiento de culpa cuando no hacemos lo que se supone que deberíamos hacer, porque, como dicen José Antonio Marina y Marisa López Penas en su *Diccionario de los sentimientos*, los humanos hemos conseguido un formidable sistema de ordenación social al introducir en la propia estructura del sujeto un acusador. La conciencia censora de los propios actos es diferente a tomar conciencia. Porque además, según los citados autores, el sentimiento de culpabilidad aparece cuando no hay culpa sino sólo sentimiento de ella.

Nuestra amiga y maestra Marcela Lagarde nos empuja a salir del paradigma de la culpa, a cambiar de valor. Desde la ideología de la culpa no se analiza, se acusa. Una se constituye en tribunal inquisitorial de las demás y entonces parece que la autoestima se eleva cuando se culpabiliza a la otra. Todo aquello que es emancipatorio para las mujeres es censurable para la moral tradicional, dice Marcela Lagarde; lo que nos permite salir de los cautiverios es malo. Estamos programadas para sentirnos responsables de otras personas y salvarlas en lugar de dejar que cuiden de sí mismas. Eres culpable porque te preocupas de ti. Te acusan de egoísmo: los demás son prioritarios. Si no te dejas invadir, también te sientes culpable. Culpables por haber abandonado (y furiosas porque nos han abandonado). Culpables por nuestros éxitos. Culpables por el propio crecimiento. Culpables por los deseos de autonomía, de goce sexual, de placer, de saber, de poder, es decir, todos aquellos ligados al «ser para sí». Nos sentimos culpables por frenarnos las unas a las otras, y nos enfurece vernos coartadas. Cada mujer siente que la autorrealización tiene un precio: los sentimientos de culpa que engendra en sí misma, mientras que en otras mujeres son sentimientos de envidia, competencia y rabia los que se despiertan.

Pero la culpa también se manifiesta respecto a una misma, y se convierte en factor de desmovilización. Desde Eva, la culpa ha sido la luz roja que avisaba de que algo no era correcto. El fantasma de la culpa ha sido un elemento muy importante en la opresión de las mujeres. Cuando unen sus fuerzas para transformar el mundo, la reacción la agita, convirtiéndola en un elemento paralizante. Se usa como elemento de enseñanza y control de la conducta sumisa de las mujeres. Es la forma más efectiva de generar la autonegación, el autocastigo, la renuncia. Sentimos culpa por reconocer nuestras exigencias de participación activa en las «migajas de poder» que la sociedad patriarcal nos arroja. Y cuando, para colmo de males, observamos diferencias entre nosotras mismas en esta distribución, se nos hace difícil reconocer los logros o ventajas que adquieren otras, ya sea por legado o esfuerzo personal.

La culpa y el sentimiento de abandono respecto a la madre, y de ésta respecto a la hija, la «mala conciencia» por no saber conjugar las relaciones emocionales familiares o amistosas, los sentimientos de pérdida y el resto de tensiones pueden observarse en muchos lugares. He aquí un ejemplo en el que se suceden presión familiar, sentimiento de culpabilidad, falta de aspiraciones laborales e infelicidad: «Boba vendría a ser también Stefania, por el hecho de no lograr quitarse de encima a su madre, esa terrible madre que le arruina la existencia, que la obsesiona con sus fobias, que nunca la deja vivir en paz. [En vano su amiga] la ha aleccionado innumerables veces para que gane un poco de espacio, para que rechace los ataques de su madre y no le haga tanto caso [...]. En el fondo, no tiene nada para sí: ni una casa, ni un hombre, ni un sitio, ni unas vacaciones. Tampoco con sus amigas el trato es muy simple, porque su madre no soporta quedarse sola demasiado tiempo. De hecho, como cosa verdaderamente suya, Stefania sólo tiene el trabajo, pero, dado que es bibliotecaria —aunque lo haga con pasión—, su trabajo es difícil de envidiar. Y tampoco su aspecto físico...» (*Amigas enemigas*, Isabella Bossi Fedrigotti, 1999).

Sin duda, las madres están, mayoritariamente, llenas de buenas intenciones. Hemos sido su preocupación, ocupación, reflejo, anhelo, justificación, destino, objeto de su amor. Como es sabido, las relaciones familiares han cambiado, la convivencia es más democrática y más plural, al menos en nuestro entorno, y el ejercicio de la maternidad también ha sufrido transformaciones.

Las autoras de *Las mujeres jóvenes en España* (Inés Alberdi, Pilar Escario, Natalia Matas) señalan que ha desaparecido el estereotipo negativo de la mujer que no es madre. No hay punto de retorno ni siquiera para las más nostálgicas hacia el concepto de sentirse mujer a traves de ser madre.

En la actualidad, gracias en buena medida al esfuerzo y los logros del movimiento de mujeres, las hijas tratan de identificarse con las madres de manera más positiva; son unas madres mas autónomas, un poco más poderosas, más independientes que las madres antiguas, que cumplían de forma estricta el modelo hegemónico tradicional. Supeditan la maternidad a la resolución de otros problemas de su trayectoria vital, finalización de estudios, empleo... Las de hoy tienen más recursos y pueden transmitir también más complicidad, y a pesar de que en muchas ocasiones siguen vigilando, controlando, perdonando, reconociendo, culpando, autorizando, hay también más conciencia y más confianza, más complicidad. Es mejor la gratitud, la generosidad, que el sacrificio y la abnegación. Es importante que miremos a nuestras ma-

dres como mujeres para comprenderlas y seguir que-
riéndolas. Respetarlas, entender sus dificultades para comprendernos, querernos, sin idealizaciones que nos llevan
a la decepción o la frustración, para establecer mejores
relaciones con nosotras mismas. Mirar y escuchar con
confianza y dignidad, sin suplantar sus deseos ni sus vidas. Ni ellas ni nosotras somos perfectas.

El malestar de las mujeres

QUERER SER, PODER SER, LLEGAR A SER

Muchas mujeres gestaron ideales y alimentaron deseos que iban más allá del anhelo maternal. Las mujeres a las que me refiero adoptaron actitudes con las que esperaban eludir su destino, que intuían demasiado similar al de sus madres, e intentaron construir su subjetividad fuera de la esfera familiar y doméstica, dedicando a ello grandes esfuerzos. Sin embargo, a pesar de que lograron desempeñar múltiples roles más allá de los tradicionales, no alcanzaron el bienestar que esperaban en su vida cotidiana. Dice Lena Holstein en un poema titulado «¡No te destruyas!»:

> *Era una buena madre,*
> *una esposa comprensiva*
> *y al mismo tiempo*
> *una amante fantástica y ardiente,*
> *participaba políticamente,*
> *e incluso para el gimnasio*
> *tenía tiempo.*
>
> *Las ventanas estaban recién lavadas,*
> *lo mismo las alfombras y manteles,*

el aroma agradable del pan hecho
recién en casa y la mermelada
llenaba todos los ambientes
cuando la ambulancia llegó a buscarla.

Trágico final para una mujer que se exigió demasiado. Veamos algunos ejemplos de cambios significativos producidos en Europa y EE UU, con la consiguiente irradiación en el mundo. Estos años a los que nos estamos refiriendo son años en los que nacíamos algunas de nosotras, posteriormente inmersas en la frontera de un cambio cultural. Tomemos como fecha de referencia 1950 y detengámonos en ciertos hechos. El primer ejemplar de la muñeca Barbie, de 1959, era una modelo; en 1961 su apariencia era glamourosa y se asemejaba a una princesa; en 1971 apareció la Barbie Dinámica, y en 1981, la Barbie de Día, con aspecto de ejecutiva. En 1955 la Liga de la Decencia obligó a retirar el cartel de *La tentación vive arriba*, en el que Marilyn Monroe aparece sobre la rejilla del metro. En 1962 moría la actriz: en su última entrevista había afirmado: «Todo el mundo te presiona». En Francia, en 1949 se publica *El segundo sexo*. Rosa Parks es detenida en 1956 por sentarse, en un autobús, en los asientos reservados para blancos. Althea Gibson, negra y nacida en el Bronx neoyorquino, logra a los 30 años el torneo de Wimbledon. Las revistas femeninas obtienen suculentos ingresos en la década de los cincuenta; causas aparentes: uso de electrodomésticos, implantación del supermercado. Más tiempo, más ocio. En 1963 se publica *La mística de la feminidad*. Las Supremes cantaban en una iglesia de Detroit; en 1964 es el grupo femenino con más éxito, logrado en sólo dos meses. La revolución de Mary Quant se produce en 1965. Al año siguiente Indira Gandhi se convierte en la primera ministra de India. En 1967 la hija de Stalin huye de la Unión Soviética... En mayo de 1968 los estudiantes se lanzan a la calle en París y Berkeley, y una ola de protestas recorre el mundo; ese mismo año tiene lugar lo que se conoce como «Primavera de Praga». Fue el germen de movimientos posteriores. También en España la universidad da muestras de ebullición; la falta de libertad y los valores tradicionales continúan vigentes. Citamos hechos dispersos. ¿Qué entendemos tras esta sucesión de acontecimientos? Avances y regresiones, lucha, victorias y derrotas, triunfos parciales, objetivos equivocados o condicionados, sorpresas que no deberían haberlo sido... La prensa reflejaba acontecimientos que las mujeres no podían contrastar en su vida cotidiana.

¿Por qué muchas mujeres que vivieron la efervescencia de los años sesenta y setenta han llegado con ese malestar a la mediana edad? La subordinación y desvalorización de las mujeres transita por ámbitos muy diversos y utiliza recursos variados. La familia y las instituciones políticas, económicas, laborales y educativas gestionan prácticas que producen sexismo, aunque sea «benevolente». La aspiración a existir como persona además de como hija, esposa y madre, se torna una reivindicación inconveniente que muchos hombres no aceptan, ya que sigue queriendo encontrar en la mujer la que corresponde a la imagen que satisfaga sus necesidades. Pero, ¿qué clase de relación es esa cuya premisa es la negación de una de las partes? Si la necesidad que une el uno al otro es natural, ¿no bastaría partir de ese punto para construir algo que respete las exigencias de ambos?

Existen varias teorías que explican el «fracaso» último o el malestar de estas mujeres. Entre quienes las han estudiado, cabe citar a Mabel Burin. Una de ellas, especialmente interesante, sostiene que concibieron sus propuestas de cambio en condiciones de aislamiento, sin estimar el recurso a búsquedas colectivas. Aisladas, autoculpándose si no obtenían los resultados que ansiaban, se imponían mayores esfuerzos, ponían muy alto el nivel de autoexigencia y, en consecuencia, emergían en ellas sentimientos de impotencia y autodesvalorización cuando las metas, forjadas en edad juvenil, no eran alcanzadas.

Por fortuna, las preocupaciones que algunas manifestaban entonces de forma solitaria y temerosa empiezan a abordarse en cooperación con otras mujeres, con un gran número de mujeres, incluso. El cambio es importante. La mujer está ya en posición de abrirse a una perspectiva radicalmente diferente respecto a la cultura que ha hecho de un sexo la encarnación de la debilidad y del otro la de la fuerza.

Las mujeres, en su despertar, han descubierto a las mujeres, dice Franca Basaglia. Es un hecho nuevo en la historia. Hasta ahora, como se ha señalado, habían estado aisladas o divididas y enfrentadas, y en eso consistía su debilidad a pesar de que cada una de ellas se debatiera con ahínco por escapar del orden de valores que la atrapaban. Se trata de un hallazgo que relega el antiguo interés por el hombre como único nexo con la realidad y las impulsa a asociarse, colaborar y buscar soluciones a sus problemas sin necesidad ya de representar, aun a regañadientes, el viejo papel, el de ser como deben ser a los ojos de ellos. La toma de conciencia femenina —de autoconciencia— es un intento serio de entenderse a sí mismas a través de las demás sin la interferencia del hombre. Lo que no quiere decir que a éste se le rechace.

En la medida en la que las mujeres son conscientes de sus fuerzas y las aúnan para plantear sus anhelos y conjurar sus temores están contribuyendo a clarificar cuestiones fundamentales que conciernen a todo ser humano. Las mujeres han sacado a la luz una parte importante de los rasgos negativos de una sociedad imperfecta construida sobre un concepto restringido de nuestras capacidades. En contra de los atávicos temores masculinos, la satisfacción de las demandas de las mujeres puede suponer un estímulo general para la sociedad. Por primera vez, enfrentada a la realidad y al poder, la mujer tiene significado como fuerza social. En cierta medida, de ella misma puede depender cómo vayan las cosas, se dice.

Se recuerda a menudo que en este último siglo la mujer ha demostrado que su minoría de edad era producto de una inferioridad social propiciada y mantenida durante años y años. Ahora la mujer entra en escena, y puede ser amiga o enemiga; puede proponer algo nuevo, conciliando intereses, o querer vencer. Aunque, como dice Germaine Greer, dedicamos demasiado tiempo a esperar acontecimientos que no llegan nunca, confiando en recibir un apoyo y un reconocimiento que nos escatiman deliberadamente; para muchas de nosotras las cosas ya no son las mismas. Tenemos un mayor número de opciones. El cambio fundamental se ha producido en aquello que una mujer puede *llegar a ser.* En las últimas décadas hemos recorrido un larguísimo camino. Nuestras vidas son ahora más ricas que antes, pero también endiabladamente difíciles.

Las graduales conquistas en el plano social se manifiestan también en el plano personal. La mujer, si finalmente no se rinde ante el temor de perder lo que tiene y decide salir, consciente de lo dañino de su aislamiento, acabará enfrentándose, aunque le cueste, a la pregunta de quién es, como individuo y como parte de un colectivo, cuál ha de ser el patrón de sus relaciones con otras mujeres —ya sin las urgentes y bienintencionadas solidaridades de resistencia de los primeros tiempos— y con el hombre, y qué quiere hacer consigo misma. Y se tornará distinta, incómodamente distinta, sobre todo para el orden masculino.

En opinión de Franca Basaglia, en el esfuerzo de esa transformación corre el peligro de volverse agresiva, dispuesta para la defensa y el ataque, tanto que el hombre no dudará en argumentar que sus aspiraciones son egoístas, que no forman parte de su naturaleza, que una mujer es sobre todo una mujer. Insinúa, pues, un dilema tramposo al que quiere enfrentarla con el ánimo más o menos confeso de desalentarla: si actúa igual que él se expone a dejar por el camino los atributos obligados de la feminidad y a ser estigmatizada por cuestionar el derecho «natural» de los hombres a las posiciones de poder; si se comporta como mujer, corre el riesgo de ser tildada de incapaz e inadaptada, según dice Bordieu.

El temor masculino es comprensible, porque si la mujer rechaza ser considerada como objeto en lo público o en su vida íntima personal, ¿a quién utilizará la sociedad si rechaza su rol tradicional?, ¿qué cambios en sus esquemas mentales tendrán que hacer los hombres? Para que los hombres tomen conciencia de las desventajas que conlleva la mentalidad patriarcal, aun *aggiornata*, tienen que sentirse excluidos, de alguna manera, para que entiendan nuestra exclusión. No estaría mal que comprendieran que el privilegio tiene muchos inconvenientes.

Los cambios de actitud por parte de muchas mujeres, la adquisición de una mayor autonomía durante los últimos años y el incremento de la sensibilidad en un número cada vez mayor de hombres han producido en éstos algunos comportamientos desconcertantes incluso para el orden tradicional. Observemos la pantalla de cine: Jack Lemmon, en *El apartamento*, es un hombre marginado porque su conducta respecto a las mujeres no es la tradicional. En *Esplendor en la hierba*, Warren Beatty tiene serias dificultades para comprender qué quiere su padre de él, así como el personaje de Natalie Wood se ve acosado por el tradicionalismo materno. En *Al este del Edén*, James Dean rechaza el papel social al que, como hombre, debería estar asociado. Todas estas figuras masculinas, reflejadas en algunas películas ya míticas, son incómodas en la sociedad patriarcal.

Aunque sea evidente, es necesario destacar que cuando la mujer afirma su derecho a existir y a ser reconocida como persona, ser para sí, está proponiendo una nueva posibilidad de vida, no la muerte del otro. Sabemos que, como dice Bordieu, el esfuerzo para liberar a las mujeres de la dominación, o sea, de las estructuras objetivas que se les imponen, no puede avanzar sin que los hombres se liberen a su vez del propio sistema que han generado.

Decía Franca Basaglia (en 1983) que todo lo que la mujer adquiere en fuerza y en espacio para ser igual es vivido como la amenaza de ser invadido, castrado. Y es difícil hacer entender que lo que la mujer busca es existir y colmar un vacío que ha durado demasiado tiempo y que ahora tiene prisa por ocupar.

Como expresaba Baker Miller, las mujeres quieren poder para fomentar su desarrollo, no para limitar el de los demás. Que alguien pague por la libertad de otro es un concepto de libertad falso y contaminado. Mientras exista un esclavo nadie puede ser libre.

La duplicidad, el desdoblamiento en mujer/ama de casa/trabajadora/persona políticamente activa arroja enormes tensiones a una cultura que no ha alterado en mucho sus modelos masculinos de trabajo y de vida. La división sexual del trabajo está en crisis, señala Elena Simón, pero aún no han llegado soluciones de recambio satisfactorias y generalizables. Se trata de una situación llena de oportunidades, de salidas no previstas hasta ahora por nadie, pero también de contradicciones. Si hombres y mujeres empezamos a tratarnos como equivalentes, habremos de reconocernos también como corresponsables y solidarios en las tareas que exige la vida. Ésta sí es una fórmula no segregada del reparto del trabajo, del saber y del poder cuya finalidad es la de alcanzar cotas más altas de bienestar para todos. Sigue existiendo, a pesar de la lucidez de las excluidas, en palabras de Bordieu, una asimetría radical en la evaluación de las actividades masculinas y femeninas.

El proceso hacia la identidad y la individualidad femeninas está recogido en *Modelos emergentes en los sistemas y las relaciones de género*, coordinado por Teresa del Valle, una reciente investigación promovida por tres universidades españolas (Universidad del País Vasco, Universidad Autónoma de Madrid y Universidad de Valencia). El estudio propone un análisis de la evolución y los cambios producidos en las tres últimas generaciones (denominadas «mayores, adultos y jóvenes»). En principio, el debilitamiento de las creencias surge como resultado de las experiencias individuales, pero también como consecuencia de las experiencias colectivas: identidad de mujer individual e identidad de mujer como género. El primer rasgo distintivo del proceso se refiere a la maternidad: «En la configuración de la identidad de las mujeres, la maternidad convive con otras formas de realizarse como personas sociales». El matrimonio, antaño considerado como única posibilidad de cambio, ha perdido vigor y no representa un imperativo. «La educación y el empleo [se presentan] como nuevos definidores del desarrollo amplio de la autonomía y el estatus». Otros elementos no son menos importantes: la diferenciación entre sexualidad y reproducción, la asunción de placer como objetivo lícito y benéfico —desplazando así el control religioso normativo—, el mito del hombre proveedor y la mujer receptora, etcétera. La autonomía económica parece haber desencadenado buena parte de estos procesos.

Las fisuras entre mujeres se producen «al diversificar las identidades a todos los niveles y negar la existencia de metas, actividades, reivindicaciones, tareas propias vinculadas a la existencia social e histórica del colectivo de mujeres». El estudio que seguimos aquí revela un dato decisivo: «[La mentalidad emergente] se expresa a través de las proyecciones que [las mayores] hacen hacia sus hijos y especialmente hacia sus hijas en relación con la igualdad de la educación y el trabajo. También está presente en las proyecciones de lo que les hubiera gustado ser y hacer...». Las adultas tuvieron conciencia de haber sido «gestoras» del proceso. Aparentemente, el logro de la individualización no es apreciable en las jóvenes, «pero está más asentada como dinámica social y es de esperar que continúe progresivamente». Una de las características de la generación joven es «la apreciación de la solidaridad» y la apreciación de lo personal. Es esencial que las jóvenes, si quieren avanzar en el proceso, no pierdan la memoria histórica.

Los cambios se producen en varias direcciones: los hombres —para ellos también se han modificado las estructuras laborales— se ven empujados hacia una mayor implicación en el hogar, asunción de situaciones paritarias, nueva identidad también. «Nuevos hombres o nuevos padres» son consecuencia del proceso que se ha descrito.

LA MUJER LIBERADA NO EXISTE

Lo central de la vida cotidiana no está referido sólo a los pensamientos, sentimientos o a las diversas actividades. Su esencia se encuentra en la relación que establecen las personas con las tareas cotidianas y su capacidad para jerarquizar por sí mismas las formas en que las desarrollan. Esta posibilidad de reconocimiento depende, a su vez, de la relación que los individuos mantengan con lo no cotidiano, tal y como afirma Agnes Heller.

Mediante los rituales diarios se abstraen de lo traumático a la vez que anestesian las tensiones que les produce. Las rutinas domésticas constituyen así una especie de bálsamo y no son cuestionadas por algunas mujeres. Orden, obediencia, hacer lo que los otros esperan de ellas, las rutinas se caracterizan por las demandas exageradas hacia sí mismas y hacia los demás en el ámbito de lo doméstico. Rutinas heredadas que reproducirán en su propia vida y en la educación de sus hijos e hijas. Aunque ya se van comprobando cambios significativos.

Agnes Heller señala que existe una esquizofrenia de las mujeres basada en la doble jornada, que podría ampliarse al concepto de doble vida, según Marcela Lagarde, y un síndrome de culpa como expresión del sentimiento de falta de completud constitutivo de la nueva identidad de muchas mujeres. Estas mujeres viven una dificultad y una confusión para integrar lenguajes, tiempos, espacios y papeles diferentes desde el punto de vista social y cultural, son «mujeres desbordadas», en expresión de Elena Arnedo.

Muchas mujeres profesionales transmiten la sensación de estar donde no tienen que estar. María Ángeles Sallé, presidenta de la consultora Enred y de la Fundación Directa, hizo recuento, en el Congreso Internacional de Mujeres Empresarias (septiembre 2001, Bilbao), de los obstáculos y trabas sociales e ideológicas que se le plantean a la mujer trabajadora. Sallé hablaba de las «frases familiares»: «No te quedaste a la cena que organizó el jefe», «Más que madre, pareces madrastra», «Tienes tu casa hecha una pocilga», «No eres lo suficientemente complaciente con tu marido», «Se te olvidó comprar el regalo para la fiesta del colegio del niño». La empresaria lamentaba que las mujeres hubieran asumido que, a pesar de la incorporación al mundo laboral, son las depositarias «míticas» de la paz y el orden en el hogar. «Tenemos una actitud que integra nuestra identidad doméstica y maternal». La consecuencia de estas tareas sobrehumanas es la culpa: «Nos culpabilizamos por no cumplir de manera perfecta con todos los mandatos externos y nuestras propias prioridades».

Al internalizarse, la responsabilidad doméstica se convierte en un cometido ineludible. Las mujeres pagan un fuerte tributo cuando sienten que delegan sus responsabilidades, porque el sentimiento de culpa no tarda en aparecer, seguido de una sensación de extrañeza, de perplejidad por no adaptarse a «lo que hacen otras mujeres». Se trata de un desasosiego que no se desvanece apelando a los condicionamientos sociales, ya que se inscribe en el estrecho marco de lo personal, como si fuera un déficit individual, y no una poderosa pauta estructural, de ahí el malestar que genera. Separarse de las máximas expone al sujeto a un primer acto de deslealtad. En esta situación la colisión entre los mandatos del rol social y el deseo de obtener un mejor rendimiento de lo propio es inevitable. Comportarse de acuerdo con las expectativas, en cambio, tiene la compensación del reconocimiento y la atribución de identidad. Por eso es preciso insistir en que necesitamos renovadas representaciones culturales sobre la mujer que trabaja fuera de casa que legitimen otras formas de relación no culpógena y contradictoria.

A propósito de esta culpabilidad, María Ángeles Sallé afirmaba: «Tenemos una capacidad infinita de culpabilizarnos, de reivindicar el sufrimiento como condición de logro, la vocación por complejizarlo todo y por responsabilizarnos por todo, la inseguridad, el desconocimiento sistemático de nosotras mismas, la autolimitación, la ambivalencia ante el poder».

No obstante, aceptarnos a nosotras mismas ha sido un paso de gigante que nos ha provocado sentimientos de estabilidad y firmeza cuyas raíces se encuentran en las otras mujeres, como ya hemos señalado. El siglo XX acabó llevándose por delante encierros y alejamientos, privación de libertad y de propiedad, prohibiciones y negación del reconocimiento para nosotras.

Pero la asunción de nuevos roles, al generar un modelo de relaciones distinto, repercute en nuestras fuentes de conflicto o bienestar. Somos un sujeto en transición, dice Burin. No tenemos práctica, y sí miedos que se unen a las dificultades estructurales de entrar en mundos extraños para nosotras. Que han sido extraños hasta ahora por mandato, no por elección. Los nuevos roles femeninos también originan nuevos disfraces: a los antiguos temores que despertaba la mujer, entre sus congéneres y entre los hombres, se suman nuevas misoginias o, mejor, nuevas manifestaciones de ésta. A medida que participamos en un mayor número de actividades de más amplio alcance, nos enfrentamos a nuevas formas de rivalidad. El avance de las mujeres representa la modernización de la sociedad, pero como desgraciadamente tendremos ocasión de comprobar, todavía los fanatismos oponen resistencia a ello. Aún queda mucha distancia por recorrer. «No vais a querer cambiar en veinte años una cultura milenaria», nos dicen. Es nuestra vida, y además no se trata de un puñado de años, somos herederas de otros esfuerzos, inmediatos y lejanos. Son numerosos aún los ámbitos en los que persisten la desigualdad y la violencia. A pesar de que los cambios externos pueden llegar a hacernos creer que somos libres, al fin no hemos alcanzado la paridad. ¿Es necesario hacerlo explícito? Desigualdad en salarios, discriminación laboral («¿Y piensas tener hijos?»), desprecios («Mujer tenías que ser»), infravaloración («Hazme esta fotocopia, bonita»).

María Jesús Izquierdo, en *Sin vuelta de hoja*, nos habla de una hostilidad de las mujeres hacia los hombres que se sustenta en la dificultad de acceder a trabajos remunerados u obtener salarios equivalentes a los de ellos, de participar políticamente, o bien en la resistencia de los varones a asumir responsabilidades domésticas. «El sufrimiento que late bajo esa hostilidad —dice Izquierdo— no se explica por la sobreexplotación o la pobreza relativa de las mujeres, sino por la falta de respeto que los hombres manifiestan en sus prácticas hacia los cuidados de la vida cotidiana». Pero la hostilidad es recíproca: «La paulatina autonomía de las mujeres provoca la perplejidad y el miedo de los hombres, la huida del compromiso afectivo a la defensa». La solución al desencuentro no puede basarse en la buena voluntad, ya que el «ejercicio de la ciudadanía requiere de alguien que se ocupe de la casa para que sea un hogar, que esté disponible para sostener los daños emocionales y morales que genera la participación en esferas donde la competencia es atroz». Y concluye: «El modelo de ciudadanía contiene la externalización del cuidado de la vida hacia las mujeres». Conviene sumar, evaluar, cuantificar las energías que las mujeres invierten en el cuidado de los demás, solucionando problemas que correspondería asumir a la sociedad en gran parte.

UN LARGO CAMINO POR RECORRER

La mujer liberada no existe. Se ha llegado a decir incluso, en un rapto de optimismo, que las viejas convenciones que nos atrapaban se han disuelto. Creo que esto es cierto sólo de forma relativa. Depende de la generación, de la autoconciencia, del lugar en que hayas nacido, de la clase social, de la educación, de la etnia... de tantas cosas aún. No todas las novedades en el orden tradicional tienen el mismo alcance geográfico o cuantitativo, ni la misma profundidad ni el mismo grado de consolidación. Hay lugares donde sigue imperando la brutalidad, la desigualdad, sin que se guarden siquiera las apariencias; lugares donde fieles discípulos de Moebius, por mencionar a uno de los más ilustres misóginos, legislan en base a la inferioridad *natural* de la mujer. Cito de nuevo a Germaine Greer: en muchas zonas de nuestro mundo, las mujeres, enmudecidas, soportan infinidad de dificultades, de sufrimiento y dolor inmersas en un sistema que crea millones de perdedoras por cada puñado de ganadoras; es cierto también que muchísimos hombres pade-

cen condiciones de sometimiento, explotación o marginación. Las oligarquías masculinas no sólo excluyen a
todas las mujeres, sino también a la mayoría de los hombres, los niños. La élite masculina es cruel.

Las agresiones, las mutilaciones y la esclavitud contra
la mujer en el mundo son frecuentes y en cierta medida
toleradas por los Estados, las religiones y el Primer Mundo. A menudo se olvida que la esclavitud femenina se
anima, aunque sea indirectamente, desde Occidente. La
violencia contra los más débiles se escribe en listas in-
terminables: las niñas soldados de Colombia, niñas que
abrazan las armas huyendo de la violencia doméstica; mujeres que padecen abusos psíquicos y físicos (una de cada
tres mujeres en el mundo, según datos de la ONU; una
de cada cinco en la UE); según el Informe de Amnistía
Internacional, 135 millones de mujeres sufren mutilación
genital; se producen abusos sexuales a cambio de alimentos, en Guinea, por ejemplo; en EE UU: las estadísticas informan de que una mujer es golpeada cada 15 se-
gundos; en España murieron cuarenta mujeres en el año
2001, a manos de sus maridos o compañeros; el 80 por
ciento de las personas refugiadas en el mundo son mujeres; los informes de la ONU señalan que el infanticidio
femenino, la alimentación insuficiente, los malos tratos
físicos, la mutilación genital femenina, las relaciones
sexuales forzadas y los alumbramientos precoces se co-
bran la vida de muchas niñas. La mayoría de los 1.500
millones de personas que viven con un dólar o menos al
día son mujeres, y, en todo el mundo, éstas ganan sólo el
50 por ciento de lo que ganan los hombres. (Véase también sobre trabajo, salud, política, etcétera, el *Atlas del estado de la mujer en el mundo*, de Joni Seager, basado en las
estadísticas de organismos oficiales, y *Vivir juntos, en mun-*

dos separados. Hombres y mujeres en tiempos de cambio, del Fondo de Población de las Naciones Unidas). Nos mostramos esperanzadas, huimos del victimismo, pero las cifras, además de frías, son duras.

Gran parte de los cambios que podemos constatar en nuestra sociedad se han producido gracias a las mujeres, al movimiento feminista. Antes de que las mujeres empezaran a luchar por sus derechos no era tan evidente como hoy la ineludible necesidad del reconocimiento entre ellas. Además, carecían de claves positivas con las que identificarse. La participación en tareas comunes y la construcción de espacios públicos por parte de las más adelantadas ha posibilitado el descubrimiento, la identificación entre nosotras y el apoyo mutuo. Y todo ello a pesar de los flujos y reflujos del movimiento de mujeres y la criticable reproducción de ciertas prácticas de dominio de mujer sobre mujer que se corresponderían mejor con el orden de valores que se pretende combatir.

Son varias las autoras que se plantean esta pregunta: ¿de dónde extraer la energía para ser la actual supermujer? Susie Orbach y Louise Eichenbaum, autoras de *Agridulce*, señalan, aludiendo a su propia experiencia (con la que muchas podemos identificarnos), que las que estaban en los inicios del movimiento feminista sacaban fuerzas de compartir experiencias comunes. Se animaban mutuamente a continuar, en grupo. La estima fraternal y el amor a otras mujeres era el alimento de sus esfuerzos en pos de la autoestima.

Pero la autorrealización a veces implica salir de los brazos de la buena madre. A medida que las mujeres empezaron a diferenciarse, se fueron desprendiendo del rígido uniforme externo del feminismo inicial (volvieron a maquillarse, a depilarse, a hacer aquello que se había criticado tan duramente en otras mujeres como signo de sumisión y dependencia). ¿Significaba que íbamos hacia atrás?, se interrogan las autoras de *Agridulce*. No. Nos guiábamos por un impulso que nos ayudaba a ser personas, con nuestra individualidad, continúan, y por otro nos volvía a conectar con aspectos de nuestras madres, cuyas vidas habíamos rechazado tan radicalmente (pero a las que cada vez comprendemos más, hay que añadir). Reivindicar lo femenino como parte de nosotras mismas, continúan, fue otro paso adelante en la evolución de la autoconciencia de las mujeres.

En 1968, la elección de Miss America en Atlantic City fue el telón de fondo de una protesta feminista en la que sujetadores y fajas fueron arrojados «al cubo de la basura de la libertad». La prensa acuñó en aquella ocasión, con intención de menospreciar el simbolismo del acto, la frase «quemar los sujetadores». La imagen de la feminista que quemaba su sostén pertenece al recuerdo y carece de las connotaciones rebeldes o revolucionarias de antaño (aunque aún sigue asociándose, de forma interesada, feminismo y agresividad). Seguramente existe un reflujo. Con el paso del tiempo, como ocurre en todos los sectores de la vida social, se ha producido una maduración profunda del movimiento de mujeres. Ahora su lucha también se centra en sectores concretos.

Algo ha cambiado, no obstante, con respecto a esa época. Y no siempre para bien. Las autoras de *Agridulce* señalan que muchas mujeres temen hablar de algunos temas con sus amigas. Hay una especie de censura posfeminista, autoimpuesta, sobre ciertos sentimientos que las mujeres más concienciadas han considerado inaceptables entre ellas —por solidaridad de género, porque el oprimido no puede dejar aflorar diferencias o rivalidades que lo debiliten ante el enemigo común—, como la competencia y la envidia. Volvemos al aislamiento, aunque éste no es idéntico al de antes. Ahora los conflictos son más complejos. Están en juego fuerzas y contradicciones más poderosas.

Como ya se ha dicho, mientras la ideología de la feminidad resalta la competencia, la feminista destaca lo común entre las mujeres y se minimizan las diferencias. Pero a veces se confunden las tesis ideológicas con la realidad, hay bastante voluntarismo, y se mezcla lo que verdaderamente ocurre con el deseo, en un mar de profundas contradicciones.

Recordemos lo que comentaba Nora Ephron en *Ensalada loca* (1975) a propósito de los grupos de concienciación. Estos grupos tenían como objetivo «desarrollar la sensibilidad personal hacia los diversos niveles y formas que adopta la opresión en nuestras vidas diarias», «demoler en nuestras mentes la barrera entre lo privado y lo público». «Me encantaba la concienciación. Me gustaba de veras [...] Hay tanta confesión, tanto apoyo, tanta hermandad aparente... [...] Hubo lágrimas. Hubo lo que pareció chispazos de penetración». Pero el alivio que sentían las participantes no era del género que teóricamente debía sentirse, «una especie de conciencia feminista de elevados principios»; nunca hubo nada de eso, sino del tipo «bueno, no me va tan mal como creía». «Lo que pasó al final con mi grupo —señala Ephron— fue que se convirtió en un grupo de encuentro [...] Las normas son claras en este punto; la concienciación no es terapia de grupo; no debe haber juicios ni enfrentamientos ni debe ponerse en entredicho la experiencia de otra mujer». «Nuestro grupo tardó unas dos horas —concluye Ephron el relato de su experiencia— en violar todas las normas, y más o menos dos meses en abandonar por completo las directrices».

Resulta doloroso descubrir que las relaciones entre nosotras también están enajenadas y reproducen el poder tradicional. ¿Es posible el desacuerdo sin rencor? Cómo podemos ser tan destructivas con nosotras si tenemos tantas cosas en común. La esperanza que hemos depositado en otras mujeres y el profundo pesar que sentimos cuando nos decepcionan, o nos decepcionamos a nosotras mismas y a otras mujeres, deben entenderse en un contexto de respeto y consideración hacia estas relaciones.

No debemos tener reparos a la hora de enfrentarnos a las dificultades reales que pueden darse, y se dan, entre mujeres. La necesidad de unas respecto de las otras para lograr la autonomía sigue siendo cierta. Las mujeres se necesitan, nos necesitamos para comprender las dificultades que vivimos en tantos frentes, para explorar los sentimientos ocultos que nos contaminan.

Sin embargo, hemos de admitir que las relaciones entre nosotras no son idílicas, y que difícilmente podrían serlo. Aunque el medio social parece más dispuesto a aceptar la autonomía de la mujer, las restricciones son profundas. Las mismas mujeres somos sustentadoras de esas limitaciones.

El binomio dominador/dominado se reproduce en los grupos de mujeres y revela hasta qué punto ese encuentro del que se ha hablado antes puede devaluarse en una mera manifestación de voluntarismo. Las fisuras en la colaboración entre mujeres indican cuánto falta aún para que la coherencia entre lo que se hace y lo que se predica sea realidad.

Como decía, a medida que participamos en un mayor número de actividades, nos enfrentamos a nuevas formas de rivalidad, distintas de las que vimos en las primeras páginas. Por primera vez existe un número significativo de mujeres que ocupan puestos superiores en el ámbito laboral, que son *jefas* de otras mujeres. Afirman algunas terapeutas que en sus consultas aumenta el número de mujeres con problemas con otras mujeres en la misma medida en que aumenta el desarrollo profesional del género femenino. ¿Por qué?, ¿es inevitable?

Antes, la imagen del éxito femenino estaba asociada al *glamour*; a la mujer activa y enérgica se la desproveía de los atributos de la feminidad, y resultaba difícil identificarse con ella. (Recordemos los años ochenta, en los que la ejecutiva se desprendió de la feminidad y mutó su apariencia externa: imitó la sobriedad masculina en un intento de mostrar fuerza y poder anulando tanto como pudiera los símbolos de su feminidad. Las críticas no se disimularon: «Aquí llega: la Barbie ejecutiva»). Ahora son muchas las que desean imitar o superar a las profesionales que ocupan cargos superiores. Trataremos este tema más adelante. Es éste un nuevo tipo de relación para las mujeres que no resulta fácil de manejar. Pero, como dice Shere Hite: «¡No se puede construir una nueva era sin romper unos cuantos platos!». A veces resultaría más cómodo ignorar las dificultades que enfrentarse a ellas. Es cierto: junto a los beneficios se esconden nuevos conflictos, nuevos pesares, pero también nuevos vínculos, nuevas posibilidades, satisfacciones, alegrías, nuevas emociones.

Encuentros y desencuentros

SENTIMIENTOS: RECONOCERLOS PARA RECONOCERNOS

Con demasiada frecuencia se dice a las mujeres: eres una sentimental, te dejas llevar por las emociones. Se dice que el lado izquierdo de nuestro cerebro (el de las emociones) prevalece sobre el derecho, la razón. Se ha sobrevalorado o sobredimensionado la trascendencia de los sentimientos y las relaciones en las mujeres, desde el naturalismo, considerándonos como un manojo de emociones, hasta ciertos sectores del feminismo. Para la mayoría de las mujeres, el mundo afectivo/amoroso es básico en cuanto a la valoración de su propia vida y la construcción de su identidad, pero esto no parece imcompatible con un componente racional y calculador, como se apunta en *Modelos emergentes.*

Antes de abordar el tema de estas páginas quisiera reproducir algunas líneas de una carta en la que una joven me habla de un viaje de vacaciones compartido con otras amigas. Sus palabras son significativas porque dejan aflorar algunos aspectos que trataré posteriormente, como la competencia o el deseo. Dice mi joven amiga: «Todas nos conocíamos de tiempo, conocíamos nuestros genios, nuestras formas de expresarnos y de organizar las cosas.

Esto no significa que no hubiera diferencias, hubo muchas broncas, pero eran comprensibles, tolerables. Podría hablarte de cada una de ellas y de las cosas que vivimos, que fueron muchas y muy diferentes, pero busquemos las cosas relevantes».

Durante el viaje se produjeron situaciones tensas. «Estuvimos hablando sobre el deseo, la competencia y llegamos a la conclusión de que la sinceridad es necesaria. El fallo yo no lo encontré en los sentimientos de competitividad que habían surgido, pues ésta es inevitable si apostamos firmemente por una misma cosa. La facilidad con que cada una acepte una derrota, pues en el fondo lo es, debería estar basada en una fortaleza individual, una autonomía firme. Lo desastroso es que estos sentimientos nos creen sensaciones incontrolables, irracionales, que no queden claras, de forma abierta, simple, que estas sensaciones se interioricen y nos enfrenten, que compliquemos problemas más simples, más reales». Hasta aquí las palabras de mi joven amiga, a las que volveré en alguna otra ocasión.

En *Nosotras, libres, amantes, creativas, innovadoras*, de Claudia Bepko y Jo-Ann Krestan, encontramos algunos argumentos que pueden hacernos reflexionar: «La historia del amor cultural se encuentra en el origen de una gran parte de la vergüenza y del miedo que experimentamos ante la idea de expresar nuestro verdadero yo o de hablar en profundidad sobre nuestros sentimientos de amor y odio». Frecuentemente, sostienen las autoras, la fuerza y el protagonismo de las mujeres se menosprecian debido a la carga emocional, ya que, como hemos visto, la sociedad «desprestigia, desconfía y convierte en algo patológico los sentimientos». Por otro lado, el impulso que nos mueve a expresarnos es un elemento decisivo contra la idea de mujer-objeto. Expresarse es también quejarse, decir no, opinar, hablar libremente... En palabras de la poetisa Adrienne Rich: «La mujer creativa es la única que se niega a obedecer, que ha sabido decir no, que no está al servicio de los demás».

La idea actual de los sentimientos está basada en los análisis que de ellos se hicieron en el siglo XVIII y que desembocó en el romanticismo, del cual somos deudores en este aspecto. El siglo de la razón se abandonó al sentimiento. A la explosión romántica sigue un repliegue emocional ante cualquier tipo de efusión sentimental. Especialmente en público, las emociones y los sentimientos se tratan como rasgos de puerilidad o debilidad. Ésta ha sido una larga lucha, siempre perdida: «¿Desde cuándo / la natural ternura es un delito?».

No puede ser banal lo que perturba. Si hablamos de conflictos, de crisis, tendremos que hablar necesariamente de sentimientos; interrogarnos, como hace mi joven amiga, acerca de las razones de que nos inquiete y perturbe tanto su expresión. Recordemos que la palabra «crisis» en el idioma chino contiene dos ideogramas: uno remite a «peligro», otro a «oportunidad». En nuestra lengua, «crisis» se asocia casi exclusivamente a «conflicto», aunque durante siglos sólo se utilizó como sinónimo de «cambio», para bien o para mal, y su etimología griega sugiere «separación, disentimiento, disputa, desenlace, resultado». En esta concepción, el conflicto, en sus diferentes manifestaciones, es también fuente de crecimiento. Ineludiblemente, a lo largo de la vida habremos de enfrentarnos a él. Explorar nuestros sentimientos ocultos nos puede ayudar a comprenderlo.

Resulta difícil tratar sobre los sentimientos si no se es especialista en el tema, como es mi caso. De ahí que recurra a los expertos, fundamentalmente a Carlos Castilla del Pino, sobre todo a la *Teoría de los sentimientos*, y a José Antonio Marina y Marisa López Penas y su *Diccionario de los sentimientos*.

¿Nos enseñan a esperar y manejar con propiedad nuestros sentimientos? Penetrar en el universo emocional es complicado por la mezcla de estímulos, deseos, proyecciones que los componen. Pero no hay posibilidad de una buena interacción con los demás si no se parte de una confortable interacción con uno mismo, y ello implica sumergirse en el océano de los sentimientos.

El sentimiento es un instrumento del sujeto para la relación emocional o afectiva con los objetos del mundo exterior y consigo mismo, señala Castilla del Pino. El universo emocional se construye a partir de un sinfín de sentimientos surgidos de la experiencia de innumerables objetos. Todo objeto provoca sentimientos en la medida en que evoca, actualiza o conecta con elementos de la memoria biográfica personal. Tenemos conciencia de los sentimientos que nos vinculan a los objetos bien porque deseamos de alguna manera poseerlos, bien porque los rechazamos. Cada sujeto ordena en su ámbito mental los objetos que componen su realidad, y la relación que establece con ellos depende tanto del sentimiento que les profesa como de los sentimientos que cree que le profesan a él. La relación con los objetos, amados u odiados, genera conflictos. El éxito o el fracaso en nuestra relación con el objeto de deseo es fuente, respectivamente, de euforia o depresión.

Los deseos pueden estar en el origen de los sentimientos y a su vez ser su consecuencia. Por eso a veces tenemos la sensación de estar transitando por un laberinto, dando vueltas en un círculo, sin saber cuál es el ori-

gen de nuestros «malestares» o «bienestares» (pero éstos nos preocupan menos).

No todos experimentamos todos los sentimientos
posibles. O, más bien, los experimentamos en medidas
distintas. En ello radica la singularidad de la vida afectiva, en que el universo emocional de cada uno es absolutamente propio. Toda vida es formación, formación intelectual y formación emocional.

Sentir es el modo básico de ser consciente —como
dice Castilla del Pino: «No hay no-sentimiento»—. No
me refiero sólo a la capacidad de percibir las señales del
propio organismo, aun siendo importante, sino a la de
emocionarse o desear, y a la de reconocer la huella que
nos dejan los estímulos intelectuales (espirituales). A las
personas se las clasifica a menudo en función de cómo viven o expresan sus sentimientos. Los negativos nos provocan desconfianza, nos hacen vulnerables; los positivos
nos enriquecen, nos fortalecen. «El corazón tiene razones que la razón desconoce», escribió Pascal, pero es
un imperativo escudriñar y tratar de comprenderlas.

Deseos, sentimientos, actitudes, rasgos de personalidad y conductas forman parte del universo afectivo, nos
recuerdan Marina y López Penas. Un suceso desencadena un sentimiento porque afecta al sujeto en su bienestar o en sus aspiraciones. El sentimiento desencadena a
su vez nuevos deseos, y puede manifestarse en expresiones y comportamientos capaces de despertar nuevos sentimientos.

La fuerza de sentimientos como la culpa, la rivalidad, la envidia o los celos es enorme. («He conocido los
celos», declaraba Catherine Millet en prensa: «Los mo-
ralistas están mejor preparados para combatirlos que los
libertinos, pues no los aceptamos, no admitimos que exis-

tan y eso hace imposible controlarlos»). Se viven muy intensamente, y si no se desmenuzan buscando su origen resultan irremediablemente dañinos. En especial entre nosotras, erosionan y envenenan el compañerismo, amenazan con destruir la confianza. Pero incluso esos sentimientos negativos a veces son necesarios como factor de movilización, cambio y fortalecimiento. Sin embargo, si no los transformamos en otra cosa acabamos autoculpabilizándonos.

Los sentimientos cumplen una función sintomática, y sin duda indagar en ellos puede producir desasosiego si lo que imaginamos que hay detrás nos resulta perturbador. A veces tienen su origen en un problema no resuelto. De ahí que se manifieste temor a las consecuencias de saber. Pero esa resistencia a saber, dice Castilla del Pino, es en realidad una peligrosa negación a saber sobre uno mismo que nos conduce a generar mecanismos de defensa para protegernos, no de los embates del mundo exterior, sino de la parte de uno mismo que se nos ha vuelto indeseable, y por tanto hostil y amenazante para nuestro equilibrio. Nos conviene, sin embargo, mirar hacia adentro y revisar nuestra propia *sombra*, es decir, los aspectos de la personalidad que se consideran indeseables o inútiles y que por eso mismo se relegan a las tinieblas. Ese oscuro material negativo también puede utilizarse en beneficio propio. Cuando emerge e identificamos su naturaleza y su origen, adquirimos más fuerza y sabiduría.

La comunicación emocional entre nosotras (además de una vertiente gratificante tanto desde el punto de vista de las emociones como del intelecto) tiene la ventaja de la proximidad, de los guiños, de la comprensión sin demasiadas explicaciones.

A menudo en nuestras relaciones alimentamos expectativas desorbitadas que nos llevan a la decepción, nos hacen sufrir, y nos sentimos defraudadas. Los ofuscamientos se producen incluso en terrenos en el que el afecto predomina. Motivadas por lo que hemos aprendido, muchas veces nos devaluamos, desconfiamos, sentimos envidia o abandono. Estas emociones negativas también forman parte de nuestra experiencia. De nuevo parece recomendable mirar hacia dentro para comprender las dificultades de las relaciones, explorar o al menos aproximarnos a ciertos sentimientos ocultos. ¿Podremos entender mejor por qué sufrimos?, ¿podremos deshacer malentendidos, es decir, resolver los conflictos ocultos, expresar los sentimientos? La aceptación de determinados sentimientos puede producir alivio y, en cualquier caso, es el inicio del reconocimiento y el reencuentro entre nosotras.

Envidia, competitividad, abandono, deseo, enfado, de lo que nos produce malestar, angustia, de cómo lo exteriorizamos, de todo esto quiero hablar. Voy a referirme a algunos encuentros y desencuentros con otras mujeres y con nosotras mismas en los que los sentimientos desempeñan un papel relevante.

La envidia, hija de la inseguridad

«¡Oh, envidia, raíz de infinitos males y carcoma de las virtudes! Todos los vicios, Sancho, traen un no sé qué de deleite consigo; pero el de la envidia no tal, sino disgusto, rencores y rabia» *(Quijote,* II, VIII).

Menos escolástica y más cercana, María Zambrano concibe la envidia como una pasión de alguien que se encuentra en un momento de transición, que necesita crecer o transformarse, dejar de ser lo que es, pero que no ha llegado a su ser y tiende a adquirirlo de alguna manera. El envidioso trata de no ser él. Pero, fatalmente, si se empeña en ser como el otro, en una especie de plagio de identidad, impide u obstaculiza su propia originalidad.

Obsesiva referencia negativa a otro, la envidia nos envilece y, aunque sea una pasión secreta, inconfesable, en nuestro comportamiento cotidiano se traduce en difamación y devaluación de los demás. Como dice Castilla del Pino, no sólo no se está dispuesto a reconocer la superioridad del envidiado, sino que el envidioso es hipercrítico respecto a él. La difamación que a veces acompaña a la envidia persigue cuestionar de manera global al envidiado o envidiada: «Es muy lista y trabajadora, a mí me cae muy bien, pero me han dicho que…», oímos decir en ocasiones, valorando cualidades reales, que reconocemos, aunque inmediatamente desactivamos nuestro juicio favorable —realizado hipócritamente con la intención de ocultar nuestros verdaderos sentimientos— con ese *pero* añadido que continúa nuestro juicio.

Para Juan Luis Vives la envidia se trata de un encogimiento del ánimo por el bien ajeno en el cual hay cierto dolor. La envidia —tan bien analizada por Carlos Gurméndez en Vives y Unamuno— es odio, y tristeza, más tendente a destruir el bien que no tengo que a procurar que ese bien lo compartan todos. Es como si el envidioso sólo pudiera soportar su dolor si los demás estuvieran desposeídos de lo que él desea. Además, la posesión por el otro se considera la causa de que nosotros no poseamos el bien u objeto, como si nos hubiera privado de ello de forma desleal. La envidia busca eliminar el sufrimiento mediante la destrucción de quien posee, de forma real o imaginaria, aquello que deseamos.

Nadie está libre de sentir envidia. Pero la envidia no es un *pecado*. Incluso los dioses griegos se mostraban envidiosos de los humanos. Sabemos que la envidia no es patrimonio exclusivo de las mujeres; los personajes que encarnan este sentimiento son masculinos: Satán, Caín, Salieri, Abel Sánchez…, aunque algunos artistas, por ejemplo Poussin o Rubens, han simbolizado la envidia con la imagen de una mujer.

No se trata de plantear aquí si los hombres son más envidiosos que las mujeres o viceversa. Lo malo no es tanto sentir envidia, sino cultivarla, dice Victoria Camps. La envidia, señala Castilla del Pino, se oculta por razones de índole psicológica y sociomorales. J. L. Vives recuerda que nadie se atreve a decir que envidia a otros, pues se delata a sí mismo, pone en evidencia sus propias carencias y aquello a lo que aspira, lo que le causa desazón. Reyes Mate matiza que no significa lo mismo la envidia en una cultura del reconocimiento del otro que en una cultura marcada por su negación. Pero aunque la ocultemos, no debemos mentirnos a nosotros mismos con relación a la envidia; al contrario, hemos de aceptarla y reconocerla. Porque seguramente la mejor manera de combatirla es valorarnos a nosotros mismos, valorar lo que tenemos.

Recomendaba Ovidio vivir sin envidia y no desear más que tranquilidad gozosa durante muchos años en amistad con tus iguales. En todo caso, la envidia no es, ciertamente, el mejor instrumento para incrementar aquel bien que deseamos, en el supuesto de que sea estimable, ni para hacerlo desaparecer en la hipótesis contraria. Cuando la envidia está por medio, la autoestima sufre, aunque es probable que en los individuos envidiosos, ésta ya esté muy debilitada. Sólo el seguro de sí se acepta, no tiene necesidad de envidiar.

La envidia se forja en la inseguridad, sí, pero es necesaria la percepción o la referencia exterior: *otros* tienen algo que *nosotros* no tenemos. Puede desearse poseer lo mismo o más que el otro y, en caso de asunción de incapacidad, sólo se anhela que el otro pierda aquello que nosotros jamás lograríamos. El arte y la historia ofrecen numerosos ejemplos. Pero adentrémonos en una de las mejores historias de envidias femeninas —entre miles de cosas más—: *Fortunata y Jacinta* de Benito Pérez Galdós. En términos generales, y para lo que nos ocupa aquí, la historia narra las tensiones de mujeres que no tienen lo que desean: es más, envidian lo que tiene la *otra*. A la desafortunada Fortunata (ironías de Galdós) se le aconseja: «El hombre que me pides es un señor de muchas campanillas y tú una pobre muchacha». No puede tener al hombre que desea: «Yo soy muy ordinaria y ellos, muy requetefinos», pero «una servidora es la madre del heredero, y sin una servidora no tendrían nieto». Jacinta tiene al hombre y tiene la posición económica, pero no tiene ni la pasión ni el amor ni el hijo, que sólo le pertenecen a Fortunata.

Jacinta es la mujer legítima, Fortunata es la amante; Jacinta merece socialmente a Juanito, Fortunata cree merecerlo por amor; Jacinta no tiene hijos, Fortunata dará un nieto a la familia; Jacinta odia a Fortunata y la desprecia por su estado social, Fortunata odia y desdeña a Jacinta como mujer y como «humo». No sólo compiten: se envidian.

Finalmente, Fortunata muere y el hijo pasa a manos de Jacinta, y si la mísera Fortunata fantaseaba con una vida de señora, la mísera Jacinta «llegaba a embelesarse con el artificioso recuerdo de haber llevado en sus entrañas a aquel precioso hijo».

El entramado de odios y envidias puede rastrearse sin dificultad. Pero interesa aquí otro asunto: curiosamente, cuando Fortunata muere, Jacinta experimenta un extrañísimo sentimiento:

«[Jacinta] se maravillaba de notar en su corazón sentimientos que eran algo más que lástima de la mujer sin ventura, pues entrañaban tal vez algo de compañerismo. Recordaba, sí, que la muerta había sido su mayor enemigo; pero [...], con la muerte de por medio, la una en la vida visible y la otra en la invisible, bien podría ser que las dos mujeres se miraran de orilla a orilla, con intención y deseos de darse un abrazo».

Jacinta parece entender así, y con su desdén definitivo a su marido, que sólo sus propios prejuicios y el entorno habían hecho posible esa ausencia de «compañerismo».

Desde luego, el texto de Galdós va más allá de una simple mirada de envidias, como puede comprobarse. Hay, además, otros aspectos que se vinculan a nuestro asunto: el autor expresa así el deseo de *ser* de Fortunata: «Ocurriole si no tendría ella pecho alguna vez, quería decir iniciativa..., si no haría alguna vez lo que le saliera *de entre sí*». Y ella misma pregunta: «Pero, ¿qué te crees tú, que yo no tengo también mi talento?». Ese *también* remite a una apreciación superior de la burguesía o, más bien, a una conciencia clara de que pertenece a una clase inferior. Por su parte, Jacinta «también tenía su idea». Galdós supera en esto a la mayoría de autores que han diseñado personajes femeninos y se adelanta justamente un siglo con su idea de «compañerismo», contra el hombre manipulador y contra un estado social frustrante.

En el fondo, la envidia oculta una relación de amorodio con el envidiado. El envidioso sufre, por eso no nos debe producir enojo su envidia, porque es quien padece: aunque pueda llegar a dañar al envidiado, es a costa de su propio y anterior sufrimiento.

Según Amelia Valcárcel, los ambiciosos son también envidiosos, pero lo son sobre todo aquellos que no pueden dejar de compararse. En consecuencia, entre las mujeres, no ser envidiosas tiene más mérito porque la comparación tiene un notable peso específico en el universo femenino: «Espejito, espejito mágico, ¿quién es la más guapa de todas las mujeres?», preguntaba la madrastra en *Blancanieves*, en una manifestación clásica de narcisimo y envidia en el universo femenino.

La envidia, la ambición, la conflictividad del éxito se reflejan con precisión en *Eva al desnudo*. Cuando Bette Davis interpretó en 1950 *All About Eve* (de Joseph L. Mankiewicz), su época dorada ya había pasado. Sin embargo, estaba en posesión de todos sus recursos artísticos y su fuerza escénica era inigualable. La tiranía de la edad en el mundo del cine era implacable y los cuarenta años de Bette Davis la convertían prácticamente en una reliquia de la gran pantalla. «Ya no soy veinteañera, ni treintañera. Hace tres meses que cumplí los cuarenta. Cuarenta. Cuatro, cero. Es una confesión que nunca pensaba hacer. Ahora me siento como si estuviera desnuda de repente», lamentaba Margo Channing (Davis). Hay amarga sinceridad en ella: actriz aclamada y poco complaciente que, entre sorprendida y aterrada, asiste a su propio declive. Margo decide proteger a Eve Harrington (Anne Baxter), una joven admiradora desamparada: la nueva secretaria particular irá suplantando a Margo Channing e incluso intentará también seducir a su novio. Así se convierte en una nueva Margo Channing —en una nueva Bette Davis— en la que la antigua humildad deja paso a una ambición aniquiladora. Frente a ella, frente a la nueva estrella, frente a su calculada ascensión a los cielos, Margo/Bette Davis sólo podrá oponer desesperación y sarcasmo, aunque, finalmente, su relación amorosa, tras dudas y celos, permanece. Y la historia de la joven ambiciosa se vuelve a repetir al final de la película, la envidiosa se transforma en envidiada. En raras ocasiones un actor tiene la posibilidad de identificarse tanto con un papel y lograr una interpretación tan desnuda. De esta feliz coincidencia aún nos seguimos beneficiando: casi cincuenta años después asistimos al obsceno retrato del éxito, el fracaso y la envidia.

La envidia parece una acompañante fatal de nuestra cultura y parte estructural de los seres humanos. Melanie Klein señala que todo niño o niña viene al mundo con una carga genética de envidia que se atempera o se acentúa según las circunstancias que lo rodean, entre ellas la capacidad de tolerancia materna hacia la agresión del bebé.

Decía Silvia Tubert que podríamos reconocer en la envidia a la precursora del deseo. El sujeto que desea se estructura a partir del reconocimiento de la carencia, de la falta de plenitud; esa falta es precisamente lo que no puede soportar cuando experimenta la envidia. Si el deseo aspira a obturar la carencia que lo suscita a través de la posesión del objeto, la envidia busca eliminar el sufrimiento mediante la destrucción del otro que posee, real o imaginariamente, ese objeto. ¿Es posible que nuestros deseos estén tan ocultos que hasta que no los veamos en otros no los reconozcamos, no los *envidie-mos?*

Se lee en *Agridulce* que la envidia es una clave para analizar otros sentimientos. En el caso de las mujeres, lo que la envidia nos revela es en qué medida éstas viven sus anhelos y deseos de forma conflictiva; nos descubre hasta qué punto creen no tener derecho a una identidad propia ni ser merecedoras de ella. No es tanto el hecho de que las mujeres sean envidiosas. Es que la envidia supone una defensa psicológica, si se quiere, frente a los deseos de las mujeres. La envidia no es más que la manifestación de profundos anhelos, de la fuerza del deseo que se proyecta en las demás.

De forma positiva, en el caso de las mujeres, la envidia se puede interpretar como una no-claudicación: todavía desean. En este sentido, podemos ayudarnos mutuamente, comprendiéndonos, colaborando, en vez de sofocar los sentimientos de envidia que podrían resultar venenosos y destructivos. Abordando lo que subyace tras la envidia abrimos una brecha en el vínculo de fusión que comentábamos al hablar de las relaciones madre-hija. (Se conoce como «vínculo de fusión» la identificación de dos individuos, produciéndose de este modo una anulación de la singularidad).

En opinión de las autoras de *Agridulce*, la envidia puede comprenderse mejor cuando la ponemos en relación con las luchas que el niño o la niña sostiene con su madre, a partir de las etapas iniciales de dependencia y de confusión, en pos de la separación y de la individualización; la separación resulta especialmente problemática en el caso de las niñas, como ya hemos visto en otras páginas.

Tanto la envidia del pene como la del pecho nutricio a la que se refiere Melanie Klein puede entenderse como deseo de lo que, en la percepción de la niña, la madre posee, una supuesta autoplenitud y poder personal. La envidia es una pregunta que lanza a la madre intentando despejar la duda de si está adecuadamente dotada para cumplir su papel: ¿tengo yo suficiente de aquello que tú tienes?, ¿puedo atreverme a ser yo misma?

Si fuéramos capaces de hablar acerca de lo que vivimos como carencias propias y pertenencias ajenas, sobre nuestros deseos y ambiciones, se podría evitar la envidia y su otra cara, la autodenigración; como mínimo, con ello transferiríamos el malestar de la envidia y la falta de autoestima al ámbito del deseo. En lugar de castigarnos, empezaríamos a reconocer nuestros anhelos ocultos y, en la medida de lo posible, a satisfacerlos.

En *Amigas enemigas* Isabella Bossi nos presenta a Emilia. «Es una mujer especial». Es simpática, alegre, divertida, talentosa, guapa, «un trabajo que todas le envidian», un hijo de diez años, «los hombres beben los vientos por ella» y, con ayuda de amigas, se quita de en medio a los hombres que «sobran» para retener a los que desea disfrutar. Es buena consejera, buena amiga, buena compañera y siempre dispuesta a colaborar. Su caso es significativo porque, pese a lo que pudiera parecer, «Emilia igualmente sufre, porque vuelve a encontrarse tan sólo consigo misma y con hombres que, en el fondo, le aburren». Y más: «A Emilia no le queda más remedio que envidiar a aquellas mujeres afortunadas que, contra toda lógica, se encuentran con unos compañeros que —en su opinión— no merecen. Antaño las envidiaba sólo fugazmente, de vez en cuando, pero con el paso de los años y la repetición siempre idéntica de las derrotas, las envidia con furor creciente». Entiende que su amargura no se debe a otra cosa que al fastidio, la antipatía o, «a lo sumo», celos. Y, sin embargo, ¿qué podría desear? «En el circuito subterráneo de sus sentimientos secretos, a veces la envidia se hincha hasta convertirse en una furia generalizada que afecta a la mayor parte de las mujeres»: amigas, parientes, conocidas, la peluquera, la maestra de su hijo, las actrices, las vedettes... ¿Dónde está el origen de esta actitud? Envidia que una amiga tenga un marido atractivo y fiel, envidia que los hijos de los demás sean distintos al suyo, envidia la juventud de otras mujeres, envidia la locura de una conocida, el descaro de otra, los vestidos escotados de otra, la divertida vida sexual de otra, la vehemencia o la sumisión de ésta, la independencia o la valentía de aquélla, la imaginación de la escritora, la vida apacible de la infeliz...

En la envidia se unen la competitividad —por distintos objetos, desde el sexual hasta el laboral—, la frustración por tener que seguir normas impuestas —lo que otros pretenden que se sea y lo que una desea ser—, la incoherencia entre lo que se tiene o se es y lo que íntimamente se desearía tener o ser, y cierta incapacidad para abordar el conflicto y actuar.

Es interesante ver cómo reaccionamos desde la envidia frente al éxito ajeno. No es extraño que ante el éxito de una amiga, por ejemplo, se despierten sentimientos de envidia y de culpabilidad, que se produzca incomunicación, incomprensión, incomodidad. Al ocultarla, al no querer reconocer la envidia, ésta se transforma en dudas, acusaciones, injusticias. A su vez, la envidiada exitosa tampoco es capaz de compartir sus logros, el placer que le proporciona el reconocimiento, el éxito. Se siente culpable por su propio crecimiento y se aísla. Aquí, como decíamos, se conectan los propios deseos ocultos con los logros ajenos y el sentimiento de envidia. La envidia y el resentimiento pueden surgir en lugar de la comprensión, el reconocimiento y el orgullo. En la medida en que se frenan a sí mismas algunas mujeres se pueden ver compelidas a frenar inconscientemente a otra mujer. El éxito simboliza la diferenciación. En lugar de envidiar podríamos contribuir al deseo de libertad de otras mujeres. La sana envidia es admiración o está próxima a ella.

Nuevos deseos

Precisamente, uno de los retos más importantes del feminismo, según Lerner, es el de crear el contexto en el que podamos definir con mayor autenticidad nuestros deseos, y el de estar más en contacto con nuestro cuerpo y con la manera en que queremos usarlo. No voy a repetir aquello de que querer es poder, sólo me interesa señalar que deberíamos plantearnos con más frecuencia qué deseamos realmente. Y no porque al hacer explícitos los deseos, éstos se conviertan en realidad, sino para contrarrestar que los enmascaremos tan a menudo, los ocultemos, los neguemos o incluso nos avergoncemos de ellos. Lo cierto es que averiguar cuáles son no siempre es fácil. En efecto, no resulta sencillo detectar los deseos *propios* porque es el imaginario social quien propone lo que es deseable para una mujer. Es necesario, primero, que nos atrevamos a plantear la pregunta, y después, como un ejercicio de responsabilidad y de libertad, a dar la respuesta.

Maite Larrauri, analizando el deseo en Deleuze, señala que lo verdaderamente difícil es desear porque desear implica la construcción misma del deseo, deseo que

es siempre de un conjunto, de una totalidad, del objeto
y de lo que éste lleva aparejado.

La búsqueda de la satisfacción de los deseos no tiene el mismo alcance en todas las culturas. José Antonio
Marina nos recuerda que según los budistas quien se li-
bra de los deseos se libera de la tiranía del yo y alcanza la
libertad absoluta. La cultura occidental no parece seguir
ese camino. Su sistema económico y vital se basa en el
lanzamiento de continuas oleadas de *deseos*. Estamos pre-
sos de ellos. Pero ahora no quiero referirme a la satisfacción de meros impulsos, esos *seudodeseos*, que tienen
más que ver con los eslóganes publicitarios que con nuestras íntimas y profundas aspiraciones vitales. Más bien
quiero referirme a estas últimas.

Mabel Burin se pregunta si las mujeres pueden, realmente, tener deseos que no sean los propuestos por la cultura dominante; se interroga también sobre el coste emocional para las mujeres que alimentan deseos que no son
los prescritos socialmente. En el deseo de vivir para otro
y en cumplimiento de su rol (o para representar su rol)
han sido adiestradas en la abnegación, la entrega, el sacrificio, en detrimento de las actitudes iniciadoras. Lo que
las mujeres «deben desear» se dibuja con insistencia en
los mitos, la literatura, la publicidad, los mensajes televisivos o el cine. Pero, significativamente, en esa nómina de
deseos, que incluye los ya consabidos, no aparecen —o no
han aparecido hasta hace poco tiempo—, la autonomía
económica, los espacios sociales para la mujer en lo público, las posibilidades de desarrollo personal.

No es fácil encontrar en la historia mujeres que definan estos deseos. Al comenzar la revolución romántic-
ca, Olympe de Gouges declaraba: «Mujer, despierta: el
rebato de la razón se deja oír en todo el universo; reco-

noce tus derechos». A su *Declaración de los Derechos de la mujer y de la ciudadana* siguió la *Defensa de los Derechos de la mujer*, de Mary Wollstonecraft. La Revolución Francesa está unida a los nombres de Théroigne de Méricourt, Manon Philipon, Claire Lacombe o Pauline Léon. A su lado se encuentran Mme. de Staël, George Sand, Mary Shelley, las hermanas Brontë, Jane Austen, Dorothea Schlegel o Rahel Varnhagen. Las palabras de Mme. de Staël expresan fielmente las aspiraciones femeninas más allá de peticiones igualitarias: «Todo cuanto tiende a comprimir nuestras facultades es siempre una doctrina envilecedora; hay que dirigirlas hacia el objetivo sublime de la existencia, el perfeccionamiento moral; pero no es mediante el suicidio parcial de tal o cual poder de nuestra era como nos volveremos capaces de elevarnos hacia esa meta: nos sobran medios para acercarnos a ella» *(De Alemania)*.

Más allá de una justa petición de derechos, las románticas pedían libertad moral. Por su parte, Charlotte Brontë —como sus hermanas y en numerosos lugares— expresa la necesidad de afrontar la vida en plenitud del siguiente modo: «Recordé que el mundo real era grande y que, a los que tenían el valor de lanzarse a él para buscar la verdadera vida, ofrecía una amplia gama de esperanzas y temores, de sensaciones y emociones entre sus peligros». La importancia de una conciencia de mujer definida y clara, conocedora de las trabas pero también de las posibilidades: «¿Qué es lo que pretendo? [...] Esto es lo que quiero, porque es inútil querer algo mejor» *(Jane Eyre)*. Sin libertad moral —como la que nos proponen las románticas—, el progreso laboral, los espacios sociales y públicos, y el desarrollo personal no son más que «cesiones compasivas» de un estado de cosas inalterado.

¿Cuáles son los deseos que las mujeres silencian? Burin se formula esta pregunta y contesta que todos los que cuestionan su realidad, la tristeza, la angustia, la hostilidad, así como los que encarnan deseos de autonomía, de goce sexual, de placer, de saber, es decir, todos aquellos ligados al *ser para sí.*

Postergar los deseos o renunciar a ellos lleva a la insatisfacción, a la frustración, incluso a la violencia. Del enojo pasamos al sentimiento de culpa.

La historia de las renuncias femeninas es también la historia de la frustración, la insatisfacción, o las actitudes extremas. Veamos dos ejemplos clásicos: Nora —el personaje de Ibsen en *Casa de muñecas*— renunció a todo, sobre todo renunció a sí misma para salvar a su marido, Helmer, y salvar lo que entendía como su hogar: un reducto en el que ocuparse del hombre y sus hijos. La respuesta son reproches y humillaciones. «Habéis sido injustos conmigo», dice Nora. Y más adelante: «Cuando yo estaba en casa de papá, me exponía él sus ideas, y las compartía yo; si tenía otras por mi parte, las ocultaba, pues no le habrían gustado. Me llamaba su muñequita, y jugaba conmigo como jugaba yo con mis muñecas. Después he venido a tu casa...». Las acusaciones son explícitas y tajantes: «De las manos de papá he pasado a las tuyas. Lo arreglabas todo a tu gusto, del cual participaba yo, o lo simulaba: no lo sé a ciencia cierta; tal vez lo uno y lo otro, mitad por mitad [...] He vivido de las piruetas que hacía para divertirte. Por eso te satisfacía. Tú y papá habéis sido culpables respecto a mí. A vosotros os incumbe la responsabilidad de que yo no sirva para nada». La decisión de Nora es abandonar su entorno familiar... su marido y sus hijos. En realidad, es más que eso: Nora habla de sí misma en relación con necesidades más importantes: «Creo que ante todo soy un ser humano, igual que tú..., o, cuando menos, debo intentar serlo. Sé que la mayoría de los hombres te darán la razón, y que están impresas en los libros ideas tales. Pero ya no puedo pararme a pensar en lo que dicen los hombres ni en lo que se imprime en los libros. Es menester que por mí misma opine sobre el particular, y que procure darme cuenta de todo». (*Casa de muñecas*, de Henrik Ibsen).

El conflicto se produce cuando los deseos de la mujer son impuestos y, por tanto, ficticios. Más cercano, si cabe, es August Strindberg aunque menos «modélico» para mí que Ibsen. En *La señorita Julia*, el autor sueco plantea la historia de una mujer cuyos deseos se conciben como imposibles: libertad para ser ella, libertad para hacerse a sí misma, libertad para desplegar sus emociones. «¡Es él [su padre] quien me educó en el desprecio a mi propio sexo, medio hombre y medio mujer! ¿De quién es la culpa de lo que ha pasado? ¿De mi padre, de mi madre, mía? ¿Tengo yo algo que sea mío? No tengo siquiera un pensamiento que no haya recibido de mi madre». Julia acaba quitándose la vida, incapaz de soportar el sentimiento de culpa y, sobre todo, incapaz de afrontar una situación de presión intolerable: «¿De quién es la culpa?... ¿Y qué nos importa de quién sea? ¡A fin de cuentas, soy yo quien tiene que cargar con ella y con las consecuencias».

La incapacidad o la prohibición de dar salida a los deseos puede desembocar en violencia. Las mujeres suelen volcar una buena parte de esa violencia contra sí mismas (es el caso del consabido recurso moderno a los fármacos, a la automedicación; los modelos antiguos invitaban al suicidio, como hemos visto). A la posible o temida sanción social se añade la sanción interna, la de los intensos sentimientos de culpa con los que suelen castigarse a sí mismas cuando intentan romper con los patrones convencionales que rigen sus vidas. En opinión de algunas terapeutas, el reconocimiento y la expresión de la hostilidad hacia sí mismas, además de cuestionar su realidad las exponía a cierta sanción social, la de ser consideradas nerviosas o histéricas, con la carga de burla que acompaña a veces a estos calificativos. Según Burin, la hostilidad puede ser un recurso vital si en vez de usarla para dañarnos la convertimos en un deseo de transformación.

También a veces nos avergonzamos de algunos deseos, como el de ser protegidas, de mostrar nuestras «debilidades»; pedir ayuda nos parece humillante, incluso, dado el esfuerzo que tenemos que hacer para seguir la pauta de ser fuertes en una concepción equivocada. El miedo a no ser débil no es contradictorio, aunque lo parezca a primera vista. Los sentimientos que se asocian a lo femenino se utilizan para reforzar la humillación; las amenazas provienen de los demás, ellos son los que nos hacen sentir vulnerables.

La concepción de la mujer como productora de estados armoniosos se plantea como una misión imposible, la fantasía nos lleva a la frustración. La eterna disponibilidad hace que nos sintamos invadidas y que deseemos tener nuestro propio espacio vital y mental, la habitación propia de Virginia Woolf, de nuevo.

No obstante, los tiempos están cambiando. Ya veíamos anteriormente que la mujer actual es un sujeto en transición y por tanto está expuesta a transformaciones de su subjetividad que pueden implicar un alto coste psíquico debido a los continuos aprendizajes a que debe enfrentarse. Ana M. Fernández señala que los cambios más relevantes que las mujeres deben afrontar en este periodo de transformación de su lugar social la llevan del *ser para los otros* al *ser para sí misma*, de la pasividad a la actividad en la esfera de la sexualidad, de un código privado a un código público... Desde lo socialmente condicionado, las mujeres se plantean lo deseable en aquello ya instituido, pero surgen también otros deseos que dan nuevas significaciones al ser mujer. Es necesario que estos anhelos se hagan efectivos mediante nuevas representaciones y nuevas prácticas femeninas que legitimen su modo de vivir, su percepción del propio cuerpo. Necesitamos tiempo y espacio psíquico para tener la oportunidad de conectarnos con nuestros deseos.

Pero si actuamos de acuerdo con los nuevos deseos emergentes, nos diferenciamos, se lee en *Agridulce*; si osamos separarnos psicológicamente, rompemos filas. Estamos quebrantando lo conocido, el vínculo de fusión, despegándonos, singularizándonos, y quizás también mostrándonos como poseedoras de proyectos y ambiciones propios, algo muy temido por el orden masculino.

Concluimos con palabras de Marcela Lagarde: necesitamos aprender a leer nuestros actos para saber priorizarlos, averiguar cuál es nuestra potencia real, tangible. La libertad empieza por poder distinguir los deseos destructivos de los creativos.

SABOTEANDO LA AMBICIÓN

Como ocurre con el deseo, algunas veces nos referimos al éxito y a la ambición como a algo que nos está vedado a las mujeres, y no de manera natural. El éxito ha sido siempre una prerrogativa masculina, y cuando una mujer aspira a él se considera que está transgrediendo el papel que se le ha asignado. La ambición pertenece al ámbito público y por tanto es masculina. Reconocer que las mujeres son ambiciosas y que tienen intenciones de materializar sus proyectos es poner en cuestión la imagen altruista de la feminidad tradicional. La mujer ambiciosa, como poco, suscita recelos y una cierta prevención. El hombre ambicioso, en cambio, es considerado un ciudadano meritorio en muchas ocasiones. Y las favorables opiniones que suscita la ambición masculina se convierten en el caso de las mujeres en desconfianza y temor, aun sin llegar a la ambición de lady Macbeth, el conocido personaje de Shakespeare que llega a ser reina asesinando a quien supone un obstáculo. Incluso el mero y circunstancial protagonismo en algunos de los ámbitos del varón puede ser fuente de conflictos, internos y externos, íntimos y públicos. Estamos condenadas a la inmovilidad.

Por lo que toca al intento femenino de lograr espacios tradicionalmente ocupados por el varón, son paradigmáticos los ejemplos de escritoras que se vieron obligadas a ocultarse tras un nombre masculino: George Sand y George Eliot; años antes todas las hermanas Brontë firmaron sus primeras obras con seudónimos masculinos. Y en España Concepción Arenal, que asistía vestida de hombre a la universidad; es igualmente sintomática la figura de Gregorio Martínez Sierra: en realidad, buena parte de sus obras dramáticas fueron escritas por su esposa María Lejárraga (1874-1974).

Junto al sentimiento de culpa que aparece en la mujer al reconocerse como ambiciosa, a causa de las connotaciones de transgresión que el hecho conlleva, surgen acusaciones públicas de deslealtad a su género. La ambición femenina se considera una traición a la abnegación y al altruismo que supuestamente caracterizaría la «buena lealtad femenina».

Clara Coria defiende, con razón, que el protagonismo femenino es aún, inevitablemente, un desafío a las convenciones sociales. La citada autora, cuyo pensamiento sintetizamos en las páginas siguientes, señala que el concepto de protagonismo no ha sido construido como vivencia por nosotras todavía, y por eso tenemos problemas cuando se ponen en circulación los fantasmas que lo acompañan. Conviene recordar que, en el caso de las mujeres, la soledad ocupa un lugar privilegiado entre los miedos relacionados con el éxito. La soledad es una realidad que cada cual resuelve como puede; sin embargo, la amenaza de soledad que se activa ante las aspiraciones al éxito femeninas es una construcción social que tiene como objetivo incrementar los temores de las mujeres, y contribuir así a debilitar la búsqueda de lugares relevantes fuera del orden tradicional.

En ocasiones, al no ser ya posible la discriminación directa, aparecen actitudes, expresiones, omisiones o comportamientos que Clara Coria califica de violencia intelectual y afectiva, un intento desesperado de frenar las ambiciones a las que las mujeres son cada vez más proclives.

Todas hemos sido testigo de algunas de estas actitudes o nos hemos encontrado en situaciones en las que se lanzan frases con habilidad, e incluso humor, que producen efectos devastadores: «Es una trabajadora formidable, lástima que no cuide su aspecto» (obligación: mujer siempre hermosa); «Si vieras cómo tiene la casa...» (prioridad de la obligación doméstica); «Pero ¿cuándo piensas tener hijos?» (obligación biológica y religiosa), etcétera. La apropiación de argumentos es uno de los síntomas de desvalorización de la mujer. Una opinión o una aseveración, en boca de una mujer, en ocasiones no produce ningún efecto: en boca de un hombre se convierte en idea referencial. Nuestras posturas, nuestros gestos, nuestra cara de «yo no he sido» (Clara Coria) contribuyen a la minimización de nuestra solvencia. Téngase en cuenta, además, que nosotras podemos excitar la devaluación de nuestras proposiciones si estamos pendientes de la aprobación o desaprobación de los demás.

Una de las formas más ingratas de la crítica que recibimos se muestra cuando ésta surge de boca de las propias mujeres. Cuando una de nosotras se aparta del ideal de la feminidad, resulta sospechosa. La frase «No soy feminista, soy femenina», continúa Clara Coria, dicha precisamente por una mujer de éxito, cae como una bomba dentro del propio género, y causa los mismos efectos. Aparece la idea de que ser feminista se contrapone a ser femenina, confirmando el prejuicio tan difundido de que el feminismo se opone a lo femenino.

Es frecuente que en las actividades públicas las mujeres cedan espacios, renuncien a sus proyectos o los pospongan para evitar la expresión indiferente de sus compañeros y correligionarios, para no enfrentarse a las, en expresión de Coria, «caras de culo» que no expresan lo que las mujeres están esperando cuando se exponen como sujetos: aprobación, aplauso, confirmación, coincidencia…

Son rostros impasibles que las mujeres deberían ignorar, porque deterioran la autoestima, y sin embargo no pueden dejar de mirarlos, de escrutar las reacciones masculinas, aunque sepamos que no encontraremos lo que buscamos. El malestar frente a la falta de aplauso o apoyo en la mirada de nuestros compañeros no es intrascendente, pone en evidencia una profunda necesidad de reconocimiento y aprobación cuyas raíces se hunden en los condicionamientos psicosociales que tratan de hacer de toda mujer una eterna niña. Llegar a ignorar las malas caras, los desprecios, es uno de los grandes desafíos en este laborioso proceso de crecimiento.

Clara Coria utiliza la expresión «niña buena» para explicar ese estado permanente en el que la mujer (no completa, niña) dedica su existencia a complacer a los demás. Durante algún tiempo tuvo éxito la frase «Las niñas buenas van al cielo... ("... nosotras lo *okupamos*", rezaba una pancarta colocada en la cúpula de la basílica de la Virgen de Valencia el 8 de mayo de 2000) las malas van adonde quieren». Mi lema preferido: «Somos malas, podemos ser peores». El uso de la bondad y la maldad depende exclusivamente de una apreciación discriminatoria del mundo, de modo que «pende una amenaza intangible para las que se desvían del camino de la bondad». Lo peor es que a las malas no las quiere nadie (aunque en algún momento puedan resultar atractivas).

Otra de las secuelas que han dejado siglos de censura es la exagerada autoexigencia en la que caen muchas mujeres. Nosotras también saboteamos nuestro propio éxito, nos boicoteamos; quizás no sea una actitud consciente ni intencionada, pero parece cierto que hay en algunas mujeres una cierta tendencia a boicotear sus carreras. Las mujeres suelen pedirse por encima de lo que serían capaces de exigir a otros. Son sus más implacables censoras cuando cometen errores o no logran ser todo lo oportunas que hubiera convenido. El nivel de exigencia es muy alto respecto a una misma y a las demás. Las que no se perdonan nada han hecho propia la severidad con que la sociedad juzga los comportamientos femeninos no tradicionales. En el imaginario social comúnmente aceptado, las mujeres deben probar su infalibilidad para merecer el acceso al ámbito público. Las mujeres sienten un cierto rechazo al autobombo, venga de donde venga, aunque seguramente nos sentimos más incomodas cuando una mujer se alaba porque tenemos un sentido de la vergüenza ajena muy a flor de piel.

Las mujeres están empezando a tener éxito, a ocupar espacios, a impulsar proyectos; lo saben, pero les cuesta creerlo. Para muchas mujeres el protagonismo, como decíamos antes, requiere de un espacio interno que no ha sido construido aún.

COMPARTIR LA BUENA ESTRELLA

Cuando una mujer avanza en cualquier terreno, a la satisfacción por su logro une, muchas veces, el descubrimiento desconcertante de la soledad, de que las otras mujeres con las que quizá ha compartido mucho le vuelven la espalda; o peor aún, de que es ella la que abandona. Se encuentra vacía en un espacio nuevo y desconocido. Tal sensación la puede conducir a sentirse culpable de sus éxitos o a minimizarlos u ocultarlos, desvalorizándose, dicen las autoras de *Agridulce*. Desde una óptica distinta, el éxito de una mujer es percibido como una amenaza por sus congéneres. Una se siente culpable, las otras sufren envidia. ¿Por qué? El problema reside en que no sabemos cómo relacionarnos cuando lo que está por medio es la fortuna de una de nosotras, a la que percibimos como distinta, diferenciada y autónoma, y por tanto con cualidades que no poseemos. Estamos más dispuestas a ayudar en la debilidad que a apoyar en la fortaleza, seguramente porque en la debilidad nos reconocemos —la ya aludida falta de autoestima— y en cambio dudamos de nuestra capacidad para emular a la mujer que destaca. La preferimos con nosotras, igual a nosotras, aunque eso signifique que no haya nada que compartir o de lo cual enorgullecerse. Resulta curioso, si no entristecedor: por un lado necesitamos modelos, referentes, *lideresas;* por otro, en ocasiones no contribuimos todo lo que podríamos a que aparezcan, aunque, afortunadamente, cada vez hay más libertad y claridad compartida.

Recordemos, por ejemplo, que muchos gestos de Isadora Duncan fueron considerados «escandalosos», hasta el punto de prohibírsele las actuaciones y en Boston (1922) fue abucheada duramente. Virginia Woolf luchó tanto contra las mujeres como contra el sistema patriarcal y Frida Kahlo no era precisamente un «mito» para las mujeres mexicanas; ahora, sin embargo, es una mujer muy admirada por su arte y fortaleza. En *Solas* ya nos referíamos a muchas mujeres singulares, transgresoras, que tuvieron que sufrir la soledad: Hypatia, en la antigüedad; sufragistas; mujeres feministas…; ilustres antepasadas nuestras que rompieron moldes, como se refleja en libros como *Las modernas de Madrid* o *Mujeres rebeldes.* No puede olvidarse que Emmeline Pankhurst y su hija Christabel (Women's Social and Political Union, WSPU) fueron atacadas desde todos los frentes y muchas mujeres no se quedaron al margen.

Lou Andreas Salomé (1861-1937) era lo que se llamaba una *femme savant.* Su fama en Gotinga, desde luego, no se refería a sus estudios ni a su capacidad intelectual ni a sus relaciones con las personalidades más importantes de la época (Nietzsche, Rilke, Freud o Tausk), sino a la «escandalosa» vida que desplegaba. Una de sus mayores enemigas fue, precisamente, una mujer: Elisabeth Nietzsche, que la llamaba «la tarasca rusa y empleó largos años de su vida intentando lograr que las autoridades rusas repatriaran a Lou», nos cuenta Ana María Moix en *Extraviadas ilustres)*. Afortunadamente, en la actualidad se ha abordado su vida y su pensamiento desde otros ángulos. Es una de nuestras líderes, un referente.

Para ser solidarias, para compartir la buena estrella, previamente o al mismo tiempo hay que ser autónomas. De otro modo, permaneceremos juntas, sí, pero ello se deberá más a la dependencia, a la fusión, fuente de muchos males entre nosotras, que a la consciencia de la capacidad que tenemos para enriquecernos mutuamente. Compartir la buena estrella requiere el aprecio de las cualidades que cada una tiene, la estima de lo que sabemos y podemos hacer bien, sin suplantarnos ni real ni mentalmente. Y creer firmemente en aquello de si tú ganas yo gano, que no es lo mismo que practicar el igualitarismo de forma indiscriminada.

El éxito, la ambición y la competitividad no necesariamente llevan aparejados la envidia, el desprecio o la lucha a muerte. En la modificación de las estructuras que propugnamos, se trata de interrumpir la cadena ambición oculta-imitación-admiración-usurpación. El éxito de una mujer es, en parte, un éxito que debe entenderse como compartido. Propongo un examen de la siguiente conversación:

—¡Es muy ambiciosa!

—¿Qué quieres decir? ¿Te parece mal? ¿Por qué? ¿Por qué no puede ser ambiciosa? ¿Qué hay de malo en ello? ¿Tú no te atreves? ¿No te sientes capaz? ¿Piensas acaso que es mejor que nadie abra la brecha?

Responder a estas preguntas puede ser un buen principio. Con demasiada frecuencia proyectamos la envidia hacia la mujer de éxito, o el apocamiento, o la incapacidad, o la inseguridad, o la ambición oculta con la frase «Si yo fuera ella...», que no es lo mismo que intentar colocarte en su lugar para comprenderla.

Está demostrado que una mujer puede alcanzar el éxito en ámbitos muy distintos a lo que era su dominio específico. La admiración que sienten hacia ella puede llevar a otras mujeres a colocarla en un pedestal. Una vez allí, se convierte en receptora de una serie de sentimientos. A veces se la ve como figura capacitada y estimulante. Pero con la misma frecuencia provoca celos y envidia hacia lo que tiene. Y entonces la *triunfadora* puede quedarse peligrosamente aislada. La relación con ella se produce a través de proyecciones y fantasías. Si muestra alguna vulnerabilidad, causa estupefacción. Es como si por el hecho de ocupar una posición de autoridad y de poder en el trabajo, dejara de ser una mujer. Admiración, aspiración a *ser como*, seguridad, fragilidad, miedo a decepcionar... La necesidad de una y otras de ocultar sus respectivas inseguridades acaba socavando la autenticidad de la relación y sabotea el éxito de la colaboración. Incluso sin la existencia de diferencias concretas —el distinto escalafón laboral en este caso—, las fantasías y las proyecciones de sí mismas y de otras pueden formar una barrera contra la amistad.

Todas hemos tenido que adaptarnos, a nuestra manera, a las nuevas exigencias. Somos más libres al poder elegir. Pero no siempre es fácil tender un puente, desde la libertad, respetando la diversidad.

MUJERES EN EL EXTERIOR

Shere Hite, en su libro *Sexo y negocios,* estudia las tensiones que se producen en el ámbito laboral y dedica algunas páginas a las relaciones jerárquicas entre mujeres. Constata que algunas secretarias adoran a sus jefas y afirman que trabajar para una mujer es estupendo («Aprendo de ella, observándola mejoro». «Aunque ella decida tengo la sensación de que mi opinión también cuenta»), pero otras las odian, en cambio, y les echan la culpa de todos sus problemas. Depende. Muchas veces, cuando se manifiesta una opinión, ésta es una proyección de deseos, inseguridades y fantasmas.

La otra cara de la moneda. Algunas jefas se quejan de que sus secretarias les transmiten la sensación de que preferirían trabajar con un hombre («Creen que trabajar con ellos les da más nivel»); unas afirman que tienen secretarias magníficas, otras se quejan («Se supone que tengo que entenderlo todo —el novio, la regla— o de lo contrario soy una bruja. Pero me pregunto, si su jefe fuera un hombre ¿esperaría que entendiese todo eso?»).

Phyllis Chesler estudia algunos comportamientos femeninos en el trabajo: «Las mujeres son tan competitivas como los hombres, pero lo son principalmente con las mujeres». Esta relación, a menudo destructiva y feroz, continúa la autora, se complica aún más cuando «se ignora que se está participando en una competitividad forzada, en la que se ha asumido un sexismo global».

Cuando una mujer accede a un puesto de responsabilidad, en opinión de Sally Helgesen hay cambios de matiz. La autora mencionada estableció las siguientes comparaciones:

Hombre	*Mujer*
ritmo continuo	ritmo estable
sin pausas	pausas programadas
sin ocio	con ocio
improvisación	programación
inmediatez	reflexión
inaccesibilidad	accesibilidad
jerarquía	redes de trabajo
estructuración	delegación e información

Como puede observarse, la competitividad con los hombres se basa en presupuestos que poco o nada tienen que ver con la imagen transmitida secularmente.

El acceso de un número significativo de mujeres a nuevos tipos de trabajo no ha introducido la sensibilidad femenina en el mundo laboral; al contrario, vemos cómo se aplauden los valores masculinos y a las mujeres se las incita a ser tan agresivas como los hombres. Paradójicamente, los valores masculinos quedan reforzados cuando los ponen en práctica las mujeres. Un caso extremo lo presenta Phyllis Chesler en su ya citada *Woman's Inhumanity to Woman*. Una mujer lamentaba que una compañera de trabajo («*a bitch*», una zorra) alardeara de sus conquistas amorosas en su despacho de abogados: «No importa si es verdad o no», afirmaba, «lo cierto es que no es un buen modelo». Adoptar los errores masculinos no mejora las cosas ni asegura el éxito: los parámetros de actitud han de ser otros.

¿Debería una mujer mimetizarse con los grupos masculinos, separarse de las demás mujeres para poder avanzar en su carrera? Apoyar a otras mujeres en el trabajo, ¿perjudicará la trayectoria profesional de una mujer?, se pregunta Shere Hite. Los cambios que están viviendo las mujeres repercuten no sólo en sus relaciones con los hombres, sino también, obviamente, en sus relaciones con otras mujeres tanto en el ámbito íntimo o privado como en el del trabajo. Como dice Shere Hite, entre otras autoras, las relaciones laborales —incluso las políticas— son hoy más complejas que en el pasado: hay mujeres que tienen secretarias, mujeres que trabajan para otras mujeres, en el mundo profesional no es infrecuente encontrarse con colegas del sexo femenino. Y también en este ámbito funcionan los estereotipos o los prejuicios. Creo que una vez más conviene destacar la pluralidad y huir del prejuicio: ni todas arpías, ni todas dulces y comprensivas. A veces se presenta a las mujeres como capaces de cualquier cosa por ascender o mantenerse en su puesto de trabajo (las famosas armas de mujer). Lo cierto es que las mujeres no somos ni más caprichosas, ni tenemos peor carácter ni por supuesto somos más incompetentes que los hombres. En cambio, es cierto que tenemos que demostrar nuestras capacidades una vez tras otra, hemos de enfrentarnos a muchas dificultades para acumular méritos y consolidar nuestra posición.

La experta noruega Inés Vargas sugiere, en primer lugar, afrontar que el lenguaje puede ser una estrategia de poder y que ha de utilizarse contra el sexismo y para proyectar la confianza en nosotras mismas. La participación es, en otro sentido, esencial: «No significa que las mujeres no tengan opiniones [...]. El problema es que, al tratar de expresarnos, somos ignoradas». La autora sugiere que, dadas las circunstancias, «no es raro que la mujer se sienta culpable y desacreditada, y que la mala conciencia [maternidad y familia frente a desarrollo laboral], con sentimientos de insuficiencia y frustración, sean sus compañeros inseparables». La proposición es crear «redes de apoyo»: una red de apoyo «es un grupo de personas que intercambian ideas, información, conocimientos y recursos para su beneficio mutuo». «Las mujeres tienen generalmente un círculo de conocidos más restringido que los hombres: se remite a su familia, las amigas más cercanas y algunos colegas». El acceso a la información es prioritario («importancia estratégica») y en una red de apoyo «las mujeres extienden sus contactos sociales, crean nuevas amistades, adquieren mayor acceso a información y saben lo que está ocurriendo en otros ambientes». Se trata, en parte, de un «entrenamiento social»: «En una red de apoyo aprendemos a aceptar personas que piensan de modo distinto, que tienen diferentes actitudes y posiciones políticas». La afirmación y el reconocimiento son las consecuencias reconocibles, pero también sirve como «válvula de escape», donde los problemas pueden ventilarse con distanciamiento y libertad.

La auténtica novedad, en el plano laboral, es que no estamos acostumbradas a la relación jerárquica entre nosotras y a las contradicciones internas en que nos vemos inmersas (dejando a un lado el ámbito doméstico: un artículo aparecido en *La Vanguardia* (25 de octubre de 2001), informa de que Carolina Lordén, «lo que todos llamamos una mujer de la limpieza», asistió, como ponente, a las Jornadas Internacionales sobre Mujeres de la Universidad de Barcelona. «Trabajamos en casas de abogadas y médicas que están a favor de la igualdad de la mujer», explicaba Lordén, «pero a nosotras nos tratan con desprecio, humillándonos. Sufrimos cada día su insolidaridad. Las oímos reivindicar el mismo sueldo que los hombres de su profesión, pero no se les pasa por la cabeza que nosotras también queremos lo mismo...»).

Es clásica la imagen de Melanie Griffith en *Armas de mujer* (*Working Girl*, de Mike Nichols, 1988). Una mujer inteligente y luchadora, Tess, manifiesta su descontento ante una situación intolerable, rodeada por jefes acosadores y humillantes salarios. En su idea está utilizar el talento para salir del «mundo de las secretarias». La competición se establece con su propia jefa, Katherine (Sigourney Weaver), *yuppy* sin escrúpulos capaz de todo ante la amenaza de perder poder. Curiosamente, la versión americana dejaba sentado en el título que la lucha se establecía a partir del deseo de éxito laboral (la lucha por Jack, Harrison Ford, aparece sólo como un recurso cinematográfico), pero en España el título (*Armas de mujer*) regresaba a los manidos tópicos: la expresión castellana «armas de mujer» hace referencia a la belleza, la estrategia cautivadora femenina, las intrigas, la murmuración... en fin, todo aquello que consideramos impuesto y que no forma parte esencial de nuestra naturaleza, ni como mujeres ni como trabajadoras.

¿Cómo tenemos que tratarnos? ¿Hay razones objetivas para sentirse inseguras con respecto a otras mujeres? Tenemos que ser justas, por supuesto, pero no comportarnos como madres necesariamente. Demasiadas veces somos proclives a la confusión en este aspecto. Además, en el ámbito laboral nos movemos por terrenos resbaladizos, hay muchos campos de minas que sortear. La devaluación o minusvaloración también actúa aquí.

Existe una vaga impresión de que las mujeres deberían apoyarse entre sí también en este ámbito por el mero hecho de ser del mismo género. Esperar que las mujeres sean solidarias con las otras mujeres con las que trabajan, dice Shere Hite, sería errar el tiro. Esta concepción puede sonar a lo que siempre se ha esperado de las madres y las hijas. A muchas mujeres no les gusta que se dé por sentado que tienen que comportarse así. Aunque como bien apunta la autora, si quieren mejorar su situación deben ser solidarias.

Otra cuestión diferente es la que estamos tratando aquí: las mujeres pueden obtener ventajas, mejorar, apoyándose entre sí, aliándose. Tampoco debemos olvidar la presión que han ejercido y ejercen los grupos de mujeres, que hace posible que muchas progresen (incluidas las más incrédulas). ¿Qué menos que una cierta reciprocidad? Una productora de televisión se preguntaba: «¿Qué me ha aportado el feminismo?». Pues a lo mejor sin él no hubiera llegado a ser productora. No conviene perder de vista el panorama global, aunque se llegue a acuerdos individuales ventajosos, ni caer en «trampitas», olvidando nuestras referencias. Trabajamos juntas y podemos obtener buenos resultados de nuestra colaboración. Apoyarnos y defendernos sin duda tiene recompensas que se traducen en mejores condiciones de trabajo, mayor calidad de vida y ciertas prestaciones sociales, porque todavía pesa sobre nosotras el ámbito doméstico. Y exigir a las empresas. En otro orden de cosas, el boicot, como señala Germaine Greer: somos importantes consumidoras.

María Ángeles Sallé afrontaba el conflicto entre mujeres en el plano laboral desde distintos puntos de vista. Sugería, en primer lugar, cierto distanciamiento ante las batallas femeninas: «Cuando las mujeres nos demos cuenta del tiempo precioso que se malgasta en estas seudocontiendas, empezaremos a ganar». Sallé hablaba de la competitividad y/o el rechazo ante liderazgos femeninos. «¿Mujer contra mujer?», se preguntaba. «No tenemos términos medios: podemos ser extraordinariamente solidarias, capaces de formar redes de apoyo indisolubles y mover montañas por la unión de profesionalidad y afecto; o podemos quedar atrapadas en la ambivalencia que genera en nosotras el poder, al que llegamos tarde y sin preparación, sin tener ideas claras sobre lo que es y lo que exige».

Tenemos que encontrar nuestra propia vía en el ámbito profesional. Nos adentramos en un medio que tiene una visión muy particular de la competencia, de la competitividad; la deferencia y el rango están codificados; no se puede manifestar vulnerabilidad ni compasión, se dice. «Las mujeres hemos entrado masivamente en el mercado de trabajo sin cuestionar sus reglas», dice María Ángeles Sallé. «Hemos buscado tan arduamente participar y ser tomadas en cuenta, que hemos hecho muchos esfuerzos para mostrar que podemos incorporarnos bajo las mismas condiciones de los hombres». Pero el mundo en el que habitualmente se desenvuelven los hombres no es el nuestro. En este mundo no emocional, los lazos femeninos corren un riesgo serio de romperse. En el mundo de cada mujer para sí misma, los viejos sistemas de apoyo mutuo se enfrentan al peligro de desintegrarse de forma dramática.

Las mujeres con cargos de responsabilidad no pueden evitar ser revestidas por los atributos de ese modelo de relación, con independencia de que ejerzan su autoridad de acuerdo con las pautas establecidas. Por su parte, las que están en vías de promoción, tienen que lidiar con sentimientos de competencia y de envidia hacia otra mujer. Estas emociones pueden llegar a turbar y a confundir a quien las vive si no las reconoce como legítimas, y suelen provocar problemas reales en el mundo del trabajo, que a su vez influyen en la nueva imagen que de sí tienen las mujeres.

Competencia versus competitividad

Hablamos de ambiciones, de éxito, es decir, de competencia, de competitividad en el fondo. La vida es dura. En nuestra cultura, en nuestra sociedad, además de practicarse la doble moral de forma bastante extendida, se concede prioridad a la apariencia y a los éxitos externos. El mundo se divide en triunfadores y perdedores; en fin, lo que ya sabemos. Pero competir no significa matar o morir. ¡Que no cunda el pánico!

La competencia, o el sentimiento de competitividad, todavía persiste en las relaciones amorosas, como nos cuenta mi joven amiga: «El gran problema reside normalmente en el terreno del amor, de la pareja, ese terreno instintivo, irracional. La posesividad, el deseo de ser única se nos presenta aquí como algo tatuado desde la infancia de lo que no nos podemos deshacer, a pesar de su sinsentido. Cuando aparece una competidora, se convierte en enemiga, y ya no es una mujer con X características, no la miras de forma real, objetiva; aparece el factor *ella*. Y la observas, y no puedes mirarla y pensar "es bonita, simpática y podría ser mi amiga". No puedes mirarla como a una mujer que acabas de conocer, no, es *ella*. Estas sensaciones están adentro y tu razón se dedica a luchar contra ellas, comienza entonces tu gran lucha interna».

Es cierto que las mujeres ya no se afilan las uñas pintadas de rojo intenso para marcar a la rival, defendiendo «lo suyo» a brazo partido como en *Mujeres*, la película de Cukor antes citada; hay afortunadamente otras alternativas.

En otras épocas, el estatus de las mujeres dependía de los hombres, por tanto era inevitable y comprensible

175

que la competencia se centrara en los esfuerzos por con-
quistarlos. Ha sido mucha la cantidad de energía inver-
tida en conseguir y mantener un marido. Hasta hace muy
poco tiempo se utilizaban expresiones como: «Me lo ha
robado...». Rivales en la lucha por atraer la atención
masculina (ya hemos hablado de ello en las páginas iniciales), la ficción, el cine, cierta literatura, revestían a las
mujeres de atributos adecuados para derrotar a la competidora, para desarrollar su papel de madre/esposa, su
ocupación central y exclusiva. No obstante, también se
ha afirmado que para muchas mujeres los hombres a veces
pueden ser una mera excusa: el objetivo real era atraer la
atención de las demás mujeres.

Pero en la actualidad hay otros ámbitos de competencia entre nosotras, hay más puertas abiertas. Aún se
compite por obtener el amor de un hombre, pero para
muchas mujeres las consecuencias no son las mismas que
antes. La competencia por un hombre ha perdido la centralidad. También es prioritario conseguir un empleo.

¿Por qué nos escandaliza competir? Quizá se deba a
que las imágenes de mujeres que alcanzan puestos de responsabilidad profesional suelen ir injustamente asociadas
a la frialdad, la falta de escrúpulos, la manipulación. Son
arpías. Por supuesto que hay cada vez más excepciones
en este tratamiento de la mujer que destaca, y se empieza a difundir una imagen más real, la de buenas compañeras, buenas profesionales.

Creo, a pesar de todo, que hay un cierto consenso,
al menos teórico, en destacar el carácter destructivo de
la competencia entre mujeres, que, planteada con las connotaciones de rivalidad a las que nos hemos venido refiriendo en páginas anteriores, nos divide y fomenta la
desconfianza entre nosotras.

Las mujeres podemos confiar en nuestro talento y al mismo tiempo sentirnos inseguras respecto a cómo se nos valora, cómo se nos juzga. La sensación de peligro inherente a esta incertidumbre dificulta la adquisición de autoestima, nos pone nerviosas y hace que compitamos inadecuada y muchas veces infructuosamente.

Las dudas e inseguridades sobre una misma se extienden a las demás, por eso también necesitamos utilizar nuestros recursos, incrementarlos, establecer reglas en lugar de suposiciones. Seguramente todo sería más sencillo si desveláramos nuestros anhelos, admitiéramos nuestras ambiciones y conjuráramos los fantasmas y prejuicios que se ocultan tras ellas. Me atrevería a decir que a veces invertimos mucha energía en competir por una miseria, por algo escaso, fuera de lugar.

Uno de los nuevos frentes es la competencia por el poder (político, científico, económico). Pero en este ámbito el balance no es todo lo positivo que quisiéramos, muchas veces somos instrumentalizadas, y en general no tenemos asiento allí donde se ubica el núcleo duro del poder. Hablaremos de ello con más detenimiento al referirnos a la necesidad de pactos y alianzas.

Por supuesto que los hombres también compiten (ellos incluso *marcan* el territorio conquistado o por conquistar); han aprendido, se les ha inculcado la competitividad, está en la raíz del sistema. Pero la competencia cumple una función psicológica muy distinta en la vida de los hombres y en la de las mujeres. La «agresividad», la audacia, la ambición masculina se muestra como «correcta», «envidiable». Si los estereotipos insisten en que la mujer debe ser dócil y ayudar a sus semejantes, huyendo del protagonismo, ésta no debe por tanto aspirar a ser la heroína de la obra; en cualquier caso, resulta fácilmente constatable que los mismos rasgos que se alaban en los hombres se condenan en las mujeres.

Convivimos y competimos. Pero una cosa es la sana y parece que necesaria competencia con mujeres y hombres por ocupar un espacio, lograr reconocimiento, un puesto de trabajo, un ascenso, un escaño, un papel y otra la competitividad sin límites, teñida de rivalidad.

Decía que había una amplia coincidencia en que las mujeres ya no centran sus vidas y sus expectativas en la competencia por un hombre, más bien se orientan a la búsqueda de un empleo, del reconocimiento, de la aceptación como miembros de pleno derecho de la sociedad. ¿Podemos participar plenamente en *nuestro* mundo, en la sociedad establecida? ¿Cómo podríamos relacionarnos entre nosotras? Éste es el telón de fondo de nuestras interrelaciones, en las que deseamos como interlocutores a personas más libres, más complejas, en una situación más enriquecedora para todas. Hay entre nosotras desconcierto acerca de cuáles son las reglas, hasta dónde llega la amistad femenina.

Afirma Shere Hite que la solidaridad de género no quiere decir falta de competencia. ¿Qué sucede, por ejemplo, cuando dos mujeres cualificadas, y más aún si son amigas, desean el mismo puesto de trabajo? No pueden en cierta medida ser solidarias. Pero hay reglas de juego. La solidaridad en este caso consistiría en no recurrir al juego sucio, en que una no utilice contra otra el arma arrojadiza de su *condición* de mujer. Veíamos, arriba, cómo los ataques entre Bette Davis y Joan Crawford estaban basados en las mismas estructuras clásicas: ataque a la belleza, a la *típica* ambición femenina, al *típico* rencor femenino, los celos, a la envidia femenina... Se utilizan los modelos críticos masculinos respecto a la mujer.

Sere Hite dice que hace mucho que, en la política, por ejemplo, los hombres se enfrentan a este dilema; compiten entre sí abiertamente, y cuando uno resulta vencedor, retornan a la solidaridad. Vuelven al pacto, la lucha por el poder, han hecho su trabajo.

¿Nos causamos las mujeres más heridas al competir? No nos lo ponen nada fácil, es más, no nos lo ponemos fácil nosotras mismas. No parece muy conveniente que entremos en la competitividad destructiva, y para evitarla debemos dar a las relaciones una estructura distinta.

Clara Coria ha estudiado las diversas connotaciones de la competencia y las múltiples vivencias que genera (excitación, entusiasmo, parálisis, vértigo) y nos recuerda que es sinónima de rivalidad y también de emulación. Considera la competitividad como una forma extrema de competencia, una de las maneras en que se expresa, y consiste en exacerbar a ultranza la lucha por el primer lugar, lucha que está centrada en una necesidad exclusivamente individual y egocéntrica.

La competencia forma parte de la condición humana, y negarla resulta profundamente insano. Casi desde que nacemos competimos para tener el mejor lugar en el afecto de nuestros padres. Ser la más querida, la mejor, la primera de la clase.

Al negar la competencia, sólo se intenta satisfacer el deseo ilusorio de quedar al margen de los conflictos que plantea. A veces decimos que no queremos competir porque no nos gusta o no nos interesa, pero en el fondo hay temor a perder. En sí misma, no es mala ni buena, tiene aspectos positivos y negativos. Todo depende del uso que se haga de ella.

Clara Coria también se adentra en los malestares y conflictos que la competencia suele generar en muchas mujeres, ya que, de una u otra manera, la aspiración al éxito obliga a competir. El hecho de competir debería tomarse con naturalidad, aceptando su carácter inevitable. Se trata de que muchas desean un espacio reservado para pocas (hablamos del éxito, no de ese lugar en el mundo que todas tenemos derecho a tener).

Muchas mujeres suelen vivir la competencia en términos absolutos, como opción extrema que se convierte en dramática precisamente al tomarla al pie de la letra. Matar o morir, jugarse el todo por el todo.

Para competir no es necesario pisar cabezas. La competencia sólo se vuelve sangrienta cuando se ejerce sin escrúpulos. Hemos de reivindicar valores solidarios que hagan de la competencia un juego de destreza en lugar de una carnicería humana.

Precisa Clara Coria que ganar no significa matar, sólo significa superar a otro o superarse a sí mismo. Esta ambición de superación implica necesariamente jerarquizar los propios deseos y reconocer como legítimo el anhelo de conquistar un espacio propio que no esté supeditado a las necesidades ajenas. El deseo de ganar puede ser vivido conflictivamente por las mujeres porque resulta incompatible con el mandato social de subordinar los propios anhelos a las necesidades ajenas. Desde esa perspectiva, cuando una mujer se lanza a competir mata la ilusión de ser una madre tradicional para todos. *Erin Brockovich* (de Steven Soderbergh, 2000), por recurrir a un éxito de Hollywood, mostraba en buena medida las dificultades en este sentido. Sus obligaciones como profesional interferían en su relación maternal, y viceversa. Los problemas se agudizaban en su situación: tenía amante, pero no marido; su poder adquisitivo estaba bajo mínimos; sus decisiones respecto a la indumentaria, sus posiciones políticas, su personal idea de la justicia, sus relaciones afectivas... Nada contribuía a hacer de ella una «madre ideal». La película de Soderbergh —basada en una historia real— muestra en Julia Roberts el sentimiento de culpabilidad al que nos referimos.

La competencia se vive a veces como una lucha en la que se dirime la existencia. Determinado por fantasmas inconscientes que toman como modelo de contienda una experiencia vital, el alumbramiento, la mayor situación de riesgo para la mujer en lo que antes era su único ámbito, el privado. Son fantasías incorporadas al inconsciente colectivo que se transmiten de generación en generación y están grabadas en el inconsciente de todas las mujeres sin necesidad de que hayan atravesado por la situación de alumbramiento, en opinión de Clara Coria. Esta hipótesis puede explicar que sean las mujeres las que más se inhiban en la competencia y que la vivan con dramatismo.

Pero la competencia no es ni más ni menos que una contienda que se resuelve con mayor o menor éxito y cuyos peligros concretos están condicionados por las características propias de cada situación. «Caerá y volverá a levantarse con las rodillas despellejadas; aprenderá, no sin esfuerzos, a utilizar sus propios ojos» (Margarite Yourcenar, en *Archivos del Norte,* describiendo el futuro de una niña de seis meses). El miedo en una contienda en concreto puede significar prudencia; pero el temor generalizado a competir, sin embargo, en una batalla cuyo resultado sea matar o morir, se transforma en una condena. No se trata de matar o morir, como ya se ha señalado: cuando se pierde queda el recurso de tomar al ganador como ejemplo para la propia superación.

Lilian Rubin defiende que las mujeres han de aprender a manejar mejor sus sentimientos competitivos. Les resulta más difícil admitirlos y por tanto traducirlos en acción. Sus inhibiciones con respecto a la competencia pueden resultar casi tan dañinas para sus relaciones de amistad como la facilidad para expresarla en el caso de los hombres.

Las mezquinas rivalidades, celos y envidias que a veces contaminan las relaciones entre mujeres tienen su origen precisamente en la prolongada represión de la manifestación clara y nítida de afanes competitivos. Estas manifestaciones mezquinas no hacen sino abundar en la consideración clásica de que la mujer es incapaz de relacionarse con otras personas de su mismo género, creando desorden, disturbios, competitividad malsana, intrigas... Cuando se permitió a las mujeres el voto en Finlandia, el *The Times* británico argumentó irónicamente: «Por el momento, todo está tranquilo».

Considera Rubin que, como terapeuta, una de sus tareas es ayudar a las mujeres a establecer un contacto más directo con sus afanes competitivos y a expresarlos de manera más abierta.

Los sentimientos de competencia son desagradables para quien los experimenta, pero no representan simplemente una situación emocional dada a la que es preciso enfrentarse. Son un indicio de la existencia de otros sentimientos, una estructura defensiva que, si la reprimimos, enturbiará las relaciones, con difíciles e inabordables tensiones.

Al competir se está poniendo en entredicho el vínculo de fusión, lo que puede ser una experiencia íntimamente aterradora, puesto que puede sentirse que está en peligro la relación con la otra. La aleja. Puede tener el sentimiento de estar aniquilando a la otra mujer, al tiempo que pierde su propio yo. No es de extrañar que las mujeres se sientan mal cuando se muestran competitivas, y que la competencia con una amiga les haga sentirse culpables. Incluso nos cuesta reconocer que eso es lo que sentimos realmente. Presentarse como una persona competitiva puede parecer una actitud demasiado agresiva y egoísta. Encontrarse en una situación en la que tiene que destacar sobre otras mujeres puede resultar demasiado incómodo, porque se interpreta como una ruptura del cordón umbilical que une a algunas mujeres. «Bueno, no es muy agradable tener que admitir que las mujeres siempre estamos luchando unas contra otras» (recogido en Phyllis Chesler). Recogeremos aún dos ejemplos en el que se reflejan los distintos problemas que surgen en la competencia entre mujeres. La psicóloga transcribe las quejas de una escritora: lamentaba que una compañera atacara sistemáticamente cualquier incursión «en su campo» —delimitación territorial propiamente masculina—, pero se negó a enfrentarse a la situación. En otro caso la respuesta fue una retirada solitaria: «No tengo ningún interés en conversar contigo», le dijo a su oponente. «Es evidente que el jefe te prefiere y que tú recibes más atención de la que yo podría conseguir jamás. No me necesitas y yo no tengo nada que ver contigo».

La competencia está relacionada a menudo con el deseo de ser reconocida en uno u otro sentido, puesto que el reconocimiento confiere a la persona proyección hacia el exterior. Cuando una se siente relegada, pasa inadvertida o es aplastada, pueden surgir sentimientos de competencia que representan una lucha por la propia identidad. Una mujer quiere que se noten sus éxitos, que se perciba su yo. Invisible lucha por su lugar, cuando te ignoran, se enciende la alarma.

¿Podemos evitarla o cambiar el chip? Desde un punto de vista positivo, la competencia es expresión de la energía que impulsa a las mujeres hacia la vida, hacia la autorrealización, hacia la diferenciación. Expresan el deseo de separación y de identidad propia, la superación de las paralizantes dudas e inseguridades personales, el anhelo de lograr la confianza necesaria para hacer realidad sus ambiciones, lo que quieren tener y ser las mujeres.

Esto no significa ignorar cuán dolorosos y humillantes pueden llegar a ser los sentimientos de competencia. ¿Qué está en juego? ¿Qué función cumplen esos sentimientos? Estas preguntas las plantean las autoras de *Agridulce*, que a su vez nos proponen que en vez de sentirnos aterradas ante la experiencia de nuestra propia competitividad, en vez de quedar paralizadas cuando notamos que estamos actuando de forma competitiva con una amiga, en vez de juzgar negativamente nuestro proceder, podemos considerarlo como un medio para entendernos. Podemos aceptar que representa, en parte, un intento de obtener reconocimiento, un aspecto por la lucha por la autorrealización, por la separación psicológica, por ser vistas plenamente como personas, individualizadas. Por intentar satisfacer nuestras propias ambiciones personales. No es el deseo de derrotar a otra persona, de ser «la mejor», de alcanzar méritos externos por su propio valor intrínseco; al contrario, se trata de utilizar el ejemplo de los logros alcanzados por otra persona, para intentar satisfacer nuestras propias ambiciones personales.

La valoración que hacemos de los éxitos de otras mujeres puede plantear problemas si nos basamos en concepciones patriarcales acerca de lo que es admirable y digno de encomio. El sistema favorece el individualismo, la autopromoción. Pero el individualismo es un sistema de recompensas y una manera de ser que fomenta una falsa independencia. A falta de una firme conciencia íntima de sí, se construye una personalidad basada en los logros externos. Y continuamente se ve abocada a experimentar sentimientos competitivos, puesto que la propia existencia se basa en la apariencia y los éxitos externos, la supervivencia del más fuerte, la división en triunfadores y perdedores. Nuestra cultura favorece esta última fórmula y se alimenta de ella.

Para encontrar una alternativa a la competitividad destructiva tenemos que dar a las relaciones entre nosotras una estructura distinta, capaz a la vez de acomodar la vinculación y la individualización, así como exprimir hasta la última gota la creatividad que esa tensión genera. *No tenemos que*, nos aconseja Marcela Lagarde, ponernos en segundo plano, no descalificarnos, no autodevaluarnos, no subordinarnos automáticamente, no despreciarnos. Y vivir en la lógica de la ganancia y el beneficio para ti. La mejor estrategia es justamente aquella que, en cada momento, resulte más favorable a nuestros intereses. ¿Por qué no? El límite: la honradez en los planteamientos y objetivos y la transparencia en su transmisión. Se trata de compartir. El conocimiento es protector.

VIOLENCIA Y AUTOVIOLENCIA

La agresividad es uno de los mecanismos innatos que se disparan en el ser humano cuando éste se siente amenazado o en peligro para asegurar su supervivencia como especie. Más allá de la explicación biológica, la agresividad también puede ser una conducta aprendida como resultado de malas experiencias o una respuesta extrema a un medio poco receptivo. Se trata de una emoción negativa, asociada a la rabia, a la frustración, y es manifestación en suma de un estado de ánimo de profunda insatisfacción. Se dice que prácticamente todo el mundo, en algún momento, participa de esta dimensión de la agresividad. No obstante, también podríamos hablar de una agresividad constructiva, relacionada con la asertividad, la autoafirmación y el deseo de superación. La agresividad alcanza su grado máximo cuando se manifiesta como violencia, y entonces aparece asociada a crueldad, insensibilidad al dolor ajeno, a destrucción. La violencia *planificada* es un instrumento del poder para imponerse y perpetuarse y conduce a la primaria clasificación de las personas en víctimas o aliadas.

La violencia contra las mujeres es de orden estructural, es decir, forma parte del entramado mismo del mundo en su concepción patriarcal. Esta violencia se manifiesta de modo directo o de modo simbólico. La violencia directa la encontramos en las leyes, en las guerras (tiene también un carácter simbólico) y en la desposesión o la pobreza (recuerdo la Marcha Mundial contra la Violencia y la Pobreza, en 2000). Las manifestaciones de la violencia física son las mutilaciones, las agresiones, las violaciones individuales o colectivas, el acoso moral o psíquico y otras; por ejemplo, la obligación de la belleza. Unida a este último precepto, el de la belleza, la violencia simbólica se manifiesta a través de las obligaciones ancestrales, la influencia de los mitos o cuentos, las religiones y el uso torcido de la biología.

La mayoría de estas violencias tienden a mutilar las aspiraciones y los deseos de las mujeres.

Es sabido que la violencia se manifiesta de muchas maneras. Como recuerdan mis compañeras de Feminágora, que diferencian también la agresividad de la violencia, hay violencia estructural, directa o simbólica, violencia privada... La pueden ejercer los hombres contra los hombres, los hombres contra las mujeres...; las mujeres a su vez pueden actuar de forma violenta contra los hombres, contra otras mujeres y contra sí mismas. Se dice que la violencia de las mujeres es sutil y manipuladora y que la que proyectan contra otras mujeres tiene su origen en la adhesión al papel tradicional que les han otorgado los hombres. Se ejerce en ocasiones para ser aceptadas en el mundo de los poderosos, y lo que se consigue es la reproducción y mantenimiento de la violencia estructural y simbólica a la que hemos aludido, que a su vez constriñe y limita. La violencia de las mujeres contra sí mismas puede surgir también de la necesidad de adaptarse al papel exigido en una sociedad estructurada dualmente: la inferioridad de condiciones conduce a autoagresiones frecuentes y perniciosas.

¿Por qué esa presencia constante de la violencia? Complicada pregunta. Lerner nos dice que la formación del ego en el varón, que puede haberse producido en un contexto de miedo, temor y quizá aprensión hacia las mujeres, debe de haber conducido a los hombres a crear instituciones sociales que lo reforzaran, fortalecieran la confianza en sí mismos y aumentaran el sentido de su propia valía.

Recientemente una asociación denominada Lucha contra los Celos, de Tenerife, ha emitido un comunicado en el que señalan a los celos como causa de los malos tratos. «Los celos —dicen— son un sentimiento no natural de baja autoestima que nos hace ver cosas malas donde no las hay, como por ejemplo, que somos malos o que no servimos, motivos por los que nuestra pareja puede preferir a otro». El origen de los celos, afirman, está en las reprimendas que puede recibir un niño por no hacer las cosas bien: «es como si a cada riña bajase un punto nuestra autoestima». En su comunicado concluyen que la solución a los malos tratos está en curar los celos, «ya que sin celos, el maltratador no vería cosas malas y al no ver cosas malas no tendría nada que castigar».

Pero lo que ahora nos interesa más es la violencia de las mujeres contra las mujeres que se ha ejercido a través de la palabra, la manipulación, la calumnia, la difamación. Mujeres que son utilizadas como instrumentos contra otras mujeres, mujeres que para evitar la deshonra son capaces de colaborar en crímenes de honor, que tienden trampas para mantener su influencia, que instigan o perpetúan tradiciones inhumanas (por ejemplo, la colaboración en las mutilaciones genitales, algunos de cuyos casos hemos visto). Ya nos hemos referido a algunas cifras escalofriantes o a situaciones extremas.

Existe una tradición europea que reúne, en parte, los componentes de la agresividad femenina. La violencia femenina nacería de la insatisfacción o la frustración tradicional, el enfrentamiento con hombres o con mujeres y el sentimiento de culpabilidad, y se manifiesta en agresiones físicas y morales hacia los demás y en la autoviolencia. Estos elementos, como sugeríamos, están en la tradición de la «mujer loca», o «histérica», capaz de destruir su entorno y a sí misma. Esta tradición literaria se encuentra especialmente en la literatura de los siglos XVIII y XIX. Presentaba a una mujer aislada y conflictiva. El origen de su locura: culpa, hostilidad, violencia, historia desgraciada, etcétera. Su violencia se desencadena y, entonces, la destrucción es absoluta. La «loca» es purificadora: se destruye a sí misma, destruye cuanto existe en su entorno y trata de modificar, de ese modo, el futuro; en algunos casos, tiene similitudes con la Casandra clásica —la mujer maldita a la que nadie cree—, pero más frecuentemente su figura se confunde entre el demonio y el ángel que hace presente una historia de humillación.

El tema de la mujer y la locura ha sido estudiado desde una perspectiva feminista por algunas de las ilustres especialistas a las que venimos haciendo referencia —Franca Basaglia, Marcela Lagarde, Mabel Burin...— y por otras, entre las que se cuentan Emilce Dio Bleichmar, María Huertas o Carmen Saez, editora de *Mujer, locura y feminismo*.

Un ejemplo clásico de violencia femenina lo representa la figura mítica de Salomé. Recordemos en breve la historia: el rey Herodes vivía con Herodías, pero ésta no era su mujer, sino la de su propio hermano. En muchas ocasiones Juan el Bautista reprendió esta actitud: «No te es lícito tener la mujer de tu hermano», le decía. Herodías quería matarlo pero su amante no se atrevía, porque tenía sospechas de su santidad. En cierto banquete, apareció una joven, llamada Salomé, que era hija de Herodías, y danzó tan prodigiosamente que el rey le dijo: «Pídeme lo que quieras, que yo te lo daré». La muchacha consultó a su madre y ésta le encargó que pidiera la cabeza de Juan. «Quiero que me des ahora mismo en una bandeja la cabeza de Juan el Bautista», pidió al rey. Se dice en *Marcos*, 6, 28: «Trajo la cabeza en una bandeja y se la dio a la muchacha; y la muchacha se la entregó a su madre». La historia de Salomé se considera la cima de la perversidad femenina, la influencia de la madre sobre la hija, el uso de los encantos con fines malvados, etcétera.

La agresividad femenina, por diversas razones y con distintos objetivos, se pone de manifiesto en mitos como

Medusa (capaz de convertir a los hombres en piedra), las Gorgonas (las tres fieras mitológicas, una de ellas era la propia Medusa), las Sirenas (sus cantos precipitan a los hombres a la muerte, aunque hay otras versiones más favorables a ellas), las Harpías (raptoras de almas, a veces confundidas con las Sirenas) o la mujer vampiro. Los encantos de la mujer, considerados nocivos para el hombre, la venganza y la furia femenina están implicados en toda la iconografía mítica, magníficamente recreada por Pilar Pedraza. Y en uno de los más poderosos medios de transmisión de mitos de nuestro tiempo, el cine, abundan las figuras de «malas» o de «mujeres fatales», peligrosas para el hombre, las vampiresas, replicantes...

La violencia femenina se ha mostrado en ocasiones como el fruto de la simple maldad, la perversidad, la venganza o la envidia. Una de las muestras más acabadas de la violencia femenina la encontramos en un lienzo de Artemisa Gentileschi, una de mis artistas preferidas: *Judit decapitando a Holofernes* (h. 1618). Según la historia bíblica, una mujer, Judit, mediante el uso de las cualidades tradicionalmente femeninas, logra asesinar al opresor de su pueblo. El cuadro, por su parte, tiene una fuerza singular (violencia en los rostros de Judit y su criada, ensañamiento, seguridad, consciencia) y los expertos llaman la atención sobre la diferencia entre estas mujeres violentísimas y las mujeres tímidas y apocadas propias de la civilización occidental. El motivo de Judit puede observarse asimismo en Botticelli, en Caravaggio o en Klimt.

Dos ejemplos más, extremos y excepcionales, pueden ayudarnos a perfilar este cuadro de violencia femenina: el de *Las criadas*, obra de Jean Genet, y el de la condesa Báthory, la aristócrata húngara que acabó con la vida de 612 sirvientas.

Basada en el caso de las hermanas Papin, dos sirvientas que asesinaron brutalmente a sus señores en la Francia de los años treinta, la obra de teatro *Las criadas*, escrita por Jean Genet en 1947, es un brillante estudio psicológico sobre sus personajes. Como las hermanas Papin, Claire y Solange, son dos mujeres jóvenes, provenientes de una familia pobre, que viven su destino con absoluto desgarro y una imaginación desequilibrada —como producto negativo y alienado de la sociedad de clases, como se ha venido analizando por intelectuales de la talla de Simone de Beauvoir o Lacan—, pero que al mundo exterior dan una imagen de normalidad. Celos, venganza, incesto, sadomasoquismo y trastorno de identidades son palabras que surgen al intentar describir la relación de las dos hermanas como claves para intentar explicar el final trágico que se va urdiendo en la obra. El vínculo que las une con su señora es del todo contradictorio (aunque bastante lógico, por otra parte): la admiran por representar todo lo que ellas no son —y así lo demuestran al probarse una y otra vez sus vestidos y joyas—, pero también la odian por su poder sobre ellas y por ser un recuerdo continuo de su destino como sirvientas. Por su parte, *madame* las aprecia, pero confunde el verdadero cariño por la compasión que en realidad les ofrece.

Aprovechando las salidas diarias de la señora, las hermanas idearán un ritual, que en un principio les permitirá ausentarse de la realidad, para intentar limitar el poder abusivo contra ellas. Intercambiando personalidades, una de ellas (Solange) hace el papel de su hermana, y la otra (Claire) interpreta a *madame*. El objetivo del juego es terminar matándola, y poco a poco se va desvelando que en verdad quieren ponerlo en práctica, cuando deciden envenenar a la verdadera señora. El detonante de la tragedia llega cuando, sin saberlo, *madame* salva su vida al rechazar un té que le ofrecen las sirvientas. Es entonces cuando Claire decide tomar el mortal brebaje, y Solange esperará tranquilamente a que la policía llegue a detenerla.

En la historia real, en la que Christine y Lea Papin sí matan a sus señores, tras el crimen, las dos hermanas se meten desnudas y abrazadas en la cama, y sin ofrecer ninguna señal de resistencia esperan a la policía. Jamás dieron explicación alguna de por qué habían perpetrado el asesinato. Los investigadores luego averiguarían que era la mayor quien llevaba el poder de la relación, y la que idea el asesinato, y que su hermana, de una personalidad mucho más frágil, simplemente seguirá las directrices de la otra en el complot. Psicológicamente, su mal fue definido como *foliex à deux*, locura en pareja, es decir, desorden paranoico compartido. Fueron condenadas y encerradas en distintas cárceles. La mayor, desesperada ante la ausencia de su hermana, murió a los pocos años. La menor de las hermanas Papin falleció en 1982, y se sabe que tras salir de la cárcel vivió y trabajó con un nombre ficticio, alejada lo más posible de la vida social.

Un caso de violencia femenina, aterrador y posiblemente más legendario que real, es el de la aludida condesa Báthory. El relato de la historia de esta condesa húngara de inicios del siglo XVII es uno de los más cruentos que se pueden imaginar. Me detengo en él como ejemplo de violencia salvaje de una mujer hacia otras muchas, en total 612 sirvientas asesinadas, y todo ello a efectos de la búsqueda de un elixir para mantener la juventud. Éste es, pues, un caso extremo y muy temprano de un mal que asola a nuestra sociedad patriarcal, el de miles de mujeres que, afectadas por los mensajes que constantemente circulan en cuanto al que debe ser tomado como canon de belleza femenino, viven obsesionadas por ajustarse a él.

La condesa Erzsébet Báthory nació en 1560 en el seno de una de las familias más importantes y poderosas de Transilvania. Su vida fue relativamente normal hasta 1600, año en que murió su marido, con el que había tenido tres hijos. Erzsébet se destacaba por su inteligencia y formación, enorme en comparación con la de otros muchos nobles. Hacia 1600 ya había empezado a interesarse por el ocultismo, pero todavía éste no se había constituido en una práctica peligrosa. La condesa tenía cuarenta años, bastante mayor si se compara con la media de edad de la época, y algo debió de ocurrir en su interior, muy probablemente el miedo a las consecuencias de la pérdida de la juventud y de su gran belleza, unido a lo que se convertirá en un peligroso estado psicótico, que hizo incrementar su vanidad hasta extremos delirantes.

La leyenda narra que el horror comenzó un día que estaba siendo peinada por una de sus criadas, y en un descuido, ésta le arrancó algún cabello. Báthory pegó a la chica tan fuerte que salió sangre del brazo, y fue a parar a su mano. La condesa, alucinada, creyó entonces que su piel había recuperado la frescura de la de la sirvienta, y es así como llegó a la conclusión de que si la desangraba y se bañaba en su sangre, no envejecería nunca. De esta manera, y ayudada por una o dos personas, a lo largo de diez años Báthory se dedicó a perpetrar de forma continuada este ritual. Una de las partes más escabrosas de esta historia, y que da cuenta del grado de desequilibrio y crueldad hacia sus víctimas —siempre mujeres—, es que Báthory además se preocupó de ir anotando en su diario el número de muertes.

Las muchachas, para no levantar sospechas, solían ser contratadas para trabajar al servicio de la condesa. La sangre se les extraía por medio de heridas, y en ocasiones el desangrar era lento, convirtiéndose en una tarea que duraba semanas, y hasta meses. Fue una de las chicas, que tuvo ocasión de escapar, la que hizo público por primera vez lo que ocurría en la morada de Báthory. La condesa fue juzgada en 1611. Su caso se convirtió en un escándalo político, pues no sólo pertenecía a la nobleza, sino que también había llegado a matar a mujeres de alto linaje. Su castigo fue vivir el resto de su vida confinada (emparedada) en la sala de tortura de su castillo. Báthory llegó a ser conocida como «Monstruo Nacional de Hungría», y en ella es posible que se basara el personaje del conde Drácula de Bram Stoker.

En un sentido más «humorístico» quizá, Patricia Highsmith también aborda el tema de la violencia femenina en algunos de sus textos: narra la historia de Sarah: una devoradora de hombres que aprovecha su presumible situación de inferioridad doméstica para hacer uso de su sexualidad desenfadada y para cometer un crimen. Naturalmente, es el mito de la Viuda Alegre, la mujer que mata a sus maridos para poder llevar una placentera existencia («La prostituta autorizada o la esposa», en *Pequeños cuentos misóginos*, 1995).

Se afirma que mientras que los hombres son a menudo culpables de violencia física, las mujeres pueden herirse de manera más indirecta, como por ejemplo la condena al ostracismo de una mujer por otras mujeres, evitándola, excluyéndola, sin explicaciones, apartada de un grupo sin saber por qué, o víctima de chismes y comentarios malvados (creemos que el chisme no tiene por qué ser malicioso, aunque Marcela Lagarde considera que, en general, es producto de la misoginia. Según ella, es una práctica política de los oprimidos, el ejercicio de un poder menor de los que no tienen poder, una maniobra de desplazamiento de las que están en espacios devaluados, de las pocas que llegan, con cuentagotas, un poco más arriba, al menos a través de la palabra).

Otro aspecto de lo que estamos tratando lo constituye la violencia juvenil y se alude frecuentemente a la influencia de programas de televisión y películas violentas… En la Unión Europea un estudio reciente del Observatorio Europeo sobre la violencia escolar constata un acoso continuo en las aulas, una acumulación de pequeñas violencias que permiten reforzar el poder de unos sobre otros. Recientes estudios en EE UU detectan, incluso, una forma nueva de crueldad no física, la llamada «agresión relacional», tan extendida en las escuelas. Las niñas, se dice, siempre han tenido camarillas y jerarquías, siempre han cotilleado y excluido. Los chicos y chicas intimidan a sus compañeros, exigen adhesiones, pruebas de todo tipo para ingresar en el «club». Hay ejemplos clásicos en el cine (recuerdo películas como *West Side Story*, *La ley de la calle*...).

Las chicas adolescentes, las niñas, sienten una necesidad de pertenencia, son más expresivas y tienen más necesidad de intimidad interpersonal que los chicos; desean tener «su mejor amiga» con la que intimar, se constituyen así grupitos de dos o tres, muy restringidos, con relaciones intensas y excluyentes, dice Chesler. La aceptación o el rechazo reviste una gran importancia y la selección es a veces muy dura, así como las pruebas de fidelidad.

Malas, malignas, maliciosas… Más de una vez lo hemos comentado o hemos visto películas en las que se trata la crueldad en la infancia —entre ellos, entre ellas—, el miedo a la exclusión, el afán por destacar, el recurso a la fuerza física en los chicos, las actitudes más sibilinas de las chicas, las venganzas, traiciones, exclusiones… En épocas anteriores, comentaban unas compañeras, hacíamos poco deporte, hablábamos mucho y nos reíamos. Practicábamos la burla «cruel» o podíamos ser objeto de ella —las miradas, los cuchicheos, la moda, los chicos…—. Las chicas de ahora tienen una educación más audiovisual, familias más plurales, se interesan más de manera generalizada por los estudios, el deporte, dan más importancia a la libertad, sienten menos represión, pero también quizá hay una agresividad más manifiesta, más física. Los chicos siguen siendo importantes, y ellas menos remilgadas, más abiertas, más directas, han avanzado mucho en muchos campos, son más desenvueltas.

Destaquemos algunas reflexiones de Phyllis Chesler, quien en su último libro, resultado de más de veinte años de investigación, recuerda las conclusiones de recientes estudios en cuanto a la hostilidad de algunas mujeres hacia otras mujeres; mientras que los hombres son agresivos de manera directa y dramática, las mujeres, aunque no son directa y físicamente violentas, son, sin embargo, agresivas de manera indirecta, y el objeto de su agresión, o sea las víctimas, no son los hombres, sino las mujeres y los niños… En diferentes áreas del mundo —Europa, Norteamérica, Australia…—, muestran preferencia por la agresión verbal, insultando, haciendo bromas, amenazando, excluyendo, impidiendo que se traben amistades, murmurando, calumniando.

Chesler cita a otra especialista, Gloria Cowan, quien afirma que los datos indican que las mujeres que son hostiles con otras mujeres no se gustan a sí mismas y tienen una autoestima baja, frente a las mujeres que no son hostiles (o crueles), quienes generalmente se manifiestan más optimistas, se sienten más satisfechas con su vida y más de acuerdo con su cuerpo. En otro orden de ideas, también se afirma que, a pesar de los avances en la educación y en los ámbitos profesionales, muchas mujeres sienten un cierto rechazo hacia las mujeres líderes que adoptan un estilo masculino. La mayoría de mujeres idealizan o demonizan a las mujeres, como los hombres.

Con todo, Phyllis Chesler no quiere decir que la violencia o agresividad de las mujeres contra las mujeres se pueda ni siquiera comparar con la ejercida por parte de los hombres contra las mujeres.

Las tácticas de intimidación de los chicos no han cambiado durante décadas; las niñas, sin embargo, están utilizando las nuevas tecnologías, llegando a torturar a sus compañeras con mensajitos telefónicos o por e-mail amparadas en el anonimato. La violencia, aunque sea breve, puede tener efectos devastadores, que repercuten en la vida adulta. Se han publicado algunos estudios sobre testimonios de cómo algunas jóvenes que sufrieron la violencia, padecieron posteriormente adicciones, anorexia... por esta causa.

En EE UU cuando los jóvenes pasan de primaria a secundaria sufren una importante confusión; salen de un entorno de atención y cuidado y pierden interés por los estudios, y concentran sus esfuerzos en ser aceptados por el grupo social. Este paso resulta particularmente dramático en el caso de las niñas porque tradicionalmente éstas necesitan relacionarse con más intimidad emocional. Las relaciones entre niñas son la llave de la supervivencia, pero también de la destrucción, afirma R. Wiseman.

La famosa testosterona podría tener la culpa de esa predisposición que hace a los hombres más violentos o agresivos que las mujeres. Pero si la respuesta está en la cultu-

ra, responde entonces a un aprendizaje, a la idealización de
la hombría, del estereotipo viril del hombre duro, implacable. Creíamos que estaba en retroceso, pero lo cierto es
que en muchos ámbitos se está reafirmando, incluso. Conviene recordar que de la misma manera que se ha hablado
del mito de la feminidad (Betty Friedan), se habla del mito de la masculinidad y de sus características asociadas.
En nuestro entorno existe una subcultura juvenil que ido-
latra la mística de la violencia y que tiene su mejor expresión en ciertos mensajes transmitidos por el cine, la publicidad o los cómics. La violencia se utiliza aquí como una
forma de resolver los conflictos. Representa el fracaso de
los valores de la tolerancia, la empatía (la capacidad de compartir el estado emocional de otra persona, y como consecuencia, comprenderla), el diálogo, el respeto.

En la sociedad patriarcal, la violencia, en cierto grado, es un mandato social. Constantemente se nos dice
que «la vida es dura», lo cual, a todos los efectos, significa que la vida ha de entenderse como resistencia,
fuerza, competición, agresividad y violencia: «hombres
duros», «no dejarse comer el terreno» (con aires de de-
marcación territorial típica del mundo animal), «la ley
del más fuerte», el mundo es «una selva»... Las mujeres que se prestan al juego de fortaleza, dureza y violencia reciben nombres propios del lenguaje masculino: «ser una sargento», «Dama de Hierro», «llevar los
pantalones», etcétera.

En la sociedad compleja actual es mucho más difícil detectar de dónde proviene la agresividad y quién la ejerce,
aunque hay casos claros y clamorosos, como tan certera-
mente expone Miguel Lorente o se recuerda en interesantes reflexiones de congresos y foros dedicados a este tema.
A veces el hombre que tienes en casa, alguna prensa, la cien-

cia penetrada por el androcentrismo, las mujeres que se diferencian de sus congéneres no para adquirir autonomía como individuos, sino como expresión de su misoginia...

Las mujeres somos uno de los sujetos pasivos de las violencias más diversas. Se ejerció sobre nuestras madres, se ejerció sobre nosotras: hemos sido sometidas a intentos de control para que respondiéramos al modelo de mujer tradicional, materializados en agresiones verbales, chantajes emocionales cuando no hacíamos lo que se esperaba de nosotras, mecanismos todos ellos que han servido para desarrollar la culpa. La violencia provoca sentimientos de desvalorización que perduran mucho tiempo, a veces siempre.

Como seres humanos socializados en un sistema que tiene en la violencia uno de sus fundamentos, nosotras también utilizamos el arma de la agresión. Pero igualmente nos reconocemos un componente agresivo muy a flor de piel que a veces se convierte en autoviolencia. La asertividad la descubrimos y la ejercitamos demasiado tarde.

La autoviolencia, ese mecanismo de autodestrucción, tiene distintas manifestaciones. Se hace referencia a estos temas, en cierta medida, en el apartado «El malestar de las mujeres». Hay una autoviolencia física que se traduce en no saber cuidarnos, entregarnos a una actividad profesional desmesurada, ignorar las señales de fatiga, en la caída en adicciones. El cuerpo entonces somatiza, y protesta. Y hay también una autoviolencia psíquica, simbólica, tan dañina o más que la anterior, que tiene múltiples manifestaciones, entre ellas la de postergar de forma crónica nuestras necesidades propias o ignorarlas o mantener relaciones afectivas dolorosas, denigrantes. La autoviolencia es negación y autoexclusión. La falta de control de emociones intensas, como la rabia, el rencor, el odio, nos hacen daño a nosotros en primer lugar. Ejercemos la autoviolencia cuando no nos permitimos el sano egoísmo, porque puede haber un egoísmo positivo, no culpabilizante, como el que se traduce en el cuidado de una misma.

Podemos y debemos defendernos de la violencia y la autoviolencia. Cuanto más seguras estemos de ello más serenas, más pacíficas llegaremos a ser. Las claves están en el reconocimiento, en impulsar la educación emocional, en dar importancia a la solidaridad, en estimular la empatía, la asertividad, la autoestima, en *empoderarnos*, en construir un poder que se sustente en bases distintas y tener como referencia la sororidad, de la que hablaremos posteriormente.

La exteriorización de los conflictos

¿Cómo exteriorizamos nuestros conflictos internos, nuestros malestares, la ira, la rabia, el enfado? ¿Puede haber explosiones útiles? ¿Puede la rabia transformarse en algo positivo? «Reñidas con el mundo», «incomprendidas», «injustamente tratadas»... ¿Te suena todo esto? Es la expresión de una queja que responde a una inquietante desazón interior. Nos sentimos culpables por demasiadas cosas, sufrimos chascos y decepciones, defraudadas sin que quien nos falla o nos exaspera lo haga a propósito. En ocasiones, esta percepción es más bien una consecuencia de expectativas desmesuradas, basadas en meras presunciones o en proyecciones. Cuanto más fantaseamos, más nos frustramos. Recordemos que el deseo está detrás de cada sentimiento. Cómo no, los desencuentros entre mujeres, sin importar cuál sea la razón que los provoque, han dado lugar a expresiones misóginas, dichos y latiguillos que responden a los estereotipos sociales acuñados a lo largo de los años. Lo fatal es que los sentimientos encontrados acaban traduciéndose en negativa hostilidad. ¿Cómo liberamos la agresividad que vamos incubando? ¿Cómo nos deshacemos de nuestros malestares íntimos?

Deborah Tannen señala que muchas sociedades han encontrado recursos para negociar el conflicto y, mediante ciertos rituales, han conseguido dar rienda suelta a la agresividad sin llegar a la violencia; por ejemplo, la costumbre china denominada «envilecer las calles», una práctica favorita de las mujeres que consiste en encaramarse al techo de sus casas y pasar horas y horas increpando, desahogándose.

Mabel Burin nos plantea utilizar la hostilidad en un recurso vital, de modo que en vez de usarla para dañarnos podamos convertirla en un deseo de transformación de creación.

Según José Antonio Marina y Marisa López Penas estos malestares íntimos obstaculizan o impiden la consecución de nuestros deseos. Son sentimientos negativos que se desencadenan por una desgracia propia o ajena, un desengaño o un fracaso, y conducen a la tristeza, la ira, el despecho o el enfado, en una larga gradación de matices.

La tristeza es un sentimiento volcado hacia adentro de impotencia y pasividad, de abatimiento, que produce una tendencia a la desesperanza y a la retirada interior; la envidia también se define como una forma de tristeza: tristeza del bien ajeno; es tristeza asimismo el arrepentimiento: pesar por el daño hecho. La tristeza tiene distintas expresiones y recibe diferentes denominaciones: abatimiento, infelicidad, melancolía... Al contrario que la tristeza, la ira es extravertida, agresiva, activa; se desencadena frente a algo que se percibe hostil y dañino; si no se desahoga, con el tiempo se acaba convirtiendo en odio, que tiene una gestación lenta y reflexiva. El despecho podría considerarse como una manifestación trágica de la ira, un fracaso en los empeños de la vanidad. El enfado, por su parte, es un disgusto producido por alguien, y puede darse con reciprocidad, mientras que la ira es de dirección única, dicen los autores del *Diccionario de los sentimientos*. El enfado nos puede conducir al enojo dañino, ese rencor vivo del que habla Juan Rulfo en *Pedro Páramo*, el rencor que te puede llegar a devorar. Este conjunto de sentimientos nos aboca a veces a la explosión frente a otras mujeres, al boicoteo de nosotras mismas. Sin embargo, es necesario señalar que no en todos los casos las explosiones pueden considerarse como negativas. Hay explosiones útiles que ayudan a avanzar, a mejorar la calidad de las relaciones, aunque en el proceso se produzca dolor (qué importante es aquí la utilización del lenguaje adecuado, la elección del momento oportuno para manifestar el enfado o el despecho). Porque se trataría más bien de sacar el enojo que llevamos dentro provocado por circunstancias o factores de índole diversa. En nuestra reeducación también es importante aprender a librarnos de los deseos rabiosos, reelaborarlos.

Lo cierto es que nadie nos enseña a expresar con propiedad y a manejar adecuadamente nuestros sentimientos. La represión de algunos de ellos desemboca en autoagresividad: nos olvidamos de nosotras mismas y nuestro cuerpo protesta. El cuerpo, que está ligado estrechamente al inconsciente, tiene una sabiduría particular con respecto a la elección del momento oportuno para afrontar los conflictos. El cuerpo no sólo protesta por el engaño sino que también nos avisa de los peligros de la sinceridad precipitada. La mente, el cuerpo y el inconsciente no son entidades separadas. Insisto: tenemos que aprender a cuidarnos.

LLORAMOS POR TANTAS COSAS

El cuerpo protesta. Sabemos a través del cuerpo. Todo nos llega a través de él. Guiado por el inconsciente, sus manifestaciones pueden ser una excelente fuente de autoconocimiento, el camino más directo a la realidad personal. En buena medida, dependemos de su sabiduría porque la capacidad de autoengaño está muy desarrollada en nuestra especie. Cuando no somos sinceros, reaccionamos con cambios psicológicos reveladores, especialmente si estamos en conflicto y nos sentimos culpables.

Nuestro cuerpo es muy difícil de engañar. A las mujeres especialmente se nos ha educado para que aprendamos a fingir, a engañarnos y llamar «vida» a nuestras concesiones, como consuelo ante las carencias, y la falacia se manifiesta muy a menudo en las protestas de nuestro cuerpo. La somnolencia, el dolor de cabeza, son señales de la existencia de un conflicto inconsciente. Cuando vivimos una vida falsa, el cuerpo nos avisa de que algo anda mal mediante la somatización, dicen los especialistas. Y si no resolvemos el conflicto, el cuerpo puede llevarnos a la enfermedad, como forma más radical de protesta. A menudo lo interpretamos mal y perdemos contacto con lo que sentimos cuando amenaza con trastornarnos o sacude nuestra vida. Lo cierto es que no sabemos relacionarnos con él: a veces, sobreactuamos y lo analizamos en exceso; otras, lo ignoramos y dejamos de prestarle atención por completo.

Me resisto a no hablar del llanto. Se dice que las lágrimas son tan femeninas... Los hombres no lloran, mejor dicho, no deben llorar; nosotras sí (veremos algunos cambios que se están produciendo en el universo masculino más adelante). Aunque no siempre está bien visto. Cuando se está en un espacio externo, masculino, no se deben expresar los sentimientos, no se puede llorar, porque se considera una debilidad, una falta de control. Nosotras lloramos de alegría, de emoción, de rabia; en ocasiones forma parte de una puesta en escena, responden a una pataleta, para conseguir algo, para que no nos riñan. Bueno, todo eso cuando somos pequeñas, ¿no? Los rituales tienen su razón de ser, y relacionados con el llanto hay tantos... A veces lloramos desconsoladamente por la muerte de una persona querida, por un sentimiento profundo de pérdida, de impotencia, de injusticia. En ocasiones he llorado incluso por mí misma. Se ha abierto la válvula de escape, el necesario desahogo. Hay que pasar el duelo y en él las lágrimas son muy importantes. También las palabras y el tiempo; de lo contrario el dolor podría congelarse.

Aunque parezca un poco lejano quiero narrar aquí el ejemplo de un grupo de autoayuda de mujeres salvadoreñas, Las Dignas, mujeres por la dignidad y la vida, que cuentan una experiencia dolorosa y necesaria, que les permitió llorar parte del dolor de doce años de guerra en su país. Se trataba de explorar, verbalizar y comprender el sufrimiento en dos sentidos distintos y, al mismo tiempo, conectados: por un lado era imprescindible el compromiso político, la necesidad de luchar contra la represión política y la obligación de reflexionar sobre estos agentes exteriores sobre la identidad personal. La segunda parte del reto consistía en encauzar «el dolor que no puede elaborarse»: un dolor nacido de las muertes, los asesinatos, las desapariciones.

Pueden servir de punto de referencia para tratar los desgarros del alma. Son mujeres que han resistido en una situación límite, educadas en el rol tradicional —en la sociedad salvadoreña el peso del cristianismo es muy fuerte—. El inalcanzable ideal de la «buena madre», ese ideal que la convierte en omnipotente y poderosa aun contra la muerte, aquí todavía resulta más complicado que se haga realidad. Vieron morir a sus hijos o los dejaron con otras mujeres para ir a combatir en el proyecto revolucionario. Por cierto, también afirmaban que para poder tener en cuenta la experiencia humana es necesario que cada persona sea capaz de contemplar su propia experiencia sin rabia ni frustración. La experiencia se llevó a cabo en un grupo de autoapoyo y se narra en el libro *El dolor invisible* (Cristina Garaizábal y Norma Vázquez). Las autoras y otras mujeres especialistas que participaron en el proyecto quedaron conmovidas por el dolor de Las Dignas y admiradas por su fuerza. Me interesa porque se trata de la experiencia de un grupo de apoyo que significativamente enlaza con los temas que abordaré de forma inmediata.

¿Por qué nosotras no podemos enfadarnos? De nuevo la bipolaridad y junto a ella la ridiculización. El enfado puede ser, muchas veces lo es, razonable, motivado. No es lo mismo que estar de malhumor. Sin duda, lo óptimo es encontrar la manera de evitar que surjan *malos rollos*. Por eso es crucial bucear en las causas que los provocan, entre las que se encuentra la envidia, el mandato social aprendido, las propias frustraciones, entre otras. Es mejor reconocer los conflictos y afrontarlos que darnos mutuamente explicaciones que quizá no tengan nada que ver con la realidad. Demasiado trabajo ése de hacer, deshacer, rehacer, siempre sobre la misma base. Además, es inestable. El conflicto, cuando se aborda directamente, sin encubrirlo, es una fuente de crecimiento. Pero tenemos más experiencia en reprimirlo que en conducirlo de forma constructiva. No avanzamos como deberíamos por falta de disposición a afrontarlo. Los preceptos patriarcales fomentan el silencio y la negación de la palabra. Las mujeres vemos el conflicto como algo atemorizador. Pero éste es inevitable. Es la fuente de todo crecimiento, necesario para la vida. Debemos aprender a emplearlo, no caer en el conflicto amañado. El conflicto no tiene por qué afrontarse como hasta ahora, reprimiéndolo, sino verbalizando las dificultades, aceptando las responsabilidades, para resolverlas. Reconocer que pueden haber causado sufrimiento o habernos perjudicado de alguna manera es la vía. Más vale abordar las causas del desencuentro desde la franqueza que dejarse llevar por sobreentendidos que producen ofuscamientos y enfrentamientos.

Es posible que en este proceso el clima emocional se vuelva cada vez más intenso y haya que esforzarse más para descubrir o describir y comunicar las propias verdades, para escucharse mutuamente. Si la ansiedad es alta, se desbarra, se pierde la capacidad de ver distintas facetas de una cuestión, disminuye la posibilidad de solucionar creativamente los problemas teniendo en cuenta las necesidades de todos. Cuando se alcanza la ira o cualquier otra forma de intensidad emocional, se presentan dificultades para diferenciar las emociones producidas por la ansiedad de los sentimientos auténticos, y decidir qué es lo correcto. Dejarse llevar raras veces soluciona el problema. Otras veces parece inevitable.

Coinciden varias autoras en estimar que debemos respetar la ansiedad, y en que estemos alerta para no sucumbir al miedo. Ése es el peor enemigo de las mujeres y no es casual que nos hayan enseñado a temer: sirve para paralizarnos, mantenernos a raya, minar nuestra energía. El miedo limita nuestra imaginación y nuestra creatividad. Nos hace callar. El silencio impuesto en cualquier área de la vida de las mujeres es una herramienta que se ralaciona con la impotencia. No debemos dejarnos fo-

silizar en el silencio (¿cuántas veces hemos oído: «Tú, ca-
lla»?). Lerner nos propone que lo rompamos, que exa-
minemos y digamos nuestra verdad. El silencio no siempre protege. Nuestra invisibilidad, tanto en lo personal
como en lo político, quizá nos ayude a sentirnos menos
vulnerables pero no menos asustadas. A veces precisamos
hablar menos y actuar más. ¿Somos indiscretas?, ¿in-
continentes verbales? Muchas veces nos conviene el silencio y la soledad, lo necesitamos. El silencio se requiere
también para actuar. Recordemos que Marguerite Duras
propone, al ser el lenguaje una de las armas de opresión
masculina, el silencio como estrategia.

Cuando hay un ambiente de confianza se pueden
aceptar mejor las críticas, para enfrentarse a los problemas, las debilidades mutuas, y se puede hablar de forma
divertida de ellas, aceptar las diferencias, liberar energías
reprimidas, dirigirlas a sus metas.

Comentaba una amiga que cuando sentía la necesidad
de reprender a alguien de confianza o decirle lo que estaba haciendo mal, lo mejor era esperar a ver si esa necesidad duraba más de dos días. Generalmente la intensidad
se disipa porque estaba impulsada por la propia tensión.
«Te lo digo por tu bien, porque soy tu amiga». ¿Cuántas
veces, en la realidad o en la ficción, hemos escuchado algo parecido? No dudo de que en muchas ocasiones es un
gesto de lealtad, pero comunicar un mala noticia o advertir de un error requiere de un complicado equilibrio en el
que es importante no invadir, no molestar.

Otra amiga confesaba: «Yo soy una especialista en
hacer lo que no se debe hacer; justamente el antimode-
lo; bueno, por lo menos soy consciente de mis descon-
troles. A veces los veo venir, a veces los intento evitar. En
ocasiones, se me cruzan los cables y en cinco minutos me

cargo horas, días de intentar conciliar, ser amable, comprensiva, etcétera. Entra en acción Basilisca, o la justiciera, sin piedad. Luego viene la culpabilidad, el pedir perdón, invirtiendo cantidad de energía en rehacer, intentar compensar... Recuerdo que en una ocasión, tras una explosión descontrolada, pedí disculpas y dije algo así como: "Bueno, a mí se me pasa enseguida", y la otra persona me contestó: "Pero a mí no". Vaya chasco».

LA FRANQUEZA

Me gusta la propuesta de la franqueza que nos plantea Lerner, con todas las salvedades pertinentes. Ser franca no significa decir todo lo que piensas siempre. De la misma manera que es importante la confianza, la lealtad, también lo es la intimidad, la protección del espacio vital. La citada autora nos recuerda que tener espacio es un aspecto de la intimidad y de la autoprotección.

«Lo esencial de la búsqueda de la verdad es el esfuerzo por identificar las verdades más profundas del cuerpo, y separarlas de las respuestas condicionadas automáticas que empiezan en el cuerpo y después se extravían». Lerner propone la identificación de las pasiones o los sentimientos como el primer paso para la aceptación de nuestra conducta y la seguridad en la relación con los demás: «Tal vez no aclaremos debidamente qué esperamos o toleramos en una relación o nuestra conducta no sea coherente con nuestras opiniones manifiestas». Las pasiones pueden agudizar la intuición o la apreciación de las cosas, pero también pueden enturbiar la mirada. Y resulta imprescindible «diferenciar las emociones», llegar a los «sentimientos auténticos» y «decidir qué hacemos a continuación». Las pasiones pueden conducirnos a ser desagradables o inoportunos con nuestra «verdad».

Sea ésta la mejor opción o no, tenemos que aprender a dejar aflorar adecuadamente nuestro enfado, la ira, lo que nos corroe por dentro, y a la vez descubrir cómo poner límites para no ser invadidas ni invasoras. Quiero insistir en que hay que generar confianza (demasiado a menudo se fomenta precisamente lo contrario). De la misma manera, tenemos que dejar de limitarnos a nosotras mismas, y fomentar la capacidad de ser libres, no recelar de las separaciones. Y, desde luego, liberarnos de la angustia, del desasosiego, de la ansiedad por el desencuentro o la separación. Qué difícil. No se puede congelar el dolor. Al lado de la franqueza, el llanto. También hemos de reivindicarlo. Ya hemos hablado de él al aludir a la experiencia de Las Dignas.

A veces sobrestimamos el grado de control que podemos ejercer sobre nuestras emociones. Es una mera ilusión. Resulta complicado determinar si en la vida real el ilusionado es un iluso, un engañado, o si está respondiendo con la salida más consecuente para seguir viviendo. ¿Resulta *naif* hablar de esperanza?

La ilusión de sentirnos dueños, responsables del guión de nuestra vida, de no estar sometidos al vaivén caprichoso de la suerte y de que el mundo es un lugar razonablemente predecible y controlable es una pieza clave para mantener la salud mental. Si no existiera esta íntima sensación de que podemos producir resultados deseables en nuestras vidas nos entregaríamos a la pasividad, sin razón para actuar apuntan Avia y Vázquez. Goethe dice que si tratas al hombre por lo que parece, lo harás peor de lo que es; pero si lo tratas como si ya fuera lo que potencialmente puede ser, lo convertirás en lo que debería ser.

Si me trato como si ya fuera lo que potencialmente puedo ser, me convierto en lo que debería ser.

Tanto la franqueza como el exigible rigor de pensamiento nos obligan a identificar nuestro grupo de referencia. Las mujeres son diferentes entre sí, como se ha venido diciendo, en virtud de la edad, la raza, la clase social, las aptitudes físicas o los orígenes étnicos y otros innumerables factores que se combinan para configurar una posición desde donde definir lo verdadero y lo real. Pero hay voces que acallan otras voces, dando la impresión de que representan a todas. Las generalizaciones a veces son útiles, pero también peligrosas. Las lacras de la exclusión se dan en todas partes, nos dice Lerner, también entre mujeres. No hace falta albergar intenciones discriminatorias para borrar la voz auténtica del otro o elevarse a sus expensas. No hay nada malo en hablar, en expresar las propias verdades siempre y cuando no se tenga la pretensión de representar al conjunto. El contexto no sólo determina qué verdades podemos expresar sino también qué verdades podemos descubrir sobre nosotras.

La franqueza es algo más que sinceridad y buenas intenciones convencionales. Requiere que abandonemos nuestras habituales formas de reaccionar y de pensar para llegar a una visión de la realidad más amplia, compleja, polifacética y correcta. El proceso exige que hablemos con mujeres similares y mujeres radicalmente diferentes a nosotras. Que hablemos en un contexto, en un espacio seguro en el que cada una pueda ser ella misma, en el que ninguna se sienta que deja fuera una parte de sí. Nos hace falta hablar sobre nosotras. Hablar ayuda a crear unidad, solidaridad, sentido de pertenencia, identidad grupal, reconocimiento. La experiencia común nos aleja de la vergüenza y la culpabilidad, de convertir problemas com-

partidos provocados por el sometimiento en algo patológico. Cuando decimos *nosotras* —continúa Lerner— lan-
zamos mensajes afirmativos que nos dan más poder que
cuando ellos generalizan sobre *la mujer*. «Recluto ciudadanas para el reino de la libertad», decían Eugénie Niboyet y Louise Otto al frente de su periódico alemán
(*Frauen-Zeitung*, 1849-1850). La libertad es indivisible: fomentar la unión de las mujeres, romper la soledad, participar en las barricadas o gestionar la democracia. Que las
dos redactoras de Sajonia estaban en el buen camino, queda demostrado con el cierre inmediato de la publicación.

Las verdades que el grupo dominante sostiene sobre
el sometido sirven invariablemente para mantener y jus-
tificar el orden establecido. Y ésa es la razón por la que
ha de mostrarse una idea distinta y unos valores distintos: una idea diversa, franca, sincera, contrastada, democrática... Es necesario que ofrezcamos nuestro punto de
vista: «Creo que el primer deber que ahora incumbe a
nuestro sexo es tener un pensamiento propio», decía Sarah Grimkë en 1837. Nuestro punto de vista «completa» el mundo. Eugénie Niboyet lo expresaba así en *La
Voix des Femmes:* «Los hombres han gobernado por el derecho absoluto de su omnipotencia; [...] y siempre el mal
se ha perpetuado revistiendo formas nuevas, porque la
Humanidad ha sometido bajo el yugo a la mitad de sí misma, la mujer, la última liberta del progreso, sin cuya participación, sin embargo, no puede existir nada estable
y completo».

El fingimiento se adapta más a lo que la cultura enseña a las mujeres. En el patriarcado se miente continuamente, ya lo decía antes. Respetar desde ahora la diversidad, la complejidad y la amplitud de nuestra vida
es despejar el camino de la franqueza para todos. Se tra-

ta de utilizarla como principio inspirador de un nuevo tipo de relaciones. Podemos empezar a vivir de acuerdo con los valores que deseamos que gobiernen el mundo del hipotético futuro por el que trabajamos. Estar despierta en un mundo de sonámbulos es posible pero no es fácil. Yo tengo el privilegio de formar parte de un extraordinario movimiento de mujeres que se hacen preguntas, vuelven a pensar y a ver cada cosa desde distintas ópticas, dice Lerner, y no dan nada por sentado, afirmación que muchas compartimos con esta autora.

En el centro de los problemas de comunicación entre mujeres anida la conmiseración que a menudo manifiestan unas hacia otras, desactivando el potencial enriquecedor que puede tener que hablen sobre los problemas que les atañen íntimamente. Para sentirse comprendidas, apoyadas, han de encontrar analogías entre ellas. Pero si la conmiseración se basa en la identificación, si sienten lo mismo más por el deseo de permanecer juntas que por que lo viven, las palabras no serán de gran ayuda. Uno de los problemas que pueden producirse es que las amigas, las confidentes, queden encerradas en una visión circular, negra y pesimista de la existencia. La conmiseración es una capacidad femenina que tiene aspectos positivos y negativos: es fuente de consuelo, según las autoras de *Agridulce*, de intimidad, y en este sentido es positiva; pero se transforma en algo negativo si supone la búsqueda del propio yo a través de la identificación con los sentimientos, temores y represiones de otra persona, y puede absorbernos de tal modo que seamos incapaces de dar nada, como persona autónoma, a quien espera nuestro consejo o nuestro calor. Un fenómeno afín es el de la distorsión de la propia existencia para que concuerde con la de quien se abre a nosotros. La entrega basada en el vínculo de fusión, que niega la experiencia específica de una de las personas, impide darle a la otra algo verdadero.

Los sobrentendidos crean problemas. Se sobrentiende, *naturalmente*, que vamos a apoyarnos entre nosotras, o que siempre vamos a estar ahí, o que no dañas con tu comportamiento, o que bastará con una disculpa. Esta presunción, cuando no se hace realidad, y ocurre tan a menudo, genera una decepción —y a veces agresividad, como consecuencia— que puede ser letal para la relación entre mujeres.

Que las mujeres han de entenderse naturalmente y que son amigas por la misma razón es una idea que sólo puede acarrear conflictos. Las autoras de *Agridulce*, Orbach y Eichenbaum, dos prestigiosas terapeutas a las que se alude en repetidas ocasiones a lo largo de este libro, narran cómo la falta de comunicación o, más bien, la presencia continua de suposiciones respecto a la otra se convirtió en una «tortura». Sólo la separación, la soledad, el daño y la reflexión volvió a unirlas... Sobre todo, volvió a unirlas el expresar los sentimientos y las ideas sin dar nada por hecho. La razón de las desavenencias estaba en que «ya no éramos seres individualizados». Volver a ser independientes salvó también su amistad.

Mientras no se identifique el núcleo de los problemas que se interponen entre dos amigas, señalan las autoras mencionadas, no será posible establecer si éstos tienen origen en un amasijo de proyecciones, decepciones y enfados, consecuencia de que se han depositado expectativas poco razonables en la amistad, o si se ha producido un auténtico distanciamiento. Al hablar de las dificultades que nos separan, podemos desentrañar cuál es la razón de esos problemas. Si finalmente llegamos a la conclusión de que la relación se ha hecho insostenible, podremos renunciar a ella, con dolor y pesar, quizá, pero sin tantas culpabilidades y contradicciones.

Ser capaces de hablar de la desdicha en vez de (diría «además de») despotricar contra la injusta causa que la produce, permite conectar con el sufrimiento —el nuestro y el ajeno—, enfrentarse a la insatisfacción: mejor sufrir que sentirse víctima.

En ocasiones hay una exigencia implícita, en quien nos transmite sus inquietudes, de que veamos la situación que nos plantea sin cuestionar nada, y la aceptemos acríticamente, tal como nos la describen; otras veces esperan no tanto la comprensión o el refuerzo de sus argumentos, sino un punto de vista que contraste con el suyo y permita avanzar en la solución del conflicto o que descubramos sus deseos más ocultos, que los adivinemos, como si no se atrevieran a hacerlos manifiestos. Son muchas las intenciones que se pueden ocultar. Pero eso, como sabemos, no se produce con el mero asentimiento. Y, a veces, la conmiseración impide una honesta revisión del punto de vista.

Cuando exponemos lo que nos inquieta o hace sufrir, es importante, además de la discreción, la confianza. Quien hace una confidencia se relaja, desvelando sus temores más íntimos, y ha de tener la seguridad de que nada va a ser utilizado en su contra, de que no le van a hacer daño. Que el consejo de quien escucha, su reflexión, se plantea con el fin de encontrar la solución más adecuada. Aunque resulte dura de aceptar, de momento. No se trata, por tanto, de dar la razón, sino más bien de sintonizar, de intentar comprender, ayudar a encontrar la solución adecuada para «esa persona» en su circunstancia.

Relaciones complejas

No siempre es fácil comunicarse: se corre el riesgo de sentirse incomprendida y, acaso, traicionada: «Nos ofrecemos más tranquilidad, más seguridad, nos mostramos más tolerantes», pero también es cierto que «las mujeres nos exigimos más, esperamos más de nosotras. Si trabajas con un colectivo de mujeres, esperar que éste sea cómodo para ti es una exigencia que tal vez no lo sería si el grupo fuera mixto. Supones que va a ser así y si luego no encuentras ese respeto, esa comodidad, el colectivo te decepciona». Que exista esa falta de comunicación, que no se nos escuche y, además, no se nos comprenda, se tiene, exactamente, como una traición: «Las traiciones son más sentidas [entre las mujeres] porque la implicación sentimental es mayor que entre los hombres. Normalmente nosotras expresamos más lo de adentro, nos implicamos más en la relación, confiamos y nos abrimos; si luego nos dan con la puerta en las narices, el dolor, el desengaño es mayor».

La necesidad de decir las cosas y los temores a expresarse, entrelazados, están presentes en muchísimas relaciones femeninas. Merece la pena hacer el esfuerzo por vencer estos últimos. Aclarar dificultades, deshacer confusiones y evitar proyecciones impulsa la relación hacia un nivel más profundo y satisfactorio. A veces, incluso, muestra de la buena sintonía, se produce una amnesia respecto a los motivos que las impulsaron a apreciarse inicialmente. Aunque es un buen ejercicio recordarlo de vez en cuando. Después de hablar de las dificultades sin recibir rechazo se sienten llenas de entusiasmo. No se trata de un ejercicio de sinceridad ni de obediencia al mandato de llamar a las cosas por su nombre. La compasión por la otra mujer que cada una descubre dentro de sí misma, incluso cuando está dolida o enfadada, o el autorrespeto de que es capaz, le permite exponer la situación tal como ella la ve, pero evitando enfrentamientos. Tal vez en ello resida la clave de todo, se nos dice en *Agridulce*. Para poder compartir y conjurar el posible malestar creado en el seno de un relación, la persona que la inicia tiene que expresar lo que siente y cómo imagina que la otra persona la vive. Tiene que esforzarse por decir: «Tuve celos», «Sentí envidia», «Aquella situación me molestó». Admitamos que hay sentimientos que actúan como barrera defensiva frente a otros sentimientos más oscuros. Ayudarse mutuamente a afrontarlos y expresar las reacciones desde nuestras perspectivas contribuye a aclarar qué es lo que nos preocupa y a abrirnos a otra persona sin provocar intencionadamente reacciones de culpa o irritación. Tenemos que actuar con la confianza de que hablar sin rodeos con nuestras amigas no romperá los lazos que nos unen, contribuirá a fortalecerlos. A veces estamos demasiado a la defensiva con nuestras amigas, nuestras madres o nuestras hijas.

En *Agridulce* vemos que el vínculo de fusión es capaz de generar sentimientos tan intensos de mutua necesidad, transferencias tan profundas, que sacar a la luz las dificultades puede entrañar un riesgo excesivo. Si no sacamos a la luz las dificultades que se producen entre nosotras, no saldremos nunca del vínculo de fusión —aquel que establecimos con nuestra madre y que tenemos que transformar para crecer, tener autonomía— y la relación se resquebrajará. Fantasearemos sobre lo que está ocurriendo, veremos rechazo donde no lo hay, abandono, enfados donde sólo hay un germen. Lo llevamos a la imaginación sin darle una salida diferente en la vida real. Nos distanciamos, empobrecemos la relación. Decirse las cosas no es importante porque obedezca a un imperativo ético de sinceridad, sino porque si hablamos directamente podemos romper la proyección. Las proyecciones son una transacción en la cual, de manera inconsciente, una ve una parte de sí misma en la otra. Cada una describe o interpreta el comportamiento de la otra según lo que ella misma desearía hacer pero no se atreve (imaginamos que está enfadada cuando somos incapaces de expresar nuestro propio enfado) o le atribuimos reacciones que ella misma ha sentido en el pasado y que tal vez no se correspondan con la situación presente. La otra persona deja de ser individuo diferenciado para convertirse en un vehículo de nuestras propias fantasías y pensamientos.

Algún ejemplo de la literatura nos pueden servir para ilustrar lo que queremos decir.

En un pequeño pueblo inglés vivían dos amigas: pese a las diferencias económicas y de educación, se estimaban sinceramente y se apoyaban en los pequeños asuntos amorosos —que eran, por cierto, los únicos motivos emocionantes del lugar—. Cierto que una de ellas, llamada Emma, por su personalidad y sagacidad, era quien dominaba la relación. Pero se equivocó gravemente y puso a su amiga Harriet en una situación vergonzosa y humillante. «Estaba muy irritada consigo misma»; «¡Qué impropiamente había actuado con Harriet! ¡Qué desconsiderada, qué poco delicada, qué irrazonable, qué carente de sentimientos había sido su conducta!». La autora, plenamente consciente del fundamento de su novela, expresa del siguiente modo el conflicto de la incomunicación: «Rara vez, rara vez una revelación humana va acompañada de completa verdad; rara vez puede ocurrir que no haya algo un poco disfrazado o un poco equivocado». La propuesta, conocido el error, es clara: «Vamos a entendernos ahora sin posibilidad de más errores» *(Emma,* de Jane Austen).

A continuación, ya en un ámbito más cercano, quisiera aludir a dos historias personales que me ha narrado mi joven amiga. En ellas descubrimos el significado y el valor del epígrafe que da título a los párrafos anteriores. «Isabel y Alicia son amigas desde la infancia, se adoran. Nada ya les une, sus vidas están totalmente separadas, ni amigas ni estudios... De todas formas, les gusta cenar juntas una vez al mes y contarse las alegrías y las penas, y protegerse.

»Isabel siempre había estado enamorada de una forma muy pasional de Diego, un compañero de la universidad. La atracción era real, fuerte, poderosa entre ellos, pero nunca llegaban a acercarse lo suficiente, nunca llegaba el momento... Si un día se encontraban y tomaban unas copas, Isabel se pasaba un mes en las nubes recordando cada rasgo de su piel y arrepintiéndose de no haber dicho, hecho, algo antes de despedirse. Alicia sabía la pasión que Isabel sentía por Diego, pero el día que coincidieron en una fiesta, decidió olvidarla. Esa noche durmieron juntos, y después de esa noche se buscaron más noches y comenzaron a ser una pareja. Isabel se sintió, en el fondo, traicionada, pero sabía que tenía que respetar el amor que su amiga sentía, que no podía reprocharle sus sentimientos. Lo que no tenía claro era hasta qué punto Alicia tenía que respetar los suyos. ¿Tenía ella que retirarse del juego? Cuando Diego y ella coincidían, la pasión seguía viva y ambos eran, el uno para el otro, lo anhelado, lo desconocido. Empezó a construirse un triángulo peligroso. Tanto Isabel como Alicia actuaron en muchos momentos por ellas mismas, dejándose llevar por lo visceral, por los cuerpos y los alientos... Pero siempre se buscaban después, en una de sus cenas mensuales, y se contaban lo de adentro y se daban explicaciones y se decían lo que dolía, lo que se querían. Isabel acabó retirándose del juego, no sé si por saberlo perdido o porque acabó por no tener importancia, o simplemente por no causar dolor amargo en Alicia. Siempre supieron mantenerse la una al lado de la otra, a pesar de las mareas y las tempestades».

La segunda historia nos habla de Esperanza y Cristina; seguramente entre ellas surgió un conflicto relacionado con los amores, las pasiones, los malentendidos o las confusiones. Su distanciamiento llegó al límite de lo tolerable para ambas: «Esperanza [...] sabe que todo es culpa de las inseguridades, los miedos, los no quererse». Finalmente, Esperanza dio el paso necesario: «Esperanza lucha contra esos prejuicios que encuentra en sí misma. Y trata de luchar por la amistad, aunque tenga que ceder y dar nuevas oportunidades. Esperanza y Cristina decidieron dejar de echarse de menos y acabar con su distancia, con su enfado. Por la noche, llegaron orgullosas de sí mismas, mostrando a todo el mundo que volvían a quererse. La noche de fin de año, ante la gran multitud, cuando llegó el momento de que Cristina eligiera su brindis, dijo: "Yo brindo por Esperanza"».

Entre nosotras hay una gran facilidad de comunicación emocional que discurre por corrientes positivas y negativas. La positiva se identificaría con el ansia de amor y comprensión («Amo a las mujeres desde su piel, que es la mía», canta Gioconda Belli); la negativa, entrelazada con la anterior, recogería un conjunto de preceptos sociales y psicológicos que nos vedarían ciertos niveles de expresión, y por tanto de comunicación. Ambas corrientes, se señala en *Agridulce*, crean de forma simultánea la textura de las relaciones y los pactos, muchas veces tácitos o inconscientes, que se dan en el marco de la amistad, la complicidad o el compañerismo. «Si no me quieren los demás, prefiero morirme», decía la joven Jane Eyre a su amiga Helen. «No puedo soportar sentirme sola y odiada, Helen. Mira, para ganar tu afecto o el de la señorita Temple o de cualquier otra a la que de verdad quiero, de buena gana me dejaría romper un hueso del brazo...».

A menudo confundimos la empatía con la identificación. Mediante la identificación ocupamos el lugar del otro de forma permanente, lo que nos impide distanciarnos de él para comprenderlo; por el contrario, la empatía es un proceso que nos permite entender sus vivencias desde nosotros mismos. Sólo disponemos de la capacidad de conjeturar sin distorsión sobre las actuaciones de una persona manteniéndonos desligados de ella, asumiendo sus sentimientos sólo de forma transitoria.

Descubrir cómo es la otra mujer, quién es por derecho propio, sin hacer de ella lo que nosotros queremos que sea ni dejarnos abducir por sus emociones, tiene un gran valor a la hora de establecer relaciones positivas. Pero este ejercicio no resulta nada fácil ya que la identificación entre las mujeres se produce de forma casi automática: *sentimos con...* «Te comprendo perfectamente»; «No llores, me vas a hacer llorar a mí también»; o más clásico: «Quiero descargar mi corazón. Después de confesarme con vosotras, nunca hablaré de esto a nadie» *(Las tres hermanas*, Chéjov). Nos conviene ser capaces de disentir, discutir, sin sentirnos mal. El éxito de la comunicación entre mujeres reside en buena medida en la conciencia de una misma como ser único que nos per-

mita ver a la otra en su singularidad. Yo soy yo. Por eso
hay quien establece diferencias entre «relación» y «vínculo», sobre todo si hablamos de vínculos específicos y de-
terminantes como el de madre-hija, al que ya me he referido.

Estos temores inconscientes constituyen una parte
importante de las relaciones entre mujeres. El «vínculo
de fusión» es capaz de generar sentimientos tan intensos de mutua necesidad, y las transferencias que se producen son tan profundas, que sacar a la luz las dificultades que puede haber en la relación entre mujeres entraña
un riesgo excesivo que no siempre se quiere correr. Esto explica por qué raras veces abordamos con desen-
voltura, directamente, las dificultades que surgen entre
nosotras.

No resulta excepcional que mujeres competentes y
seguras de sí mismas se sientan vulnerables y vivan alti-
bajos, emocionales acosadas por una sensación de carencia. Son mujeres independientes y maduras que, sin embargo, experimentan vivencias de abandono o agresión
cuando se rompe la fusión. La inseguridad nos asalta con
excesiva frecuencia.

De rivales a cómplices

Muy a menudo nos invade la desesperanza por el arraigo persistente de prácticas mezquinas y excluyentes, de valores negativos —a pesar de los esfuerzos por combatirlos y derrotarlos— y, sobre todo, por la falta de respeto generalizada hacia las mujeres, como individuos y como género, que se manifiesta en casi todos los ámbitos de nuestra vida cotidiana. Ya hemos hablado de nuestros conflictos como mujeres y entre mujeres, de lo que nos restaba energía y nos enfrentaba. Ahora, en cambio, me gustaría poner el énfasis en términos positivos como lealtad, confianza y creatividad. Se trata de valores que debemos añadir a las reglas de juego, haciendo que dejen de ser una aspiración y se conviertan en realidad. «¿Cómo? Siendo tú misma», afirmaba Sallé. Pero ser una misma no es fácil tras una larga historia de alienación. Los valores de los que hablamos no son algo dado, al contrario, hay que esforzarse mucho para incorporarlos a nuestra forma de pensar y hacer que devengan *espontáneos o automáticos*. Esta exigencia me la hago a mí misma en primer lugar; me gustaría tenerla tan incorporada que no necesitara siempre de la reflexión, de estar alerta. Hay cosas que parecen obvias o lugares comunes, y bajamos la guardia; pero eso no es del todo cierto: ni los conceptos están tan claros para todos, ni son asumidos por todos como ideal hacia el que debamos tender. No basta, aunque es mucho, con glosar las ideas abstractas a las que me he referido, éstas se deben materializar en procesos colectivos, alternativas reales, estrategias concretas, en las que habría que distinguir, quizá, entre lo íntimo y lo exterior o colectivo. No se trata, en muchas ocasiones, tanto o sólo de un esfuerzo individual: las estructuras sociales, el apoyo exterior, tiene que acompañar, propiciarlo.

Seguimos teniendo frente a nosotras algunas preguntas de difícil respuesta: ¿cómo conseguir una organización social que permita el desarrollo de todos?, ¿qué podemos hacer para salir de una vez del paradigma de la culpa, del déficit de la niña buena, de las fantasías intermitentes de ser maravillosa?, ¿cómo pasar de una situación de devaluación al reconocimiento de la dignidad?

EL DIFÍCIL EJERCICIO DE LA LIBERTAD

Cada mujer ha sido constituida culturalmente a partir del concepto de feminidad dominante, lo ha internalizado y constituye una necesidad para sí misma. (Feminidad que se identifica con un cierto canon de belleza, maternidad, sumisión, inactividad productiva, falta de compromiso, debilidad, sentimentalismo, reducción al ámbito doméstico, falta de liderazgo, etcétera). El incumplimiento de ese deber genera conflictos. Pero la posibilidad de enfrentarse al conflicto depende de la capacidad creativa de cada mujer para transformarse, para modificar su mentalidad y elaborar una subjetividad que sea capaz de asumir de forma positiva. La incógnita consiste en saber si las mujeres podrán construir un nuevo deseo no centrado exclusivamente en la feminidad sino integrador de la diversidad de la experiencia, un deseo que no nos dañe.

Se nos dice que hoy estamos más cerca de un cambio auténtico porque somos más susceptibles de crecimiento psicológico y tenemos más motivaciones. Nuestra mente posee una potencialidad infinita de crecimiento, o casi; sin embargo, hay muchos límites culturales a pensar y sentir. No encontramos fácilmente los medios para conceptualizar nuestra experiencia, nos recuerda Lerner. Pero sin duda, al ir descubriendo otros modos de enfocar las vivencias, se va creando una visión nueva de nuestra condición. Desde diferentes ámbitos se estima que estamos mejor preparadas para avanzar hacia formas de vida más ricas. Seguramente, para obtener fuerza de nuestras relaciones habrá que redefinir su naturaleza colocando en un lugar central la autonomía, la autodeterminación; ésta es un requisito para el desarrollo de una capacidad ética. Paradójicamente, cuanto menor es la dependencia emocional, más fácil es la convivencia por el efecto positivo que tiene en la autoestima.

Algunos de los recursos que podemos poner en juego, nos sugiere Baker Miller, son la autenticidad y la creatividad, entendida como proceso continuo que va generando una perspectiva dinámica de cada uno y de su relación con el mundo, inventando nuevos caminos. Nuestra causa es nueva y en consecuencia nos exige ingenio y que estemos muy despiertas, lo cual no quiere decir que lo tengamos que inventar todo, sino redescubrir algunas cosas o facilitar la circulación de la información. Una de mis obsesiones es, precisamente, contar lo que estamos haciendo, lo que nos preocupa, al mayor número posible de personas. El desconcierto de las mujeres (y la sensación de avance también) se debe a la conciencia de que lo que hacen, sienten y piensan es nuevo. Están probando, dice Shere Hite, cómo pueden disfrutar los nuevos tipos de relación. No carecemos de claves, de conocimientos producto de nuestras investigaciones y experiencias, que hemos de aplicar sin demora. No estamos obligadas a pedir permiso ni, menos aún, perdón. Hemos de asumir el reto de tomarnos en serio (la seriedad no es aburrimiento), rechazar la trivialización de lo femenino, huir del mimetismo con los hombres, sobre todo de sus modelos de poder, tan cuestionables, y potenciar el intercambio emocional e intelectual entre todas, acercándonos a eso que más deseamos: seguridad y libertad.

No se nos va a regalar: Stéphane Michaud habla de «lucha prometeica». La pasión de Mme. de Staël la llevó a creer que estaba en los albores de una nueva época para la mujer: «¡Es hora de hablar de felicidad!». Aún hoy es obligación nuestra dar pasos hacia la libertad. Este mandato no concierne sólo a las adelantadas, a la élite de las mujeres; el deslizamiento hacia la autonomía apoyado en la creatividad y la autenticidad es una necesidad para todas, aunque se manifieste de manera distinta en contextos distintos y en cada mujer en concreto. Nuestra exigencia de poder —fundamentado en la cooperación tanto en el plano de las relaciones personales como en el social— tiene el objetivo de fomentar nuestro propio desarrollo, no el de limitar el de los demás, como diría Baker Miller. Pero tener poder, sigue la misma autora, no es condición inexcusable, ni nos debe paralizar su carencia: también se puede avanzar a partir de la conciencia de debilidad y vulnerabilidad.

Antes de encarar las situaciones de desigualdad o postergación en las que estamos inmersas deberíamos analizar el lenguaje que utilizamos para definirlas o examinarlas. No son inocentes las palabras. Muchas de las que usamos están tan contaminadas de negatividad hacia nosotras que necesitamos una terminología nueva, una *resignificación*. Inés Vargas afirma que «el lenguaje es un comportamiento social», y por tanto, adolece de los defectos de una sociedad que desprecia o minusvalora a la mujer. «El uso del lenguaje provee bases de poder y autoridad, control e influencias y es uno de los factores que refuerzan la condición discriminada de la mujer». Vargas sugiere algunos modelos de comportamiento lingüístico: los hombres suelen utilizar fórmulas del tipo «Definitivamente pienso que...» o «Evidentemente la cuestión es...», o «Es obvio que...». Las mujeres suelen mostrarse más cautelosas: «Solamente quisiera explicar que...», «No sé, tal vez...», «¿No te parece que...?» o fórmulas semejantes, lo que se ha denominado el «muro de palabras». No debe olvidarse que, como madres, también podemos caer en el error: «¡Mi princesita!», «No juegues con tu hermano, que es un bruto» o frases parecidas. Los adultos exponemos a los niños y a las niñas a experiencias distintas dependiendo del sexo: «A los varones se les influencia con el ideal masculino, que enfatiza la dureza, la competencia y la agresión, y que también se caracteriza por la iniciativa y la acción. Las niñas deben conformarse al ideal femenino, que en gran medida incluye pasividad y sumisión». Incluso cuando superamos estos estadios primeros de discriminación y somos conscientes de nuestras necesidades y derechos como mujeres, podemos caer en la trampa del lenguaje. Celia Amorós nos recordaba en una ocasión cómo nunca se dice de una mujer política que es carismática; en cambio, más de una vez hemos oído: «Tal política es muy simpática». (Está muy bien que te consideren simpática, pero no es eso). El lenguaje es un producto cultural y a él se han adherido significados históricos; por esta razón es necesaria la *resignificación* y, por lo que toca a las relaciones entre mujeres, es imprescindible. En buena medida, de una formulación adecuada de los conflictos que evite las connotaciones negativas hacia nosotras dependerá la posibilidad de encontrar alternativas.

La clave del reconocimiento reside en la libertad. Tenemos que asociarnos —recordemos el descubrimiento de las mujeres por las propias mujeres que he comentado antes— frente a la exclusión y el autoritarismo, y trabajar por el encuentro como principio, que, además, no olvidemos, debe producirse en un territorio de igualdad. Es muy difícil que las mujeres avancen si no se unen en una acción cooperativa. Es en grupos o asociaciones de mujeres donde se teje el *nosotras*, donde cada una puede hablar de su experiencia. Aprender cosas juntas, unas de otras, crea un sentimiento de complicidad que elimina el ruido misógino. Tomarnos en serio, no sucumbir a la ridiculización, la culpabilización o la invisibilización. Invisibilizar es una táctica muy extendida que se relaciona con la apropiación de las aportaciones de las mujeres.

Hagamos aquí un breve recordatorio, casi un homenaje: en el primer motín histórico, consciente y asociativo, femenino participan Elisabeth Cady Stanton, Lucretia Mott y Angelina Grimkè. En 1848 se escuchan las palabras de las mujeres en Seneca Falls: «La historia de la Humanidad es la historia de las repetidas vejaciones y usurpaciones por parte del hombre respecto a la mujer, y cuyo objetivo directo es el establecimiento de una tiranía absoluta sobre ella». En aquel año se fundó la Sociedad Americana de los Derechos de la Mujer, y dos años después, en Worcester, Massachusetts, se celebra el primer congreso mundial de mujeres. Aquellos primeros intentos deben recordarse: son nuestra historia y deben avisarnos nuevamente: el concepto de ciudadanía, rico en sus contenidos, todavía no tiene una plasmación en la realidad que colme las expectativas crecientes de las mujeres feministas o de alguna manera comprometidas.

COMPLICIDADES GENERACIONALES

Nos une el derecho a ser respetadas, digna y justamente tratadas; nos une la semejanza. Sabemos de las dificultades de reconocer a la mujer cercana y de reconocernos a nosotras mismas, sobre todo cuando intentamos establecer las mejores relaciones posibles con las peores partes de una misma. El autoconocimiento requiere enfrentarse a *la sombra* —esos sentimientos ocultos a los que ya he aludido— que nos acompaña y es tan inquietante de afrontar. Para reforzar la autoestima, frente a la minusvaloración inducida por el sistema, hemos de admirar qué somos o queremos ser; una buena vía, más allá del voluntarismo personal, es la de mirarnos en aquellas de nosotras que pueden servirnos de referente, porque están ahí, no somos seres sin historia.

Repasar lo que han ido haciendo las mujeres, como seres singulares y destacados, y también en acciones colectivas impulsadas por muchas personas anónimas, puede ser una excelente manera de alcanzar un legítimo orgullo de género. En ellas debemos apoyarnos para encontrar nuevos caminos, las claves que nos permitan mejorar nuestra vida. Debemos encontrar sostén y autorización en las otras mujeres, aliarnos, sumar lo mejor que tenemos, aunque sin uniformizarnos, desde la pluralidad del pensamiento y la acción: *sororidad* en la discrepancia, en el desacuerdo, en la disidencia. Después hablaré con más detenimiento de la *sororidad* como nueva forma de relación entre mujeres. Aunque tengamos experiencias dispares, y vivamos conflictos entre nosotras mismas, algunos de los cuales ya he analizado, a pesar de ellos, o mejor dicho, gracias a ellos, podemos sumar alternativas y procedimientos, elaborar formas de vida, construir nuevos deseos que integren la diversidad.

En la cultura libre e igualitaria que propugnamos, esa en la que hay un lugar digno para todos, la renuncia a la violencia entre y contra las mujeres es un factor clave, y para ello es importante detectarla allí donde germine, y no ignorar que a veces también anida en nosotras. No podemos reclamar comportamientos justos si no los practicamos con nosotras mismas y no extendemos esta ética. Eliminar la violencia a veces requiere que aprendamos a defendernos, pero la que propugnamos es una defensa no violenta, en un espacio distinto en el que la ley sea golpear y ser golpeado.

Marcela Lagarde insiste con vehemencia en la necesidad de aprendizaje continuo, en cuestionar el mandato patriarcal que está en la prohibición de reconocernos entre nosotras como pares, semejantes, dignas de respeto y consideración. El pacto de no-misoginia, como elemento nodal de cualquier pacto con el otro género, exige que no la transmitamos a nuestros hijos varones. Porque, querámoslo o no, seguimos también educando en la misoginia. Transmitimos roles tradicionales y modernos.

Debemos ser conscientes de a qué nos enfrentamos, qué formas va adquiriendo. El poder masculino se sofistifica, sin perder las formas tradicionales y arcaicas. Pero en la actualidad las mujeres tenemos más peso. El feminismo no está acabado y no ha fracasado. Nos enseñó a ser más reflexivas y a descubrir la opresión. ¿Qué quisiéramos? Pues todo. Sobre todo lo bueno. ¿Y por qué no? ¿Qué podríamos? Elaborar y transmitir experiencias. «Sé lo que quieras ser, no dejes que nadie te mangonee». Necesitamos a la chica rompedora y activa, la que jamás se siente culpable y nunca se justifica ni tolera las actitudes sexistas. No obstante, las más jóvenes, aunque *empoderadas*, no se alían de la misma manera, entienden más su nuevo lugar en el mundo como algo individual, no sienten la necesidad de la solidaridad, del feminismo.

Las jóvenes españolas han adoptado los valores clave del feminismo en su comportamiento y aptitudes, pero rechazan el nombre del feminismo, como señalan Inés Alberdi, Pilar Escario y Natalia Matas, las autoras de *Las mujeres jóvenes en España*.

El feminismo no ha muerto, pero sí parecen necesarias nuevas estrategias. Un paso en esta dirección lo han dado las autoras de *Manifesta: Young Women, Feminism and the Future*, Baumgardner y Richards. La Tercera Generación *(Third Wave)* de mujeres feministas pretende conectar sus presupuestos con el pasado histórico del movimiento. Sin embargo, el contexto social, económico y político de las jóvenes actuales es distinto al de la primera y segunda generaciones feministas. En muchos casos, existe una fuerte despolitización; pero ello no impide que haya que tener conciencia de que la historia del feminismo no empieza ahora: «Separadas de nuestra historia política, lo que realmente continúa son nuestras reinvenciones, como si en vez de los derechos de las mujeres lo que en realidad quisiéramos transformar fuera sólo la estética de las mujeres». Por ello es necesario volver los ojos a la historia. Además, la Tercera Generación reclama con orgullo toda la «feminidad» elaborada por la cultura de masas, asumiéndola en tanto nos favorezca, y explotar y usar las herramientas del patriarcado (por ejemplo, Madonna, que muestra el control de su poder sexual en vez de ofrecerse como víctima del mismo).

La confrontación con anteriores generaciones de feministas se expresa así en palabras de Paula Kamen (en *Feminist Fatale: Voices from the «Twentysomething» Generation Explore the Future of the «Women's Movement»*): «En numerosas ocasiones, miembros de la anterior generación esperan que nos pongamos en una especie de piloto automático y nos organicemos para seguir sus pasos sin ni siquiera darnos tiempo para vivir un básico proceso de verdadera concienciación». Lamenta la autora que generaciones anteriores olviden el largo y penoso proceso de descubrimiento personal y social, y advierte que la conciencia feminista no se adquiere sólo leyendo las desgracias de las mujeres de antaño. «Es necesario que hablemos entre nosotras, y que cuestionemos y nos interroguemos interiormente [...]. Una vez que esta fase de autodescubrimiento ha finalizado, el conocimiento recogido del proceso de concienciación puede ser así utilizado para iluminar el pasado feminista, de manera que nos imbuya de energía y subraye el verdadero significado y objetivo del movimiento». La historia es esencial, continúa Kamen, para reconocer el presente y para abordar el futuro. «En el pasado, las feministas han cometido el error de ignorar este factor clave y, como resultado, cada nueva generación ha debido comenzar de nuevo como si partiera desde cero».

¿Cómo hemos pasado el testigo generacional? El compromiso de algunas jóvenes con el feminismo es intermitente. No quieren ser como sus madres —el ya aludido síndrome de la repetición, la necesidad de no parecerse a la madre—; sin embargo, se benefician afortunadamente de las conquistas alcanzadas gracias al esfuerzo de sus antepasadas. Quizá alguna de esas esforzadas feministas eran, precisamente, sus madres. Habría que saber transmitir mejor las experiencias, ejemplificar, evidenciar las características compartidas. No ha habido feminización de los hombres; sí, en cambio, masculinización de las mujeres, se dice. Creo que hay que confiar en ellas, lo harán, lo están haciendo a su manera.

Pocas veces hacemos memoria de cómo vivimos la relación, el reconocimiento, el conflicto, extrayendo conclusiones susceptibles de convertirse en enseñanzas. No tenemos mecanismos institucionales para elaborar y transmitir nuestra experiencia, aunque nos sentimos un poco responsables de que no se pierda porque es innovadora, cambiante, rica, y son muchos los riesgos de las malas interpretaciones. En este aspecto, también se imponen la imaginación y la creatividad. Aunque no es fácil. Los procesos en los que unas aprendemos de otras también están permeados de relaciones de poder. Son necesarios aún bastantes cambios mentales para que aceptemos que *todas* podemos aprender de *todas*. A menudo nos hemos beneficiado del saber de mujeres que no tenían, precisamente, reconocimiento social, como las sanadoras; no siempre han sido adecuadamente valoradas las enseñanzas de algunas monjas en tiempos pasados; hemos aprendido incluso de mujeres condenadas socialmente o utilizadas como chivos expiatorios, como las brujas (recordemos el caso de las brujas de Salem). Necesitamos reconocernos públicamente unas a otras, sin prejuicio o a priori, para combatir la negación a las que nos someten. Es, además de justo, una acción política que redunda en favor nuestro. Se trata de crear conciencia sobre la necesidad de hacernos *visibles* para nosotras mismas, pero también de valorarnos y legitimarnos socialmente.

LA OTRA COMPLICIDAD

Hablaba al inicio de este apartado de confianza, lealtad y creatividad (cierto es que tenemos lealtades divididas o diferentes que a veces pueden entrar en conflicto). Debo insistir en que son conceptos clave para impulsar y materializar nuestras aspiraciones de libertad y de presencia sustantiva en el mundo. Las alternativas que propugnamos deben sustentarse en el reconocimiento de nuestra capacidad de pacto (confianza y lealtad) y en el anhelo de justicia entre mujeres y para las mujeres. El trato que nos dispensemos a nosotras mismas puede servir de referencia para las relaciones entre los seres humanos (creatividad). Respetando la dignidad de cada una, la diversidad, las diferencias entre nosotras, nos respetamos a nosotras mismas, y eso es lo que proponemos para todos los seres humanos. Nuestra apuesta de cambiar el orden del mundo, del poder, hace obligado el *trastocamiento* («la mudanza de una cosa en otra») femenino, en palabras de Marcela Lagarde, que las mujeres se sitúen fuera de la norma, lo que en nuestro caso tiene connotaciones de subversión. Las reuniones de mujeres han sido pacíficos cuadros domésticos, donde las «ocupaciones femeninas» —lectura, labores, el té, la murmuración— centran todo nuestro interés (una hermosa selección de lugares en los que las mujeres hemos estado presentes puede verse en *Mujeres en la ciudad*, de M. Perrot), o, por el contrario, verdaderos encuentros diabólicos: aquelarres donde las brujas se reúnen para cocinar el mal. Las hijas de Lilith se convierten en ídolos de perversidad.

En la articulación entre subversión y trastocamiento, las mujeres, y la mujer como individuo, se van trasformando de objetos en sujetos. Disentir puede colocarnos en una posición de aislamiento si no construimos un disenso feminista, insiste Marcela Lagarde. La clave de la disidencia eficaz reside en el empoderamiento. De no apoyarnos en él, estaremos en una situación parecida a la del que pide permiso, sin posibilidad real de defender aquello que propugnamos.

No queremos el empobrecimiento de la existencia, que nos definan, nos discriminen o nos releguen en función de nuestra biología, en suma. Hemos de salir de la apología del sufrimiento y transformar la rabia en acción política. Dice la cantante Björk: «La generación de mi madre se pasaba el día chillando y quejándose de que las tenían encerradas en una jaula. Luego, por fin, abrieron la jaula. Mi generación prefiere pasar de todo eso, dejarse de lloriquear y ponerse manos a la obra». La rabia destruye. Y no queremos mártires. Nos necesitamos. Necesitamos crear un contexto de respeto. Nos debemos enfrentar a temores inconscientes, al abandono, por ejemplo, permitiéndonos crecer de manera separada. La amistad y la confianza constituyen el marco dentro del cual debemos sentar las bases para una nueva relación entre mujeres, para una nueva complicidad. Cargadas de valor.

Nuestra apuesta consiste en sumar, explorar diversos caminos y procedimientos, entre lo público y lo privado, lo exterior y lo interior. La extensión de las asociaciones femeninas permite difundir propuestas de nuevas formas de vida, algunas de ellas ya experimentadas, de una nueva condición humana, de nuevos presupuestos éticos y políticos, de una nueva cultura.

Queremos unas relaciones que impliquen todas las capacidades de vivir el mundo, no meramente la ilusión de una libertad que siga ocultando las posibilidades infinitas de las relaciones humanas. Queremos, en suma, forjar alianzas que no se sustenten en la adhesión inquebrantable y sí en el mutuo enriquecimiento.

La posibilidad de pensar, actuar y dirigir es la herencia que las mujeres del siglo XX dejan a las mujeres del siglo XXI, según Shere Hite, del mismo modo que las sufragistas del XIX consiguieron que las mujeres del XX votaran. ¿Está tan lejos? Las primeras mujeres que obtuvieron su derecho al voto fueron las ciudadanas de Nueva Zelanda (1893); en 1906 las mujeres votan en Finlandia; en 1917 se instaura el voto femenino en Rusia. En EE UU se consiguió en 1920. En España, en 1931. Las últimas mujeres en conseguir el voto en Europa fueron las suizas, en 1971.

Las españolas debemos recordar algunos nombres: Mª Teresa León, María Cambrils, María Lejárraga, Matilde de la Torre, Carmen de Burgos, Colombina, Clara Campoamor, Teresa Claramunt, Dolores Ibárruri, Victoria Kent, Federica Montseny, Margarita Nelken y tantas otras.

Teniendo presente nuestra historia y conociendo nuestras aspiraciones como mujeres —especialmente ser libres— afrontamos el siglo XXI desde el compromiso de seguir en la lucha: «La situación de las mujeres es muy dura. Hemos venido sufriendo el dolor, el olvido, el desprecio y la marginación. Estamos cansadas de tanto sufrimiento sin tener nuestros derechos. No les cuento todo esto para que nos tengan lástima o nos vengan a salvar de estos abusos. Nosotras hemos luchado por cambiar eso y lo seguiremos haciendo». Son palabras de la comandante Esther Palacio pronunciadas en representación de los zapatistas (Legislativo de San Lázaro, Congreso de la Unión, México, marzo de 2001), en un hermoso discurso de reivindicación y denuncia de la dramática situación de los hombres y las mujeres, y especialmente de las mujeres indígenas mexicanas. Poco importa ya que la discriminación ocurra aquí o allá: nos interesa y nos ocupa porque son mujeres las que sufren. Citemos a Herbert Spencer: «Ninguna persona puede ser perfectamente libre mientras no lo sean todas; ninguna persona puede ser perfectamente moral mientras no lo sean todas; ninguna persona puede ser perfectamente feliz mientras no lo sean todas».

La participación de las mujeres debería producirse en términos de paridad, en pie de igualdad, no sólo en el desarrollo de derechos sino en la solución de los problemas, desde Pekín sobre todo. La IV Conferencia Mundial de la Mujer (septiembre de 1995, en Pekín) se desarrolló sobre el tema «Acción para la igualdad, el desarrollo y la paz» y sus conclusiones obligaron a los Estados a avanzar en políticas activas y programas efectivos que favorecieran la igualdad y el respeto de los derechos fundamentales de la mujer.

Recordemos que Foucault afirmaba que el poder está presente en todos los niveles de la sociedad; en consecuencia, los cambios deben darse en todos los tipos de relaciones sociales. El *empoderamiento*, concepto al que aludí en las primeras páginas de este libro, es también un proceso que supone cambio individual y acción colectiva mediante el cual integramos todo aquello de lo que hemos sido privadas históricamente. (Recojo aquí la definición de Marcela Lagarde: «Conjunto de procesos a través de los cuales cada quien integra como parte de su vida recursos, bienes y derechos conseguidos como poderes»).

A pesar de todo, los avances son aún muy frágiles porque las transformaciones que exigimos son profundas y se producen de forma lenta. Su impacto se manifiesta en el ámbito intelectual a la vez que en el de las prácticas concretas. De ahí la importancia de procesos educativos que mitiguen las tensiones con los valores y la mitología dominante. Ésta se incorpora y consolida con más facilidad si no hay nada que oponerle. No ignoramos lo difícil que resulta cambiar las cosas, el *statu quo*, sobre todo cuando no queda más remedio que hacerlo desde la desigualdad a pesar de la lucidez de las excluidas.

En la búsqueda de la *despatriarcalización* necesitamos aprender a ejercer el poder y a compartirlo con otras mujeres, construyendo vínculos de solidaridad. El movimiento feminista transforma las heridas en instrumentos de cambio, dice Juliette Kinkwood.

La solidaridad entre mujeres frente a la humillación de la sociedad masculina puede apreciarse, por ejemplo, en la novela *Cartas a Iris* (que ha sido llevada al cine e interpretada por Jane Fonda): se trata de una serie de historias de mujeres que ilustran la realidad femenina de un barrio periférico de una ciudad «ennegrecida por el humo del carbón». La autora nos sitúa de forma fugaz en la piel de una mujer que se enfrenta al alcoholismo, a la frustración del paro, a la miseria, a un embarazo, a una violación, a un aborto, al maltrato... Y nos muestra lo importante, lo relevante que es la solidaridad entre ellas, lo necesario e imprescindible que es en muchos momentos para ellas un simple gesto, un mínimo. El personaje de Iris sirve de hilo conductor, llegando a ser como un hada buena que se deja caer por casa cuando se necesita un abrazo y una taza de té.

Me parece interesante referirme, aun muy brevemente, a la experiencia llevada a cabo con el grupo chileno El Telar, ya que se trata de una propuesta metodológica de transformación cultural en la que no quedan fuera las emociones que acompañan las vivencias. El trabajo consistía en procurar la educación cívica de grupos de mujeres de nivel educativo y económico bajo, intentando que no se percibieran como víctimas, lo que lleva a la depresión y a la inmovilización, sino que utilizaran lenguajes artísticos, como pintura, danza, música, para expresar sus emociones y percibir que la realidad es dinámica y podemos cambiarla con la participación. Se trataría de una opción feminista que busca articularse con una opción global de búsqueda de soluciones a las situaciones de injusticia y desigualdad que caracterizan a ciertos sectores de la sociedad chilena.

La desunión de las mujeres, como sabemos, es otro de los requisitos para el funcionamiento del sistema patriarcal, que, ya lo hemos visto, condiciona y limita las relaciones entre las mujeres, favoreciendo la rivalidad como estrategia para perpetuarse. La competencia entre mujeres es un obstáculo, no siempre evidente, para el buen funcionamiento de sus organizaciones o alianzas.

Empezar a reconocer estos lastres y poner de relieve el potencial que existe en el encuentro entre nosotras es, a mi juicio, un elemento indispensable para constituirnos en un actor social, en ciudadanas plenas: hablo del desplazamiento de la rivalidad y la competencia a la solidaridad y la complicidad.

Este tránsito de rivales a cómplices no sólo debe producirse en lo público, sino también en lo privado, donde poder hablar con franqueza sin temor a que defrauden nuestra confianza, a la indiscreción. No podemos confirmar sistemáticamente el tópico de la *incontinencia* femenina. Otra cosa distinta es la resistencia que tenemos las mujeres a mostrar confianza en nosotras mismas delante de otras mujeres, como vimos en páginas anteriores.

Hablar, comunicarnos, expresarnos es indispensable para alcanzar la nueva complicidad y de algún modo hemos de superar los tópicos («Está la discreción de una casada / en amar y servir a su marido; / en vivir recogida y recatada, / honesta en el hablar y en el vestido»).

Resulta paradójica la dificultad que encuentran las mujeres para tomar conciencia de su verdadera condición. Siglos de dualismo y de misoginia han reforzado su posición como depositarias de virtud y de pecado: somos joyas, si somos castas y honradas (Cervantes), y serpientes disfrazadas (aunque Yavé declarara enemistad eterna entre la serpiente y la mujer). La imagen de la tentadora ha tenido como complemento el mito de la mujer en el pedestal, sobre todo en la cultura occidental. De ahí las dificultades —y la necesidad— de crear una nueva cultura para todos.

Juntas

AMOR CON AMOR SE PAGA

Los nuevos vínculos entre mujeres se han generado en gran medida a consecuencia de su incorporación al mundo profesional, laboral, científico, político, económico o artístico, o de su mayor presencia en estos ámbitos. Hay maestras y discípulas, hay jefas y subordinadas —ya hemos hablado de esto antes—, son nuevas relaciones en las que es posible el reconocimiento, la transmisión de saberes y experiencias, y también la jerarquía, la autoridad, el liderazgo, la colaboración. Probablemente la calidad de las relaciones será mayor cuanto mayor sea la autonomía, que implica asumir responsabilidades, evitar las dependencias. Son relaciones positivas, enriquecedoras, complejas, que se establecen tanto en el ámbito privado, íntimo, como en el público, en el interior y en el exterior. Nos podemos encontrar, abordar proyectos concretos, diseñar estrategias comunes, apoyarnos mutuamente para compartir intimidades, alegrías o tristezas. La amistad entre mujeres, en la actualidad, puede tener nuevos ingredientes, matices diferentes. Y es posible practicar la reciprocidad, saborear el mundo juntas.

Nos reímos, nos abrazamos, nos consolamos, lloramos juntas, cotilleamos, nos preocupamos, hacemos planes, nos apoyamos, pactamos. La amistad es hoy más importante que nunca. «Me acepta como soy, me reconoce». Esta certeza reconforta y refuerza. «Se juntaban para reír de las cosas graciosas de la vida, o llorar por las tristes, o simplemente revelarse antiguos secretos», dice mi joven amiga, a la que ya he aludido anteriormente, a propósito de unas amigas. Y a propósito de una compañera suya, me cuenta: «Mi relación con Pilar tiene algo de complicado, somos muy diferentes; siempre o casi siempre chocan nuestras posturas ante las cosas. Pero nuestras diferencias han llegado a ser lo que hace única nuestra relación, creando una forma de estar en la que el ser diferentes es la base y el conocernos y respetarnos, tolerarnos, primordial». Creo que en la actualidad tenemos un mayor sentido de pertenencia, podemos sentirnos orgullosas de nuestras amigas y aprender juntas.

«Con quien más me gusta viajar es con mis amigas mujeres: la protección es mayor, la sinceridad, el respeto y la comprensión están más presentes; aunque haya roces o incomprensiones, son unos valores por los que se lucha de una forma real —sigue mi joven amiga—. Además, junto a ellas me es más fácil dejarme fluir, cambiar, transformarme, y me gusta disfrutar de cómo crecen, se empapan. Además somos un colectivo con suerte. Las cosas nos suelen salir bien, tenemos como una pequeña magia. Y el mundo suele recibirnos con los brazos abiertos; y si no, nos gusta sentirnos un grupo de mujeres fuertes y sacar las garras si hace falta». Y continúa: «El mundo que se convierte en algo nuestro, palpable... Vivimos diferentes situaciones, recorrimos estaciones, tomamos el sol en playas, observamos cielos y lunas, nos contamos, nos reímos, bailamos y cantamos, corrimos en manifestaciones y nos resguardamos de la lluvia en los países del norte, conocimos personas y volvimos a tener en cuenta nuestras diferencias, volvimos a redescubrirnos, a mostrarnos a nosotras mismas, otra vez nos nombramos.

»Me siento privilegiada, me enorgullezco de lo que hemos construido. Y no somos las únicas: en las fiestas, en la Facultad, en los cafés, observo últimamente grupos de mujeres que, como nosotras, se muestran espléndidas, cariñosas... mujeres que se buscan y se encuentran, que trabajan construyendo estas relaciones... Nos ofrecemos entre nosotras un espacio privado al que damos forma bajo nuevas premisas que nosotras creamos».

Y en unas emocionadas palabras, se despide de sus compañeras de viaje: «Qué grande ha sido disfrutar del mundo junto a vosotras, jugar con él... Os declaro hoy mi amor eterno hacia cada una de nuestras miradas, hacia los rostros que nos nombran, hacia las risas y las diferencias. Pues ha sido inmenso estar juntas».

Amy Tan, desde la perspectiva del dolor y el sufrimiento, explica en *El Club de la Buena Estrella* los motivos que impulsan a una mujer a reunirse con otras. La madre de la protagonista relata cómo, durante la guerra: «Necesitaba alguna cosa que me ayudara a moverme», frente a los gritos, la violencia, la muerte, los olores insoportables... «Mi idea consistía en una reunión de cuatro mujeres...». La excusa es jugar al *mah jong* o recaudar dinero, comer *dyansyin* o disponer banquetes suculentos. Las verdaderas razones son otras: «Hablábamos hasta el amanecer», «buscar una manera de ser felices a pesar de todo». En un ambiente desesperado, rodeado de miseria, «no nos permitíamos albergar un solo pensamiento negativo»: «Esa esperanza era nuestra única alegría».

Simone de Beauvoir ha descrito el problema de la amistad entre mujeres. Es raro, dice, que la complicidad femenina llegue a ser una verdadera amistad; las mujeres se sienten más solidarias que los hombres, pero desde el seno de esa solidaridad no trascienden una hacia la otra, y en conjunto se vuelven hacia el mundo masculino, cuyos valores quisiera acaparar cada una para sí. Sus relaciones no se construyen sobre la singularidad, sino que se diluyen inmediatamente en la generalidad y por ahí no tarda en introducirse un elemento hostil. El acuerdo entre las mujeres proviene de la identificación de unas con otras, pero por lo mismo cada cual se opone a su compañera.

Por cierto, en contra de las connotaciones peyorativas que el lenguaje misógino le ha conferido a lo largo del tiempo, el verdadero sentido de la palabra «comadre» es el de amistad. Creo que convendría resaltar algún ejemplo de la variedad y pluralidad de grupos de mujeres, como el de la tertulia feminista «Las comadres de Gijón», donde se puede combinar el debate, el compromiso, la política en su sentido más amplio, con la diversión, la alegría, la cultura, la gastronomía. «Buscábamos una nueva fórmula de grupos que sirvieran como elemento integrador de todas las tendencias y todas las inquietudes, debate», dicen las mujeres de Gijón.

Juntas hemos conseguido ensanchar el mundo. No hablo sólo del feminismo, ni del movimiento de mujeres. A veces, sin una conciencia explícita, se han producido igualmente pactos y rebeliones. El feminismo es también el conjunto de acciones a contracorriente, de rebeldías y afirmaciones que tantas mujeres llevan a cabo sin tener conciencia de ser feministas. Dolores Juliano señala que las mujeres de sectores populares, escasamente familiarizadas con las propuestas teóricas del feminismo, libran cada día la batalla de la supervivencia, obteniendo pequeños triunfos que nadie teoriza (mandar a estudiar a una hija, lograr un rol sexual satisfactorio, alcanzar autonomía económica...). Para conseguirlo negocian con los hombres y organizan redes de mujeres que funcionan como mecanismos de autoayuda. Muchas veces la eficacia depende de la invisibilidad. La sociedad patriarcal les permite ciertas cotas de poder si éste se disfraza de sumisión.

La citada autora recuerda que la autoafirmación de las mujeres ha apuntado siempre a la superación del aislamiento mediante la creación de redes de alianzas informales o no regladas: ayuda mutua en las tareas domésticas, compras conjuntas e intercambio de recursos con vecinas, visitas a enfermos, cuidado de niños... Este ámbito de las redes de solidaridad femenina es uno de los que se han deteriorado con el paso del mundo rural al urbano y de la vida tradicional a la moderna. La creencia según la cual la solidaridad de género sería mayor entre hombres que entre mujeres y la idea de que éstas compiten entre sí y se identifican con ellos supone, en su opinión, una importante distorsión del funcionamiento real de las estructuras sociales. La cooperación entre mujeres, lejos de ser un fenómeno marginal, constituye el eje mismo sobre el que descansa la supervivencia del sistema social. El fenómeno de la amplificación de los lazos de la familia nuclear en términos de asociaciones centradas en figuras femeninas es muy general en distintos lugares.

En la sociedad tradicional europea, continúa Juliano, madre, hija y abuela se intercambian bienes y servicios, pero no son las únicas muestras de colaboración

femenina, también han existido asociaciones extrafami-
liares cuyos ejes eran religiosos —conventos, cofradías— o
laborales —lavanderas, planchadoras, hilanderas—, re-
producidas en hermosos cuadros. El nivel de formaliza-
ción de las distintas asociaciones era diverso. Con el paso a la sociedad capitalista, al hacerse contractuales las
relaciones de producción, sigue la autora de *Las que saben. Subculturas de mujeres*, la diferencia entre las asociaciones masculinas con las específicamente femeninas se
acentúa. Mientras las agrupaciones formales adquieren
reconocimiento y se institucionalizan, las informales van
haciéndose cada vez más invisibles en una sociedad que
empieza a considerar trabajo sólo el que se paga y asociación sólo la que tiene una expresión contractual. En
estas últimas las mujeres recibían adiestramiento práctico y cierta preparación teórica de otras mujeres, algunas carente de reconocimiento social, como brujas o cu-
randeras.

Muchas tareas que posteriormente se han profesio-
nalizado y masculinizado, como la atención a la salud,
la preparación y conservación de alimentos y vestidos, el
cuidado y la ornamentación del cuerpo y de la casa, eran
tareas que necesitaban capacitación. Sólo cuestionaban
el *statu quo* social *indirectamente*, por el apoyo que se brin-
daban las mujeres de cada grupo para desarrollar sus proyectos, pero no por ello el reconocimiento mismo de la
existencia de asociaciones femeninas dejaba de producir
incomodidad intelectual en el mundo masculino.

La alianza entre mujeres, como vimos al hablar de la
misoginia en la Grecia arcaica, siempre ha estado mal vista. (Véase, por ejemplo, *El trabajo de las mujeres a través
de la Historia*, de Paloma González Setién *et al.*, sobre el
asociacionismo medieval, el campesinado femenino, la

integración restrictiva en gremios; los monasterios; las reuniones femeninas: aquelarres y brujas; y el desplazamiento hacia sectores marginales).

La estrategia de dividir para vencer ha sido aplicada sin cortapisas por los hombres. El fraccionamiento del colectivo de mujeres se ha impuesto históricamente, por un lado, a causa de la patrilocalidad (mujeres separadas de su familia de origen), y por otro, a causa de su confinamiento en el ámbito de lo doméstico, asignado en exclusiva a la mujer. Y todo ello unido a la elaboración ideológica que negaba la capacidad femenina para mantener vínculos entre ellas y desvalorizaba las relaciones que se establecían.

Por las redes de relaciones femeninas circulan no sólo el apoyo y la solidaridad, sino también competencia y rivalidades, como en todas las relaciones humanas. No es por su «armonía interna» por lo que merecen ser estudiadas, sino porque constituyen una parte tan significativa como negada de las relaciones sociales. Existen muchos estudios sobre el asociacionismo masculino, pero pocos sobre las redes femeninas, ya que resulta difícil abordarlas por la escasez de fuentes escritas, dice Dolores Juliano. Los trabajos recientes, aun interesantes, están centrados en organizaciones formalizadas. Pero las relaciones entre mujeres no se limitan sólo a vínculos institucionalizados, se dan de forma abierta, sin necesidad de enmarcarse en estructuras especializadas, como ya se ha señalado. Algunas investigaciones muestran que las mujeres de sectores populares disponen de redes de apoyo más amplias y mejor articuladas que las mujeres de ámbitos sociales medios y altos, y que las amas de casa suelen compensar su aislamiento profesional con redes de relaciones más extensas y más activas que las que desarrollan las mujeres que trabajan fuera de casa, concluye Juliano.

PACTOS Y ALIANZAS

Un concepto relacionado con lo que estamos tratando es el de la hermandad femenina y su diferencia con la fraternidad masculina. Para Susan J. Douglas la idea de que todas las mujeres eran «hermanas», unidas por sus experiencias como grupo oprimido más allá de cualquier frontera de etnia, clase, generación o geografía, fue el concepto más poderoso, más utópico, y, por lo tanto, más amenazador de todos los que propusieron las feministas de los años setenta del siglo XX.

Germaine Greer lamenta que no haya estudios serios dedicados a la investigación de relaciones entre «grandes hermanas» (Cassandra y Jane Austen, las hermanas Brontë, Christina y Maria Rossetti, Virginia Woolf y Vanessa Bell o las hermanas Mitford). Phyllis Chesler, en la obra citada, también se refiere a las hermanas Austen y Virginia Woolf y Vanessa Bell). En cualquier caso, afirma Greer, «las hermanas biológicas difícilmente continuarán unidas», porque «las mujeres nacidas en una misma familia la han abandonado al casarse y su relación primaria ha sido, a partir de ese momento, la de esposa, primero, y a continuación, la de madre». En realidad, afirma, la «hermandad» es una falacia: en el sistema patriarcal, la mujer no nace para ser hermana, sino para ser apartada de sus congéneres, para ser la subordinada de un hombre y para convertirse en madre. Louisa May Alcott presentó en *Mujercitas* (1868-1869) un estado de hermandad utópico. También acusa esta ausencia Shere Hite, y nos propone como arquetipo del «nosotras» el personaje de Alicia, de *Alicia en el país de las maravillas*.

Germaine Greer señala que en ningún momento de la historia, ni tampoco en ninguna sociedad de cierta relevancia, ha existido vínculo entre *hermanas* no biológicas, salvo en conventos u hospitales. La hermandad política siempre fue difícil y cuando comenzó a ganar terreno fue vilipendiada. El propio concepto de hermandad tiene distintas acepciones. Para Greer se querría designar una relación que uniría a una serie de iguales en una red de relaciones libres, pero sólidas, y que no reconocería líderes, ni impondría sanciones ni practicaría rituales específicos o secretos; carecería de jerarquías y se plantearía como algo diferente a los grupos formados por los hombres; se trataría de una relación clara y directa. Señala que si es cuestionable la idea de que la hermandad une a las mujeres por encima de todas las fronteras étnicas y de clase, todavía lo es más la afirmación de que vincula a las mujeres de distintas generaciones, ya que la comunidad de experiencias es la condición *sine qua non* de una verdadera hermandad. A pesar de estas afirmaciones, la autora citada estima que entre los adelantos que se han producido en los últimos treinta años figura el hecho de que la amistad entre mujeres se considera ahora como un tema serio y un valor afianzado que forma parte de sus vidas. Se trata con mayor seriedad las vicisitudes de la amistad. Solamente si la hermandad es auténtica podrá llegar a ser poderosa. Estamos en ello, concluye. Creo que es cierto. Un grupo de mujeres ya no es un grupo devaluado.

Celia Amorós nos recuerda que los poderes patriarcales implican pactos explícitos e implícitos entre hombres juramentados. Los frates, los hermanos, pactaban. El primer pacto masculino consistió en excluir a las mujeres de la fratría, el núcleo de las relaciones de alianza entre hombres basada en el monopolio del poder. El pasaporte para ingresar en ella era la alianza sustentada en el sexo. Así, según esta concepción, la fraternidad, que hoy se ha convertido en un valor de la moral pública, sólo se debería dar entre hombres. En el originario pacto masculino, no lo olvidemos, también había jerarquías y se reproducía la dialéctica dominador-dominado en función de variables como la clase, la etnia u otras. Pero lo que aquí nos interesa es recalcar que como consecuencia del pacto original, la mujer fue reducida a la condición de bien apropiable e intercambiable y le fue negada su categoría de ser humano; fuimos calificadas de idénticas e indiferenciadas, y se impidieron las alianzas entre nosotras que podrían amenazar el poder masculino, según los planteamientos intelectuales que dieron lugar a la misoginia y al sexismo, como ya vimos. En todas las culturas nuestro ámbito era el de la *pureza*.

La *pureza* como mandato, como obligación, es una respuesta religiosa (en el mundo cristiano occidental, la pureza imitable es la Virgen María) y una respuesta social (la vírgenes paganas, en Grecia o Roma). La pureza es una virtud moral y una virtud sexual, pero sobre todo es el método para alejarse del mundo y no participar en él: frente a pureza, contaminación. La mujer pura es la que no se ocupa del mundo, permanece ajena a la sociedad: está en casa, no tiene vecinas, ni amigas, ni se contamina con el teatro, ni las novelas, es beatífica y se entrega por entero al cuidado de su marido y sus hijos.

Ellos decían lo que éramos, lo que teníamos que hacer, nos clasificaban en buenas o malas. En épocas más cercanas, esta negación se tradujo en la exclusión femenina del concepto de ciudadanía. Se nos prohibió que nos aliásemos para hacer frente a la marginación y la violencia, que planteáramos asuntos a la colectividad. Siempre, a lo largo de los tiempos, se ha obstaculizado cualquier tipo de alianza que pudiera debilitar el poder varonil; por eso nuestra experiencia en este terreno es escasa. Éramos apartadas o disuadidas de alianzas entre nosotras para mantener el aislamiento y la quietud en el rol previsto y para ello, como veíamos, se fomentaba la rivalidad. Desde el modelo tradicional, los hombres estaban muy interesados en asegurar nuestro desencuentro. Sí se nos permitía, en cambio, juntarnos para custodiar la tradición, para compartir el sufrimiento, pero no para salir de él. Desde la identificación con esta ideología resulta muy complicado que las mujeres colaboremos unas con otras.

Sin embargo, Celia Amorós señala que o aprendemos a hacer pactos y a soldar ladrillos en los espacios fuertemente estructurados de la vida política y social o nuestra historia seguirá siendo la del muro de arena. Salimos de forma intempestiva por donde oscuramente entramos sin dejar rastro, afirma.

Cualquier discrepancia con respecto al *deber ser* se convierte en traición a nuestro género, y son las mismas mujeres en muchos casos quienes lo señalan. Nos han enseñado a ser intolerantes con las diferencias.

El pacto que nos interesa es distinto al que han anudado los hombres. El objetivo es la reconstrucción de un mundo maltrecho y la aportación de formas de entendimiento que no tengan que ver con la exclusión, la lucha, la venganza o la guerra. De ahí el interés de impulsar la ética y la ideología de las alianzas entre todas las mujeres.

Pero a pesar de sus esfuerzos, el control parece estar yéndosele de las manos al «padre». Como dice Elena Simón, les hemos arrancado derechos, espacios, usando tácticas y estrategias que resquebrajan el universo simbólico de las relaciones de poder establecidas. Se han reforzado nuestros lazos, aunque todavía son frágiles y permanecen bajo la amenaza de las negaciones masculinas. Recordemos que Elena Simón nos propone el pacto con cada una de nosotras, intrapsíquico, intragenérico e intergenérico. Ya hemos apuntado en otras páginas que no podremos encontrarnos mutuamente, en armonía, ni colocarnos al lado de los varones en pie de igualdad, si ignoramos de dónde venimos y no sabemos transmitir lo aprendido, de alguna manera, a las generaciones más jóvenes. Para alcanzar el compromiso ético entre nosotras que sirva de base a una nueva forma de estar en lo público y lo privado es necesaria una cierta sintonía, desplegar las antenas, fundamentar alianzas. Necesitamos, continúa Simón, reconstruir nuestra genealogía y pactar entre nosotras de manera expresa y consciente o de forma espontánea y tácita para averiguar lo que nos une y lo que nos separa. Aunque no existen mujeres liberadas, sí hay mujeres conscientes de las desigualdades que empiezan a construir su propia identidad, resistiéndose a las máquinas de homogeneizar, a las instituciones que no las contemplan como miembros de pleno derecho. Los lazos de reconocimiento que desarrollamos, no obstante, no están exentos de tensiones por falta de referentes, entre otras razones.

Aliarse supone reconocer la diferencia y el derecho al disenso. Las alianzas se establecen con quienes son diferentes, no con quienes son idénticos; se sellan entre los que existen ciertas coincidencias, aunque éstas sean parciales. Una de las grandes aportaciones del feminismo consiste en que en él ha prevalecido la capacidad constructiva sobre la destructiva, el derecho a discrepar frente a la uniformidad, lo que constituye una gran aportación.

Hoy tenemos capacidad para definir desde dónde nos aliamos, para qué, con qué objetivos, es decir, para elaborar alianzas sin que hayamos de partir de supuestos acerca de cómo ha de ser esa colaboración o pacto, planteando alternativas propias y considerando las de las otras, valorando las coincidencias. Hay alianzas silenciosas u ocultas, expresas y pactadas. Tenemos ante nosotras el reto de saber cómo manejarlas todas.

Celia Amorós llama a los pactos explícitos «pactos sellados o juramentados» y a los implícitos, «pactos seriados». Los ejemplos de pactos seriados entre mujeres son más abundantes, pero se refieren frecuentemente a actividades de cooperación doméstica o son una vertiente externa del papel de madre y esposa, se sellan entre vecinas o mujeres de la familia, en momentos difíciles (antes veíamos cómo estas prácticas han ido disminuyendo en la medida en que la sociedad rural pierde peso).

Podríamos citar muchos de estos pactos seriados, a menudo ignorados o minusvalorados en su verdadera función social; entre ellos, la costumbre muy extendida en América Latina de la olla común (recuerdo que me la explicaban un grupo de mujeres indígenas en Perú, al igual que me hablaban de la campaña del vaso de leche: se trata de aunar y compartir los escasos recursos); a otro nivel, se producen movimientos como los de madres de desaparecidos en países de régimen dictatorial o de madres de toxicómanos.

Un grupo de estas últimas, cuando acudieron a recoger un premio que les habían otorgado, en Valencia, nos conmocionaron con el relato de su sufrimiento constante, nos hablaron de cómo llegaban a sentirse culpables de la drogadicción de sus hijos, su impotencia... Se trataba de la Asociación de Mujeres Antígona. «A veces sueñas que todo es una pesadilla, estás tan cansada que sería un dulce alivio dejarse morir. Pero de nuevo algo te dice: "sigue, sigue...". [...] Se nos olvida la sonrisa. La alegría familiar ha desaparecido y en su lugar sentimos un permanente nerviosismo; se instala en nosotras el atroz sentimiento de culpa. ¿Qué hemos hecho tan mal? No hemos sabido educarles. ¡Les hemos fallado! Y como madres asumimos la doble culpabilidad, porque les disculpamos, les defendemos, les tapamos lo malo para evitar más broncas y peleas. [...] Y así, sin perder la esperanza, seguimos nuestro peregrinar, buscando respuestas a esta sinrazón de vida; y nos cogemos a un clavo ardiendo, atentas a todos los programas de tratamientos y desintoxicación, públicos o privados. Vamos de un lado a otro buscando una salida en este túnel que parece no tener final. [...] Hemos contado tantas veces nuestras vidas, que nos quedamos desnudas de intimidad. [...] Hoy, ya sólo queremos seguir siendo fieles al compromiso que, desde la cuna, tenemos con nuestros hijos. El día que sus ojos nos miraron por primera vez, quedamos enganchadas para siempre. ¿Cómo dejarles en la calle, si fuimos nosotras quienes les trajimos a este mundo en donde andan perdidos?».

Después de sus veinticinco años de lucha, han aprendido a liberarse de su «sentimiento de culpa, a poner orden en tanto dolor acumulado, a ser solidarias entre nosotras, alegrándonos y celebrando el más mínimo avance de normalidad en ellos [en sus hijos]». En esta asociación, como en otras, la comunicación es esencial: «Sabemos cómo nos ayuda el hecho de que mujeres y hombres compartamos lo bueno y lo malo de nuestras vidas». Se trata de sobrevivir.

Amelia Valcárcel considera necesaria la formación de una voluntad común bien articulada, que sabe de sí, de su memoria y de los fines que persigue, imprescindible la iluminación de los mecanismos sexistas de la sociedad civil, el mercado y la política y la resolución del déficit cualitativo que, en el momento presente, es una vergüenza para la razón. Pertenezcan al espectro político que pertenezcan, las mujeres presentes en lo público tienen el deber de pactar, como nos recuerda Valcárcel, para establecer una agenda de mínimos, al menos. Especialmente interesante fue la alianza multipartidista entre las mujeres noruegas, que finalmente accedieron al Gobierno de forma masiva. Gro Harlem Brundtland fue la primera mujer que presidió el gobierno de Noruega, a partir de 1981. Una de sus labores más importantes en el plano internacional fue su defensa del medio ambiente. El ejemplo de las mujeres noruegas nos sirve de referencia, pero además, Gro Harlem es siempre citada como una líder comprometida con el feminismo, el liderazgo transformacional, al igual que la presidenta de Irlanda Mary Robinson.

La conciencia de que tiene que haber mujeres en todas las instituciones avanza, se articulan medidas de acción positiva, y se extienden las aspiraciones a la paridad, a la democracia paritaria —cuotas, etc.— encaminadas a lograrlo, con el compromiso de los partidos de izquierdas. Alessandra Bocchetti insistía en la necesidad de integrarnos en la acción política: «[Es imprescindible] que las relaciones entre mujeres trasciendan el nivel de las relaciones personales, amistosas, familiares y comiencen a hacer *polis*». Se trata de plantear la política de las mujeres, con las mujeres, partiendo no de lo que le falta a las mujeres, sino de lo que las mujeres tienen, desde el orgullo.

En *Política feminista y democracia paritaria*, Rosa Cobo insistía en crear (y apoyarse) en una «red de pactos» efectiva y con estrategias y objetivos políticos comunes. «El reto del feminismo es crear una conciencia colectiva entre las mujeres, entre aquellos sectores sociales y grupos políticos con quienes establezca alianzas y entre la población en general». El objetivo de los pactos entre mujeres, dice la autora, debe ser «la construcción de un espacio político feminista». La diversidad y la complejidad de los intereses ideológicos de las mujeres constituye un obstáculo; sin embargo, el espacio común feminista debe convencer a la sociedad (y a los Estados) de la necesidad de un nuevo reparto de poder. Un primer paso es, según Carole Mueller, mostrar las identidades colectivas, hacerlas públicas, para que puedan ofrecerse como valores políticos eficaces. Un aspecto relevante en este sentido es el uso que se hace de los discursos feministas: en general, «cuando las identidades colectivas se hacen visibles y autónomas, están sujetas a los intentos de distorsión y marginalización por parte del Estado, los medios de comunicación y los contramovimientos».

En política se plantea el juego de las lealtades (recuerdo los problemas de la llamada «doble militancia» en el movimiento de mujeres, sobre todo en la transición española y en los inicios de la democracia). Estamos desarrollando vínculos de reconocimiento y legitimación recíproca, creando también un cierto clima, una mayor sensibilidad. Se trata de no perder lo ganado. En Pekín + 5 se consolidó lo conseguido. Recordemos que la Sesión Especial de la Asamblea de Naciones Unidas del 10 de junio de 2000 se denominó Pekín + 5, en alusión a la Conferencia sobre la Mujer de Pekín, en 1995, cuyos acuerdos fueron revisados y ampliados. Se trataron el aborto, los servicios de salud sexual, familia.

La globalización también tiene repercusiones en el movimiento de mujeres. ¿Quién debería participar en el discurso feminista global?, se pregunta María José Guerra. La citada autora insiste en la necesidad de «habilitar modelos pragmáticos reales» que aborden las desigualdades de poder sin limitaciones. «No hay que cerrar las vías al diálogo identificando a una comunidad con su sección más conservadora o con su élite dominante, casi siempre masculina», señala. Pero «es necesario evitar tanto el síndrome de la misionera, que acaba pontificando sobre lo que no entiende, como la indiferencia del "aquello no va conmigo" que cultiva el prejuicio culturalista», sin renunciar a cuestionar las prácticas de otras culturas al tiempo que permitimos que se cuestionen las nuestras. «No hay ni comunidades puras ni identidades puras», destaca, como consecuencia del fenómeno globalizador, por tanto la alianza entre mujeres occidentales y no occidentales es posible. «Así, creo, se comienza a reescribir, sumando textos y voces distintas, la solidaridad femenina en tiempos globales», concluye.

Somos ciudadanas en el mundo: nuestras compañeras se han unido por encima de la guerra en Europa central; mujeres palestinas y judías han creado redes comunes. Es necesaria la alianza transnacional. La voluntad de eliminar fronteras entre las mujeres nos importa. No somos altruistas: si ellas pierden derechos en el mundo global, el umbral de la inferioridad femenina crece.

ENREDADAS COSMOPOLITAS

La informática ya no se ocupa de los ordenadores sino de la vida misma, dice Negroponte. Es un cambio de cultura, una cultura nueva. Hoy las cosas del mundo funcionan en red. Es una capacidad, una disposición a estar abiertos permanentemente al cambio. Hay ejemplos notables de la importancia de la Red —transmitiendo información y protestas, recogiendo luchas por la dignidad y la vida— en la defensa de las mujeres, por ejemplo, las campañas que se desarrollaron en defensa de las mujeres afganas denunciando su situación y apoyando sus asociaciones. Conectadas, moviéndonos en la Red en femenino podemos protestar, reivindicar, practicar la solidaridad con las mujeres en cualquier parte del mundo. Y además, discutir, charlar, conocernos, divertirnos, querernos. La Red es un espacio sin jerarquías en la que encontramos informaciones a veces difíciles de obtener si no fuera por las *enredadas* que te hacen llegar sus preocupaciones y participaciones en foros diversos.

Uno de los ejemplos más interesantes es *Mujeres en red* (www.nodo50.org/mujeresred), donde puede encontrarse información sobre la situación y la lucha de las mujeres país por país, información sobre temas de interés (aborto, desarrollo y género, discriminación sexual, ecología y feminismo, literatura, inmigración, paridad, violencia, multiculturalismo, sindicalismo, hombres profeministas, coeducación, etcétera), noticias, campañas («Tolerancia cero en violencia de género», por ejemplo), agenda de actividades (cursos, conferencias, talleres, seminarios, debates, presentaciones, etcétera), instituciones en España y links (enlaces con otras páginas web), foros, etcétera.

Las nuevas tecnologías de la comunicación ofrecen la posibilidad de incrementar la interacción entre personas, sectores sociales, países y regiones a escala planetaria. Estas tecnologías, democráticamente utilizadas, son instrumentos poderosos que podrían afianzar avances civilizadores, tales como la igualdad entre los géneros, como se señaló en el documento presentado por el Área Mujeres de la Agencia Latinoamericana en Pekín, 1995 (la Conferencia Mundial aludida). Se dice que se acabó la tecnofobia. Parece que el 50 por ciento de los usuarios de la Red son mujeres, pero realmente la cifra es difícil de precisar, ya que en Internet se puede elegir el sexo, la personalidad o la identidad que se desee. También esto forma parte de su atractivo, el anonimato, la posibilidad de elegir otra personalidad o personalidades. Desde hace tiempo las mujeres están utilizando la Red para su *empoderamiento*. Existen numerosos enclaves para mujeres en la Red. Nos conviene intensificar nuestra presencia en toda ella; muchas internautas opinan que, de lo contrario, el ciberespacio se convertirá en otra vía para perpetuar los estereotipos negativos sobre las mujeres (y los hombres) o incluso también para nuestra discriminación y marginalización.

Remedios Zafra se plantea la pregunta de qué aportes diferenciales puede ofrecer la tecnología y concretamente Internet al campo político, social y económico de la mujer, sin marcar falsas huellas. Aunque persista la idea de la tecnofobia, hay nuevos caminos de acción y opinión y también nuevas prácticas artísticas, pero no nostálgicas, que están siendo mediadas por las tecnologías. Nos encontramos en esos hábitats desjerarquizados, *interfaceados* (ser por otro), reversibles.

Por cierto, se está produciendo un complejo discurso estético que integra formas de ver divergentes, que utiliza nuevos espacios y tecnologías digitales, interactivas, se producen combinaciones de vídeo, ordenador, sonido, cine, fotografía… Hablo de mujeres artistas como

Cindy Sherman, Nan Goldin, Mary Kelly, Judy Chicago, Miriam Shapiro, las subversivas Guerrilla Girls, en otro ámbito, mis amigas españolas Cristina Iglesias, Carmen Calvo, entre otras espléndidas artistas. Y se realizan exposiciones que tienen la masculinidad y la feminidad como referente, con una importante presencia de ciertas violencias, como la celebrada en el Centro Georges Pompidou de París: «Feminimasculin. Le sexe de l'art». Se habla incluso de la feminización de la cultura. Hay un evidente pluralismo estético, y se generan interesantes debates en torno al feminismo y la producción artística. Destacamos entre varios textos interesantes *Nueva crítica feminista del arte*, editado por Kate Deepwell, como decisión de las feministas de trabajar juntas y forzar el cambio de un mundo hostil que funciona dentro de los tradicionales límites masculinos, condicionados por la misoginia, la intolerancia y las estructuras sexistas de pensamiento y práctica.

Hay una multiplicidad de voces, muchas, como diría Griselda Pollock, en un compromiso continuo con una revolución que no valga sólo para las mujeres, ejecutada desde la disidencia de lo femenino. En muchas artistas coincide una actitud crítica frente al mundo. Se busca deconstruir las representaciones, los modelos tradicionales del cuerpo femenino, la sexualidad, la raza, la vejez, la enfermedad, la muerte. Se trata de un nuevo discurso que intenta superar el sexismo sin reemplazarlo por su simple contrario, proponiendo *her-stories*, desmontando los grandes mitos de la cultura. Hay una interesante síntesis de estas visiones realizada por Alicia Murría en *Mujeres que hablan de mujeres*.

Pero volvamos a lo que nos ocupaba. Vamos ganando terreno, pero la desigualdad en la Red no puede analizarse sin tener en cuenta lo que sucede fuera de ella. La diversidad es una característica de la comunidad de mujeres conectadas. El espectro se abre de manera casi ilimitada: mujeres empresarias, organizaciones feministas, herramientas telemáticas pensadas para las féminas. La lista es casi infinita y quien se aventura en una travesía femenina por la Red puede enterarse de los innumerables recursos con que las mujeres cuentan. Algunos buscadores, como www.femina.com y www.women.com, recogen y catalogan material que interesa a las mujeres, de las artes a la maternidad.

Entre los *sitios* que realizan una encomiable labor se encuentra Women's Human Rights Net (www.whr-net.org), cuyo objetivo es la defensa de los derechos humanos de las mujeres a través de las tecnologías de la información y la comunicación, organizado por una coalición internacional de organizaciones de mujeres. Las organizaciones promotoras, más de veinte, son parte del movimiento global por los derechos humanos de las mujeres que ha ido creciendo progresivamente desde la Conferencia Mundial de Derechos Humanos (Viena, 1993) y la Conferencia Mundial sobre la Mujer de Pekín varias veces ya mencionada. Proporciona acceso a información fiable, actualizada y orientada a la defensa y el avance de los derechos de las mujeres. Es un centro virtual, en suma, de recursos informativos que contiene estrategias de defensa, capacitación e investigación. En nuestro país también existen ejemplos magníficos de *sitios* relacionados con la mujer: el citado Mujeres en red, hiperactivo y solidario; otros más específicos, como www.solo-mía.com (a partir de la película de Javier Balaguer *Sólo mía*, con *links)*, y www.fundaciónmujeres.es (ONG) dedicados especialmente a la defensa y apoyo a las mujeres maltratadas, o www.creatividadfeminista.org. También me gustaría destacar la interesante iniciativa del portal Eleusis, "La ciudad de las mujeres" en la red (www.e-leusis.net). Al hacer un viaje por Internet en esas zonas donde las *geek* (un o una *geek* es quien permanece la mayor parte de su tiempo frente a un monitor) y lo femenino se aúnan comienza a visualizarse algo parecido a un feminismo de nuevo cuño: las *grrrl,* las chicas, necesitamos módems.

Es clásica la distinción entre *girl* y *Grrrl:* la chica *(girl)* «se traga todas las mentiras y toda la mierda que le sirven a través de la tele, las revistas, la religión y sus padres, financiadas por las grandes empresas o el gobierno. Las *Grrrl* no se dejan engañar» (Jasmine en *Sawtooth;* recogido en *La mujer completa* de Greer).

Hay un grupo de jóvenes mujeres (herederas del *punk* y de las *grrrls)* que se desmarca de la tradición feminista y sobre el que cabe reflexionar. Lo explican así (en *The Guardian,* citado en el libro de Greer): «El feminismo no está acabado y no ha fracasado, pero es necesario que aparezca algo nuevo: la chica rompedora. El feminismo nos enseñó a ser más reflexivas y a descubrir la opresión, pero ahora se ve reducido constantemente a actuar a la defensiva y de manera reactiva. La chica rompedora es ofensiva y activa, jamás se siente culpable y nunca se justifica. No tolera las restricciones ni las actitudes sexistas. La próxima vez que un tipo te toque el culo, tenga una actitud prepotente, diga pestes de tu cuerpo y, en general, te trate como a una basura, olvídate de todas las consideraciones morales, olvídate de que le han inculcado el patriarcado y él también es una víctima, olvídate de los razonamientos y el debate. Simplemente, déjalo seco, al cabrón». Esta posición radical es más frecuente de lo que parece: las jóvenes de Barbie Killers o Dover cantan: «¡Eres tan idiota y tu ego es tan grande! Ya te he esperado mucho tiempo y, la verdad, no puedo soportar tu cara»; o transforman la antigua «¿Dónde pusiste, mi amor, la esperanza que puse en ti?» por «¿Dónde pusiste, cabrón, la esperanza que puse en ti?». La cantante Kathleen Hanna, enfrentada en su día a Courtney Love, fue una de las inspiradoras del colectivo Riot Grrrl. Algunas de estas chicas van más allá: prueban su resistencia con el alcohol y las drogas, no sostienen ninguno de los parámetros tradicionales, desprecian la sociedad patriarcal y, de paso, a la sociedad entera, utilizan la violencia y son sexualmente agresivas. Son las «chicas malas» y consideran un compromiso escaso el feminismo convencional y dialogante. Responden a la agresión con la agresión. Son especialmente activas en Inglaterra y en Francia, y no escasas en España.

Donna Haraway plantea el concepto de *cyborg* —ser híbrido entre organismo y máquina— como una propuesta de abolición de fronteras entre lo sexos, tesis que se ha cuestionado desde sectores diferentes, más interesados en la contribución de las tecnologías de la información al cambio social y la mejora de las condiciones de vida de las mujeres. «El/la *cyborg* se sitúa decididamente del lado de la parcialidad, de la ironía, de la intimidad y de la perversidad. Es opositivo/a, utópico/a, y en ninguna manera inocente. [...] Prefiero mil veces ser una *cyborg* que una diosa», dice Haraway.

Para la feminista australiana Renate Klein lo interesante es averiguar cómo será el ciberfeminismo. ¿Un feminismo del corazón, como decía Zelda d'Aprano, que promueve la justicia, la dignidad por encima de todo, el estar a salvo de todo tipo de violencia? ¿Es la estrategia que necesitamos ahora? En esta globalización en la que las mujeres hemos sido convertidas en invisibles y en la que los ricos cada vez son más ricos y los pobres cada vez más pobres, ¿quién tiene el poder?, ¿quién quedará excluido?, ¿nos beneficia la no-corporalidad?, ¿el cibersexo? Y se contesta que para que el ciberfeminismo sea útil a las mujeres —en todo el mundo, como grupo social— debe tener en cuenta las prácticas y teorías que conectan con la vida cotidiana de las mujeres «reales» normales. Pero no olvidemos algo que nos conviene, como dice Sadie Plant: cuanto más inteligentes sean las máquinas, más liberadas estarán las mujeres. La postuladora del ciberfeminismo cree, además, que éste tiene que ver con la alianza que se está desarrollando entre las mujeres, las máquinas y las nuevas tecnologías. Piensa que hay una conexión íntima y quizá subversiva entre las mujeres y las máquinas, especialmente con las máquinas inteligentes. Ni unas ni otras trabajan ya sólo para los hombres. Incluso llega a firmar que el movimiento ciberpunk, con toda la cultura tecnocaótica que genera, está provocando nuevos pensamientos y actitudes, como la participación de los hombres en la Red de una forma femenina. No cree que las chicas sean tecnófobas, aunque han sido o son educadas para evitar la interacción con la tecnología. Hoy en día crecen rodeadas de tecnología y ésta ya no es algo nuevo para ellas.

Sadie Plant se pregunta: ¿cuál es la relación que establecen las mujeres con las tecnologías informáticas? ¿Cuántas acceden a Internet? ¿Para qué uso? ¿Qué grado de satisfacción les proporciona? ¿Que imágenes de género deberían mostrar en su vinculación con los medios de comunicación? ¿Qué avances están realizando las mujeres en el mundo empresarial mediante el uso de las nuevas tecnologías? ¿Qué relaciones y estrategias efectivas de las empresarias e investigadoras deberían establecerse para optimizar el desarrollo? ¿Tienen las mujeres valores diferentes a los varones? Muchas preguntas sin respuesta aún. No obstante, coincido con Itziar Elizondo cuando afirma que, en cualquier caso, entre el ciberentusiasmo y el ciberescepticismo, tenemos que estar en él y extender nuestra capacidad de influencia.

Voy a concluir con una pionera, y no sólo para reconocer la autoridad entre nosotras, sino como siempre para potenciar un justo y debido reconocimiento en el mundo científico, en el saber oficial. Cumple varios propósitos: es un referente histórico y contribuye a la construcción de nuestra genealogía. Me refiero a Ada Byron. La brillante y poco conocida hija de Lord Byron, nos cuenta Itziar Elizondo, creció en un ambiente denso y aislado, profundamente influenciada por su madre, una mujer que tenía fama de culta (en las mejores épocas, Lord Byron la llamaba «princesa de los paralelogramos»), hipocondriaca y neurótica.

Ada creció rodeada de libros y de juguetes mecánicos, aislada también porque padecía enfermedades de diagnóstico dudoso. Lánguida y creativa, pronto se sintió fascinada por la ciencia. Desafió a la moral victoriana frecuentando los ambientes científicos, ideando, investigando. Pronto conoció a un amigo de su padre, Babbage, el inventor de la «máquina analítica», precursora de los ordenadores actuales, con el que colaboró, estrechamente, intercambiando investigaciones, proyectos y amistad. Se casó con un aristócrata y tuvo una agitada vida sentimental. Murió víctima de un cáncer a los treinta y seis años. La suya fue una vida intensa y compleja.

Una curiosidad final: Byron, recién nacida Ada, pasó una temporada veraniega con los Shelley, amigos suyos, y cuentan que conversaron intensamente sobre la posibilidad de crear y fabricar criaturas con vida propia, autómatas con poderes similares a los de los humanos. Al poco tiempo Mary Shelley alumbró *Frankenstein*.

Como homenaje a Ada Byron, primera programadora de la historia, se dio su nombre a uno de los más avanzados lenguajes de programación, el utilizado por unos ordenadores expertos y temibles: los del Departamento de Defensa de Estados Unidos.

Mujeres construyendo paz

Cada vez hay un mayor número de mujeres en el centro de los conflictos violentos. En las guerras por razones étnicas o religiosas las mujeres son víctimas directas y deliberadas de asaltos sexuales, violaciones. Pero no son sólo víctimas, ellas están tomando iniciativas en muchos lugares. En el norte de Irlanda las mujeres católicas y protestantes han elaborado proyectos conjuntos, construyendo confianza y cambiando las actitudes en favor de la paz. Hay otros magníficos ejemplos en Sudáfrica, Israel, Guatemala, Colombia, Camboya, Kósovo. Sin embargo se ha hecho poco para proteger los derechos de la mujer o asegurar que tengan las mismas posibilidades de acceder a los recursos políticos, económicos y sociales que los hombres. Cuando llega el tiempo de las negociaciones de paz al máximo nivel, las mujeres son excluidas y marginadas. Sus esfuerzos permanecen invisibles. Están *desempoderadas* y son menospreciadas.

El Premio por la Paz, The Millenium Peace Prize for Women organizado por International Alert, es una parte de la campaña de las mujeres constructoras de la paz. Tiene como finalidad cambiar y transformar este *statu quo*. Se trata, según el manifiesto, de incluir a las mujeres en las negociaciones para la paz, situar a mujeres en el corazón de la reconstrucción y la reconciliación; de fortalecer la protección y representación de las mujeres refugiadas y desplazadas; de acabar con la impunidad de los crímenes cometidos contra las mujeres. De darles a ellas y a sus organizaciones los recursos y el soporte que necesiten para construir la paz.

Me gustaría hablar de ellas. Conocerlas, recordarlas, homenajearlas. Son mujeres del siglo XXI, inteligentes, generosas, valerosas.

En 2001, el Parlamento Europeo otorgó a las mujeres israelíes y palestinas el Premio Andrei Sajarov por su lucha en favor de la paz. Nourit Peled recogió el galardón: ella es profesora de la Universidad de Jerusalén y junto a varias decenas de mujeres vestidas de luto dio comienzo al movimiento Mujeres de Negro en 1988. En 1987 su hija de catorce años fue víctima mortal de una bomba que colocaron los palestinos radicales (Hamás) en una céntrica cafetería de Jerusalén. «A mi hija la mató también el gobierno intransigente de Netanyahu, que se negó a negociar la paz con los palestinos», afirmaba.

Mujeres israelíes, palestinas y estadounidenses participaron en aquellas primeras protestas contra la ocupación de Cisjordania y Gaza.

La iniciativa de las Mujeres de Negro se extendió rápidamente y muy pronto otras mujeres asumieron la necesidad de enfrentarse a la violencia. El movimiento prosperó en Belgrado, en 1991, cuando mujeres de todas las nacionalidades y religiones en conflicto (Serbia, Bosnia, Croacia, Kósovo y Montenegro) se unieron para protestar en silencio y públicamente contra la guerra, denunciando a los cabecillas de la violencia y criticando el papel de los cascos azules de la misión UNPROFOR. Entre otras actividades, desarrollaron redes de apoyo para los desertores y denunciaron las consecuencias de la guerra, en todos los sentidos y especialmente por lo que tocaba a las mujeres de los países o territorios enfrentados. «Recordar lo que ha ocurrido en esta guerra [Guerra de los Balcanes] representa una forma de resistencia a ésta y a todas las guerras; ello también significa no aceptar el olvido de los crímenes cometidos contra las mujeres y la población civil en general y, a la vez, es la resistencia contra la historia patriarcal y militarista que anula tanto la memoria como la vida de la gente. Los militaristas que, a las órdenes de los regímenes, escriben la historia imponen el olvido sobre su propia responsabilidad por la guerra y, al mismo tiempo, pretenden borrar la memoria y los testimonios sobre la solidaridad de las personas durante la contienda, sobre la solidaridad de mujeres en la guerra».

Las Mujeres de Negro son la representación más vigorosa del feminismo y el antimilitarismo. En las manifestaciones participan exclusivamente mujeres, habitualmente vestidas de negro, y permanecen en silencio en lugares públicos, en concentraciones o vigilias no violentas. El negro es el color con el que demuestran la resistencia y el desacuerdo con las políticas de guerra. Antes recordábamos el silencio como estrategia. Ellas escogieron el silencio: significa que ya se ha hablado demasiado y sin ninguna utilidad. En la actualidad, están presentes en muchos países (Próximo Oriente, el Golfo, los Balcanes, Sudán, Afganistán, Serbia, Azerbaiyán, Colombia o Kosovo), defendiendo sus proyectos pacíficos, cada grupo en su país y apoyando las empresas de compañeras en otros lugares y en muchas ciudades del mundo. También se manifestaron contra el embargo a Irak. En el Estado español se han constituido diferentes grupos de Mujeres de Negro para dar voz en España a la protesta de las mujeres yugoslavas, las cuales, a su vez, apoyaron públicamente la insumisión a este lado de Europa. En Valencia son realmente ejemplares. No es fácil averiguar cuántas son, pero se las puede ver reunidas —de viernes a domingo— en más de 1.200 ciudades en todo el mundo. Como prueba del sentimiento que une a estas mujeres, he aquí una carta que las Mujeres de Negro de Belgrado enviaron a las mujeres argelinas, en marzo de 1996: «Ni vosotras ni nosotras hemos podido parar la guerra, pero tampoco hemos caído en la trampa de la impotencia. Tanto vosotras como nosotras estamos transformando la indignación en acciones no violentas. Ampliamos la red de solidaridad entre mujeres, la red de amistad y la ternura. Ampliamos la red de contrainformación y nos oponemos al sistema nacionalista, integrista y militarista». Se despedían así: «Paz, solidaridad y cariño de vuestras amigas».

El movimiento de las Mujeres de Negro de Belgrado ha sido uno de los más activos: han publicado informes, boletines y libros, y han organizado actividades para llamar la atención del mundo sobre las atrocidades cometidas contra civiles durante la Guerra de los Balcanes, poniendo énfasis en las violaciones y la esclavitud sexual, utilizadas como táctica de guerra. Las Mujeres de Negro han trabajado con todos los grupos étnicos y han pedido justicia para las víctimas de los abusos, han fomentado campañas para la objeción de conciencia y han ofrecido su ayuda a los refugiados. Desde su primera protesta pública, en octubre de 1991, las Mujeres de Negro de Belgrado han organizado más de cuatrocientas concentraciones y actos antimilitaristas y fueron las primeras en contestar el régimen dictatorial y violento de Milosevic. Actualmente mantienen grupos de información y fomentan la relación con otras asociaciones a favor de la paz. Aunque el régimen de Milosevic cayó en octubre de 2000, ellas continúan reuniéndose y realizando actos de protesta contra la cultura de la violencia y el militarismo en Serbia.

«Las mujeres de negro son mis heroínas», afirmaba Leonor Taboada, «porque con su visión política y sus acciones están creando las bases para la vida sobre las cenizas de la violencia, una alternativa política internacional para que un día las mujeres contemos a la hora de evitar que los conflictos humanos degeneren en guerras, que es el residuo patriarcal por excelencia». Y Stefa Markunova les dedicó sus versos:

«Mujeres de negro son la vida,
y nunca la vida puede perdonar a la muerte».

El pacifismo aparece finalmente como una de las características de los movimientos feministas modernos. De hecho, muchos de los grupos de Women in Black (Mujeres de Negro) han sido impulsados por feministas o activistas del pacifismo. Los objetivos principales son promover la paz y la justicia, declararse solidarias con las víctimas de la violencia en otros lugares y educar a la sociedad en general, y a las mujeres en particular, contra la guerra y la violencia. Con frecuencia se citan las palabras de Virginia Woolf: «Quizá nosotras, las mujeres, más cerca de la vida porque damos vida, difícilmente podremos identificarnos con una concepción de la naturaleza o de la historia que busca el progreso y el desarrollo de la vida mediante la muerte». Una abogada moderna, Elina Guimaraes (fundadora de la FIFCJ, Fédération Internationale des Femmes de Carrières Juridiques), afirmaba, en el mismo sentido: «El pacifismo es uno de los aspectos más característicos y tal vez menos conocidos del feminismo». Y recoge el testigo de Woolf: «Instintiva-mente, las mujeres tienen horror a la guerra, pues aquellas que transmiten la vida no pueden sino odiar lo que la destruye».

La institución del Premio Millenium de la Paz hace justicia a cientos y miles de mujeres que luchan contra la violencia en el mundo. Es un galardón que se otorga exclusivamente a mujeres o grupos de mujeres que han desempeñado un papel importante en el desarrollo y fomento de la paz en distintos lugares del mundo. El Premio Millenium de la Paz, creado por UNIFEM (Fondo de las Naciones Unidas para el Desarrollo de la Mujer) e International Alert (ONG pacifista del Reino Unido), forma parte de un programa más amplio (Women Building Peace Campaign), que fomenta y premia la participación de las mujeres en la construcción de la paz. Los promotores de la iniciativa pretenden destacar y apoyar el papel activo de la mujer en el desarrollo de la paz, invirtiendo la tendencia habitual de los gobiernos a despreciar su opinión o, como mucho, a considerarla víctima de los conflictos bélicos.

En 2001 los premios se otorgaron a Mujeres de Negro (Women in Black International), a Flora Brovina (doctora, periodista y poetisa, fue presidenta de la Liga de Mujeres Albanesas en Kosovo, para la protección de los derechos humanos y de la mujer en aquel territorio durante la guerra; su objetivo fue el desarrollo de la tolerancia entre los distintos grupos étnicos de la región, y fundó distintas asociaciones de ayuda a las víctimas del conflicto —mujeres y niños—; fue encarcelada y las autoridades serbias la acusaron de ser la promotora de actos terroristas); a Asma Jahangir e Hina Jilani (fundadoras del Women'Action Forum en Pakistán y de otras instituciones que favorecen los derechos de las mujeres; fueron, ambas hermanas, miembros de la Comisión de Derechos Humanos del país; además, defendieron los derechos de las mujeres violadas o sometidas a la violencia religiosa, laboral o doméstica; participan en distintas instituciones oficiales y organizaciones no gubernamentales); a la Agencia de Desarrollo de la Mujer Leitana Nehan de Papúa Nueva Guinea (organización esencial en el desarrollo de las negociaciones de paz y reconstrucción de Bougainville durante la guerra y el bloqueo comercial, 1989-1997; con el eslogan «Las mujeres unidas levantarán Bougainville», la asociación contribuyó decisivamente a la erradicación de la violencia, apoyo a las familias, educación y protección a las mujeres); a la Ruta Pacífica de las Mujeres de Colombia (coalición de organizaciones femeninas para el fomento de la paz y el desarrollo de la participación social, cultural y política en el país; Ruta Pacífica se fundó como respuesta al extremo clima de violencia en la zona y en la actualidad es una de las organizaciones civiles más importantes de Colombia: promueven la idea de que la violencia no es la única opción para resolver el conflicto social y político; es también una asociación muy activa en la difusión de sus proyectos, con forums, conferencias y debates; habitualmente elevan informes al gobierno, a la prensa y a las organizaciones internacionales sobre las violaciones de los derechos humanos en Colombia).

A Veneranda Nzambazamariya se le otorgó el premio póstumamente, ya que la líder del movimiento femenino en Ruanda murió en un accidente aéreo en 2000; fundó la Red de Mujeres, Réseau des Femmes, y Pro-Femmes Twese Hamwe, dos organizaciones de mujeres bien conocidas en Ruanda, después del genocidio de 1994, promoviendo la unidad de las mujeres de distintas etnias y ayudando a la reconstrucción del país; participaba asimismo en distintas organizaciones de ayuda a las mujeres y de fomento de la paz en el contexto africano; las mujeres de Ruanda mantienen vivo su legado en la Fundación Veneranda Nzambazamariya.

La ONG International Alert, aunque nació como respuesta civil a la proliferación de conflictos armados, es especialmente activa en el ámbito del pacifismo femenino. «Las mujeres se encuentran atrapadas en el centro de los conflictos violentos. En las guerras étnicas, religiosas y nacionalistas, las mujeres son las primeras víctimas de las agresiones sexuales», declara la organización en su página web. Sin embargo, las mujeres no son sólo víctimas. Ellas están tomando la iniciativa para acabar con los conflictos y buscar la paz. En Mali y en Liberia, por ejemplo, son las encargadas de recoger y destruir las armas. Y en Irlanda del Norte mujeres de ambas comunidades —católicas y protestantes— elaboran proyectos conjuntos a favor de la paz. «En cualquier caso», informa International Alert, «poco se hace para proteger los derechos de las mujeres o para asegurar el acceso a la política, la economía o la actividad social en condiciones de igualdad. Una y otra vez, cuando se afrontan las negociaciones de paz al más alto nivel, se excluye y se margina a las mujeres, se las ignora y se les niega la palabra».

International Alert promovió la campaña Manifesto, en la que se informaba de la necesidad de que las mujeres participaran activamente en las negociaciones de paz, se reconocía la actuación de las mujeres en la reconstrucción y reconciliación en los territorios asolados por la guerra, se exigía la protección y la participación de mujeres desplazadas o refugiadas, se solicitaba, a los tribunales competentes, el final de la impunidad para los criminales de guerra y para todos aquellos que atentan contra las mujeres durante los conflictos bélicos, y, finalmente, se pedía el apoyo para las asociaciones femeninas que desarrollan programas de paz en distintos lugares del mundo.

Durante la guerra civil en Liberia, Mary Brownell se percató de que las mujeres no tenían voz en aquel desolador conflicto. «Fuimos a la radio y pedimos a las mujeres que se unieran a nosotras en el ayuntamiento. Les dijimos: "No podemos permanecer sentadas; después de todo, nosotras somos las víctimas, las mujeres y los niños, así que debemos hacer algo. Debemos hacernos oír y conseguir que se note nuestra presencia"». Así nació la Iniciativa de Mujeres de Liberia (LWI). Sus primeras acciones tuvieron como objetivo el desarme y la promoción de la democracia. Naturalmente, los señores de la guerra las tenían como enemigas, pero con el tiempo se convirtieron en una de las organizaciones con más credibilidad en el país y advierten que ellas son un colectivo esencial en la reconstrucción de Liberia.

Sin embargo, el ejemplo liberiano es la excepción a la regla: las mujeres no tienen representación en la mayoría de las mesas de negociación de la paz. De modo que un 50 por ciento de la población no tiene ni voz ni voto. Se pierde el talento, la experiencia y el conocimiento necesario para construir una paz sostenible. No puede imaginarse que la paz pueden imponerla aquellos que utilizan las armas; más bien son aquellos que las sufren quienes tienen los argumentos para defender la estabilidad y el progreso. «Como víctimas, las mujeres tienen el derecho a expresar sus miedos y a declarar sus intereses». Una parte de la sociedad en conflicto se dedica a matar, las mujeres se ocupan entonces de los hospitales y la educación; cuando los conflictos acaban, ¿quién sabrá, sino ellas, lo que necesita la sociedad? «Como los hombres, las mujeres tienen derecho a asegurar en las negociaciones de paz todos sus derechos y sus necesidades». «Para las mujeres», se afirma en la declaración de Manifesto, «su presencia y representación en las mesas de negociación es un paso hacia la igualdad de derechos y una ruptura en el perverso círculo de violencia, pobreza y opresión». En los procesos de decisión, la presencia de la mujer no alcanza más de un 30 por ciento, y en las conversaciones de paz permanecen completamente apartadas. «La exclusión de la mayoría de la población de las estructuras de decisión contradice todos los principios básicos de la democracia y de los derechos humanos». La autodeterminación de las mujeres va más allá de la libertad política: se define como la capacidad para decidir sobre sus propias vidas, sobre sus derechos y sobre su futuro. Participar en las negociaciones de paz es indispensable para asegurar los principios de igualdad y que éstos se aplican a todas las partes.

Thandi Modise es la responsable del Comité de Defensa en Sudáfrica. Durante el régimen de *apartheid*, Modise permaneció diez años encarcelada. Para Modise la seguridad no sólo afecta al ámbito militar: «¿Puedo decir que estoy segura si no puedo pasear tranquilamente por las calles de Johannesburgo a medianoche? ¿Puedo decir que estoy segura si no lo estoy cuando llego a mi casa después del trabajo? Ni yo ni otras mujeres podríamos afirmarlo. La *paz* tiene poco que ver con nuestras vidas». Cuando el régimen racista fue abolido, las mujeres participaron activamente en el desarrollo del país, en el crecimiento económico y en la estabilidad política. En Manifesto se asegura: «Las mujeres han actuado [en Sudáfrica] como la conciencia de la nación, exigiendo que las fuerzas de defensa no actuaran sólo como una máquina de matar, sino que sus funciones deberían incluir la prevención y las labores humanitarias». No puede existir democracia donde no hay seguridad y donde sólo un pequeño grupo de personas toma decisiones. «Las mujeres deben comenzar a decir que están hartas de esta situación».

En Sudán y en Ruanda, tras las guerras y genocidios, casi la mitad de los hogares se sustentan gracias al trabajo de las mujeres. Han perdido a sus padres, a sus maridos, a sus hermanos o a sus hijos, de modo que las mujeres han asumido los roles que tradicionalmente les correspondían a los varones. Sin embargo, su participación política es poca o ninguna y, en general, no se les presta ninguna atención, aunque son ellas precisamente las que mejor conocen las necesidades de la población. «Las mujeres», se afirma en Manifesto, «no sólo tienen derecho a participar en la toma de decisiones, sino que, además, en virtud del papel que han jugado tras el conflicto, ellas son a menudo la clave para la reconstrucción de la paz»: reintegración de soldados, programas de reconstrucción de infraestructuras, estrategias sociales, políticas y económicas...

Las guerras han convertido a 34 millones de personas en refugiados o desplazados. El 80 por ciento de los refugiados y desplazados son mujeres y niños: apenas tienen acceso a los alimentos básicos, medicinas e higiene. En los campos destinados a ellos la violencia y las agresiones sexuales son el pan de cada día para la mayoría de las mujeres y niñas. Los niños, chicos y chicas, son reclutados como soldados, esclavos sexuales o sirvientes. El aumento del sida en estas condiciones es imparable. Aunque son las mujeres las que prácticamente se ocupan de todo en dichos campos, las organizaciones no les piden consejo y su voz se ignora por completo, contribuyendo de este modo a perpetuar el círculo de dolor y pobreza, prostitución y violencia.

Es imposible saber cuántas mujeres han sido violadas en Ruanda o Serbia mientras se mantuvieron los campos de refugiados. Las estadísticas oscilan entre los 5.000 y los 20.000 casos. Los culpables han gozado de inmunidad y nadie parece querer perseguirlos. Históricamente, tal y como se asegura en el informe que seguimos aquí casi literalmente, la mujer ha sido maltratada en tiempos de guerra. «Sus cuerpos han sido el campo de batalla. Cuando la mujer representa el honor de una comunidad, la violación y los embarazos son un modo de destruirla. Las mujeres han sido consideradas el trofeo de guerra de los vencedores». Sierra Leona, Argelia, India o Bosnia son sólo algunos lugares donde se han producido o aún se producen continuas violaciones, mutilaciones y todo tipo de abusos contra las mujeres. Sin embargo, los culpables rara vez son perseguidos. Los tribunales internacionales sólo han visto dos casos de violación en la antigua Yugoslavia y en Ruanda. Conclusión: las mujeres tienen un acceso limitado a la justicia, entre otras razones porque apenas se atreven a participar en los tribunales, por miedo a represalias contra ellas o contra sus familias. En ocasiones, la violación no se denuncia porque, en determinadas culturas, no significa más que un estigma vergonzoso. El Tribunal Internacional considera la violación y las agresiones sexuales como crímenes de guerra y crímenes contra la Humanidad (Roma, 1999, ratificado por 60 países). Sólo su desarrollo permitirá acabar con la impunidad de los criminales.

Tradicionalmente, dice el informe Manifesto, las mujeres no han tenido acceso al espacio político. Las asociaciones de mujeres pueden convertirse, en este sentido, en la punta de lanza de una participación social más activa. En Guatemala, por ejemplo, las organizaciones de mujeres indígenas hicieron oír sus voces en las negociaciones de paz y exigieron la protección política y los derechos de las mujeres indígenas: consiguieron ser propietarias de sus tierras y establecieron oficinas de defensa de sus intereses. En Irlanda del Norte las asociaciones de mujeres tendieron puentes entre católicos y protestantes y mostraron a sus comunidades que «la paz es, no sólo la ausencia de violencia y conflictos, sino camino de la vida». En Israel, la asociación Four Mothers (el movimiento lo iniciaron cuatro madres de soldados israelíes destinados al Líbano) exigieron la retirada de las tropas del sur del Líbano y hoy son uno de los grupos más influyentes de Israel.

Ahora bien: dado que las actuaciones de las mujeres tienen lugar en un ámbito público e informal, los políticos y la diplomacia suelen ignorarlas. Los acuerdos de paz se firman sin el consentimiento de estos grupos y en ningún caso se les pide la opinión. Sin embargo, son las mujeres quienes tienen las claves para el sostenimiento de la paz y el desarrollo de sus comunidades. «Es sólo lógico apoyar y fomentar sus iniciativas», concluye el informe Manifesto.

En América contamos con la figura de Rigoberta Menchú, símbolo de la resistencia indígena guatemalteca, y centroamericana en general. Fue la primera indígena en participar en el Grupo de Trabajo sobre Poblaciones Indígenas, en la ONU, y en 1982 le fue concedido el Premio Nobel de la Paz. También le fue concedido (1991) a Aung Sam Suu Kyi, cuando aún estaba privada de libertad, una de las mujeres míticas asiáticas contemporáneas.

Aunque excepcionalmente, hay mujeres que optan por la lucha armada, el Ejército Zapatista de Liberación Nacional (EZLN) ha contado con la participación decisiva de las mujeres: «Muchas mujeres se deciden a esto [la lucha armada] porque ven que no tienen ningún derecho dentro de su propia comunidad: no tienen derecho a la educación, ni a prepararse... Las tienen así como con una venda en los ojos, sin poder conocer nada: las maltratan, son explotadas, o sea, la explotación que sufre el hombre la sufre la mujer mucho más, porque está mucho más marginada» (en *Mujeres de maíz. La voz de las indígenas de Chiapas y la rebelión zapatista*, de Guiomar Rovira). La creación de cooperativas, la difusión del movimiento en radio y periódicos, los acuerdos con el gobierno, la reivindicación, la denuncia de abusos... En fin, «la necesidad de organizarse», como afirmaba la comandante Ramona, era prioritario. Con todo, lo principal es el nuevo papel de la mujer; sin ese nuevo papel, nada hubiera sido operativo: «Las mujeres del EZLN han venido a romper toda una serie de costumbres arraigadas en las culturas indígenas. Ellas son guerreras, desafían al destino y buscan nuevas reglas». El día 28 de marzo de 2001, la comandante Esther —como ya hemos recordado en otras páginas— pronunció un discurso ante el Congreso de la Unión, en México DF: «Soy indígena, soy mujer y eso es lo único que importa ahora».

Las mujeres han participado también en otras revoluciones, aunque con otros resultados: en la lucha nicaragüense, aunque un 30 por ciento del ejército revolucionario era femenino, la cuestión de género quedó en un segundo plano: lo esencial era la revolución política.

Cuando el movimiento triunfó, las mujeres fueron devueltas a su anterior lugar y se las relegó de nuevo.

Las asociaciones y grupos de mujeres crecen y se extienden: «La amistad entre mujeres significa construir una historia diferente». Las Madres de la Plaza de Mayo, sus análogas de Sri Lanka Mothers Front, o las Madres del Sábado en Turquía, todas ellas luchando contra la violencia y reclamando a los poderes públicos la desaparición de sus familiares. A ellas se unen las madres de soldados rusos del frente de Chechenia (Marcha de Compasión Materna), las monjas tibetanas, torturadas por el régimen totalitario chino, las Mujeres del Descanso (más de 100.000 coreanas utilizadas como esclavas sexuales por los militares japoneses durante la Segunda Guerra Mundial), que, después de cincuenta años, han abandonado el silencio y se han asociado para demandar al gobierno japonés.

El Campamento de Mujeres de Greenham Common, establecido en 1981 en Berkshire y activo durante diez años, tuvo entre sesenta y trescientas mujeres acampadas, protestando contra la instalación de misiles y pidiendo el desmantelamiento de la base militar. Esta experiencia fue el germen de colectivos como DOAN (Dones Antimilitaristes), a partir de contactos con estas mujeres británicas.

El activismo femenino se ocupa de la defensa de los derechos de las mujeres y también de nuevos valores, como la ecología o la defensa de los niños. Recordaremos aquí dos asociaciones: las Mujeres activistas contra la prostitución de las niñas en la India y Women and Water, una asociación que promueve la limpieza del río Ganges, dada la importancia del agua en zonas rurales.

En situaciones muy duras, como el exilio o la cárcel, la solidaridad entre mujeres es decisiva, como puede apreciarse en el caso de M. Afkhami. Las similitudes entre su vida como mujeres y como mujeres en el exilio se imponen a cualquier otra experiencia que hayan podido tener como miembros de diferentes países, clases, culturas, profesiones y religiones... Afkhami confiesa (en *Mujeres en el exilio*) haber aprendido que nada es más importante que el mantenimiento de la integridad de cuerpo y espíritu. Al compartir nuestras narraciones sobre el exilio, dice, hemos llegado a la simple conclusión de que deseamos encontrar dulzura y comprensión en la conducta y amabilidad de corazón, hemos pagado con nuestra vida el convencimiento de que nada bueno o bello puede salir de la violencia o de la fealdad. Algunos ejemplos de la vida de las mujeres en condiciones de exilio o cárcel está recogida en *Recuerdos de resistencia*, de Silvia Mangini, *Rojas*, de Mary Nash o libros testimoniales como algunos publicados por Juana Doña, entre otros.

Siempre la resistencia. Como decía A. Walker, el profundo secreto de la alegría es la resistencia.

CREADORAS DE ESTRATEGIAS PARA LA VIDA

En nuestro ámbito cultural ha habido un notable incremento, en los últimos tiempos, del asociacionismo: se han creado clubes, tertulias y organizaciones con una proyección pública o política, se han formado *lobbys*, y en la Red se dan cada vez más manifestaciones de reivindicación y denuncia.

Son muchos los grupos de autoayuda, de autoconciencia, de reflexión, compuestos por mujeres de distinto origen, que se plantean múltiples objetivos y alcanzan distinta repercusión, que abarcan desde lo más

íntimo a lo más público, formales o informales. Son de-
cisivos porque en ellos las mujeres rompen su aislamiento y aprenden a apoyarse mutuamente: Asociaciones de
Mujeres Separadas y Divorciadas, las múltiples Asociaciones de Amas de Casa, asociaciones profesionales (Asociación de Mujeres Juristas, Asociación de Mujeres Científicas y Técnicas, Asociación de Mujeres Empresarias de
Cooperativas, Federación Española de Mujeres Directivas, Ejecutivas, Profesionales y Empresarias, Colectivo
de Mujeres Urbanistas...), Asociaciones de mujeres inmigrantes, Asociaciones de ayuda contra la agresión o la
enfermedad (Mujeres Españolas contra el Cáncer de Ma-
ma, Acción contra la Pornografía Infantil, Asociación de
Mujeres Maltratadas); en algunas, además de propiciar la
comunicación entre mujeres, se llevan a cabo programas
de formación, con bolsas de trabajo, apoyo psicológico,
etcétera. En Sevilla cada año se organiza la feria de las
Asociaciones de Mujeres de Andalucía, ¡impresionante!
Tengo el honor de pertenecer o haber pertenecido a algunas de ellas: a la Asociación de Mujeres Universitarias,
a la Asamblea de Mujeres de Valencia, a la Asociación de
Mujeres Progresistas, además de a tertulias y otros clubes en los que siempre encuentro mujeres con las que
comparto diferentes aspectos o inquietudes.

Uno de los aspectos más significativos del asociacionismo de mujeres en España lo representa la unión de
mujeres emigrantes. Un detalle que vale la pena destacar
es la relación que se establece entre las «mujeres del norte» y las inmigrantes. Las mujeres aseguran que «hemos
de entrar en el mundo de la otra sin paternalismo, sin
complejos, sino desde una sintonía de respeto para encontrar soluciones justas y equitativas para todas, porque,
hoy, el grupo de mujeres del sur nos encontramos en el

grupo de los excluidos de la sociedad del bienestar». La asociación es también solidaridad y comprensión, unidad: «¿Cómo podemos aunar esfuerzos para vencer obstáculos comunes que nos afectan?». Ésta es la pregunta que las «mujeres del norte» deberían hacerse. Curiosamente, las mujeres inmigrantes no necesitan adoptar modelos asociativos occidentales: «Nos hemos basado en los resortes de nuestra sociedad de origen y estamos formando redes de solidaridad». En fin: «[Estamos] haciendo añicos las fronteras».

Es cierto que algunas asociaciones de mujeres son como ligas empáticas, se unen en cuanto cuidadoras de la vida; a otro nivel estarían las que podríamos agrupar en las estrategias de supervivencia, cuyo ejemplo pueden ser las mujeres del África subsahariana. Rimei Sipi, en *Las mujeres africanas. Incansables creadoras de estrategias para la vida* hace una exposición de cuál ha sido la situación de las mujeres africanas en su continente (Sipi es guineana) a lo largo de la historia. Nos habla de un África precolonial en la que se daba una complementariedad entre hombres y mujeres. La mujer era motor de la sociedad, de la economía, participaba en la política, en los ritos religiosos o en la curación. La cooperación entre mujeres era primordial. Durante la época colonial, la mujer será excluida, y el comercio, la política y la economía se ordenará desde la metrópolis y con las reglas de la metrópolis. A todo ello hay que añadir la contaminación religiosa (islam y cristianismo), donde la mujer se sitúa siempre en un plano inferior.

En *Antropología y feminismo*, de H. L. Moore, se muestran algunos ejemplos significativos de las redes de apoyo mutuo y del asociacionismo femenino en distintos lugares del mundo. Los grupos *harembee* («unámonos» o «hagamos un esfuerzo común») de Kenia funcionan desde 1966 y tuvieron como objetivo inicial comprar materiales de construcción para poder levantar sus casas. A principios de los setenta, las mujeres distribuyeron el trabajo en grupos (cultivo y venta del maíz, sistemas de crédito, control de inversiones, etcétera). Se trata de un sistema asambleario y todas las mujeres participan y deciden por igual. Las inversiones suelen reducirse a la compra de terrenos: «Es mejor tener tierra que dinero».

Otro tipo de asociacionismo está arraigado en las tradiciones particulares de cada país o grupo étnico. En el libro de Moore se estudian las asociaciones basadas en las relaciones de parentesco. Un ejemplo de estas agrupaciones lo constituyen las *otu umuada*, o «hijas del linaje» (en la comunidad ibo de Nigeria). «Las *otu umuada* eran todas las hijas casadas, solteras, viudas y divorciadas de un linaje o grupo local. Estas mujeres actuaban como grupos políticos de presión en sus grupos natales, a favor de una serie de objetivos prefijados». De este modo, las mujeres, obligadas a distanciarse debido al sistema patrilineal, se reunían, cooperaban y mantenían lazos estrechos de convivencia. Sus funciones se centraban en la resolución de pequeños conflictos, intermediación y prácticas religiosas.

Aún puede considerarse otro tipo de asociacionismo femenino: el que vincula a las mujeres que tienen la misma profesión. Este modelo gremial puede observarse en los grupos de prostitutas de algunas ciudades africanas, las cerveceras del valle Mathare de Kenia, etcétera. En otros lugares del mundo son conocidas las asociaciones de vendedoras, las cooperativas agrarias: se encargan de la organización de los mercados, la regulación de precios, la observancia de las reglas mercantiles y la concesión de créditos. Aunque brevemente, hemos querido referirnos a algunas experiencias llevadas a cabo por mujeres de otras latitudes que nos pueden servir de inspiración o referencia.

UNIDAS POR LOS SABERES

Si queremos liderazgos femeninos, insistimos, necesitamos conocer la historia de las mujeres. En ausencia de referencias explícitas tendemos a pensar que todos los valores han residido en los hombres sabios, en los políticos o guías espirituales. La historia del patriarcado es la de las exclusiones, la historia de la ocultación de las mujeres en primer lugar. Tenemos que volver el foco hacia ellas, nombrarlas y enorgullecernos de nuestra genealogía. De otra manera, seríamos como huérfanas. Somos herederas de las mujeres que nos han precedido: mujeres de fama y mujeres comunes; tenemos que recuperar su memoria para nosotras. La mirada revalorizadora también debe dirigirse a nuestras contemporáneas. Esto, a veces, es más difícil. Es una gran fortuna tener maestras, amigas que nos enseñan y de las que nos sentimos orgullosas, pero muy a menudo tendemos a devaluar lo próximo o a poner pegas, el famoso «sí pero...». La envidia, los celos y la rivalidad, la misoginia en suma, entran en acción: nos han educado en ella.

En este afloramiento de mujeres valiosas reviste gran importancia la educación, para transmitir una historia más completa y más justa. Debemos ponerle nombre, historia, biografía a quienes nos precedieron, saber cómo fuimos a la vez que reconstruimos la historia. Estas enseñanzas deberían estar incluidas en la educación oficial, y en todos los otros espacios formativos.

Gioconda Belli (en *El ojo de la mujer,* 2000) expresaba de este modo cómo las mujeres que fueron también forman parte de nosotras mismas:

Mujeres de los siglos me habitan:
Isadora bailando con la túnica,
Virginia Woolf, su cuarto propio,
Safo lanzándose desde la roca,
Medea, Fedra, Jane Eyre,
y mis amigas...

Desde Safo de Lesbos —que reprendía a las alumnas que sólo se ocupaban de flores y guirnaldas («ni un solo recuerdo guardarán de ti futuras generaciones»); la historia de su academia lésbica se inventó más tarde— hasta Anne-Joséphe Théroigne; desde la mítica Corina —cuyo túmulo se levantó en el centro de Tanagra, y de la que se llegó a decir que venció a Píndaro en un certamen poético— hasta María Aurelia Campmany; desde sor Juana Inés de la Cruz —«Hombres necios que acusáis...»— hasta Kate Millet *(Política sexual,* 1970) o Rosa Luxemburg; desde las poetisas provenzales hasta Rosalía de Castro, desde las bacantes hasta las *flappers,* todas pueden mostrarnos sus experiencias singulares. La historia de la mujer se parece bastante al sentimiento de los poetas: adoración del mito y desprecio del ser humano. Pero tenemos nuestra historia: más nos vale conocerla.

Si la antigüedad griega proporciona precedentes de mujeres poetas, algunas de las cuales ya hemos citado, o maestras como Diotima, que lo fue de Platón, en el mundo romano encontramos excelentes ejemplos de oradoras, entre otras Hortensia, que en el año 42 a. de C. defendió brillantemente los intereses de más de mil mujeres ricas que se negaban a pagar ciertos tributos con argumentos que en algún caso aparecen en los discursos políticos de las mujeres modernas. «¿Por qué compartimos los castigos si no participamos en los crímenes...?». En Roma, las matronas se involucraron en actividades políticas y religiosas. Tito Livio cuenta historias de mujeres honorables, habituadas a las asambleas, que se reunían en los momentos críticos interviniendo para salvar el Estado. El historiador utiliza su lamento para describir los grandes desastres. Las esposas sabinas, que evitaron la guerra entre sus maridos y sus padres, piden y consiguen el favor de los dioses en beneficio del Estado. «En ese momento, las sabinas, de cuya ofensa había nacido la guerra, con el pelo suelto, con los vestidos rasgados, superado por las desgracias su miedo de mujeres, tuvieron la osadía de meterse entre la lluvia de dardos: irrumpiendo de través en medio del combate, separaban a los enemigos, aplacaban su odio, rogando por un lado a sus padres, por otro a sus esposos, que no se tiñeran de sangre sacrílega». Las sabinas se ofrecen como sacrificio, con tal de evitar una matanza: los contendientes, emocionados, cesan en el combate. «Y no sólo hacen un tratado de paz, sino un solo Estado con los dos pueblos» (*Ab urbe condita, Desde la fundación de Roma*).

Un nombre poco conocido: Hypatia (h. 370) fue filósofa y matemática. Era profesora de astronomía, álgebra, geometría y filosofía en la escuela grecoegipcia de Alejandría, y merece el nombre de la primera científica de la Historia. Aproximadamente por las mismas fechas, la persecución contra los cristianos elevó a los altares a Santa Úrsula, figura casi mítica: de ella se ha hecho una leyenda. Suele precisarse que buena parte de las jóvenes mártires no alcanzaban los quince años: Santa Eulalia tenía doce años y Santa Pelagia de Antioquía, quince. Hildegard de Bingen (1098-1179) fue la autora de *Scivias* y, según reza su epitafio, fue «maestra de vírgenes»; brilló por la celebridad de su distinguido nombre no menos que por sus virtudes y milagros. Herralda de Honenburg, abadesa alsaciana del siglo XII, autora del *Hortum Deliciorum*, una obra excepcional, con textos y miniaturas excelentes: coloca en el centro a figuras femeninas que atienden sus lecciones. Cristina de Pizan (1364-1431?), autora de la importante obra *La ciudad de las damas*.

De algunas apenas sabemos algo, mujeres anónimas cuyo nombre jamás se vio en letras de molde, debemos investigar: las campesinas medievales también cantaban sus conflictos materno-filiales («Meterte quiero yo monja / hija mía y de mi corazón», y respondía la hija: «Que no quiero ser monja, no»), o se burlaban con sus amigas («Aunque yo quiero ser beata / ¡el amor me lo desbarata!»).

La figura de la mexicana sor Juana Inés de la Cruz ocupa un lugar destacado entre las mujeres ávidas de sabiduría en un entorno poco propicio: el México colonial.

Algunas han sido torcidamente interpretadas. Teresa de Cepeda, por ejemplo, se tiene a menudo por una mística reaccionaria o por una loca iluminada. Apenas se deja saber que abandonaba el descanso por trabajar y escribir, y que el tópico manido que la supone ignorante y escritora apresurada es un recurso literario, como demuestran sus manuscritos, corregidos y pulidos como los del poeta más puntilloso.

Niños y niñas deberían saber quiénes fueron la escritora María de Zayas, madame de Chatelet (Émile de Breteuil, marquesa de Chatelet, 1706-1749, física e investigadora junto a Voltaire), Olimpia de Gouges (1748-1793), autora de la *Declaración de los derechos de la mujer y la ciuda-*

dana durante la Revolución Francesa, Mary Wollstonecraft (1759-1797), revolucionaria inglesa, autora de la *Vindicación de los derechos de la mujer,* y madre de la escritora Mary Shelley, que dio vida al monstruo de Frankenstein.

Podríamos citar a mujeres ilustres conocidas porque organizaban salones literarios donde se difundía el saber. Los «salones» son una invención ilustrada. Aunque reinas y princesas, y algunas damas de la nobleza, habían reunido sabios en torno a ellas (Isabel de Castilla, por ejemplo) durante el Renacimiento, las mujeres permanecían entonces como mecenas. En el siglo XVIII, sin embargo, las mujeres participan activamente, conocen las últimas tendencias filosóficas e intercambian libros y opiniones. En España el salón más famoso fue el que se inauguró con el título Academia del Buen Gusto, presidida por doña Josefa de Zúñiga y Castro, condesa de Lemos y marquesa de Sarriá. La mayoría de las reuniones de literatos estaban compuestas por hombres y la Academia del Buen Gusto fue excepcional en este sentido. En aquella época (a partir de 1749) sólo el 15 por ciento de las españolas estaban alfabetizadas, frente al 35 por ciento de las francesas.

Los niños han de saber que hubo filósofas, matemáticas, pintoras... Además, hemos de profundizar en la coeducación como aprendizaje más completo del ser humano, aprendizaje en valores, no sexista, educación sentimental, educación como ciudadanos y ciudadanas responsables.

Se trata de construir una genealogía. Unas mujeres se apoyan en otras anteriores creando autoridad y dándose identidad. Se trata de un hermoso y reconfortante recorrido. Diferente. Puede resultar una mirada a ciertos monasterios como lugares inventados por mujeres deseosas de vivir juntas la experiencia de la búsqueda de la verdad. Cenobios que pueden ser precedentes de otros lugares, como los *beguinajes* flamencos, las callejas de las preciosas del siglo XVII francés, los salones y los clubes de revolucionarias en el siglo XVIII, las asociaciones femeninas ya de muy diversa índole en el siglo XIX. Aquellas mujeres ya aparecen revestidas de autoridad y libertad, dicen las autoras de *Libres para ser*.

Algunos nombres más: veintiuna mujeres han logrado el Premio Nobel. Marie Curie lo obtuvo en dos ocasiones, en reconocimiento por sus trabajos de física y química. También fueron premiadas Gabriela Mistral (literatura), Barbara McClintock (medicina), y, entre otras, fueron galardonadas con el Premio Nobel de la Paz Teresa de Calcuta, Rigoberta Menchú y Judy Williams.

Un grupo de mujeres recibió en 1998 el Premio Príncipe de Asturias: Fatiha Boudiaf, Rigoberta Menchú, Fatana Ishaq Gailiani, Somaly Mam, Emma Bonino, Olayinka Koso-Thomas y Graça Machel. Recuerdo con emoción la presencia rica y diversa de estas espléndidas mujeres en el escenario del teatro Campoamor de Oviedo.

En nuestro país se está dedicando un cierto esfuerzo a reivindicar la figura de las mujeres que vivieron, trabajaron y se comprometieron durante la Segunda República, combatieron durante la Guerra Civil y sufrieron en la posguerra. En España, la conquista del voto femenino tiene una protagonista de primer nivel, Clara Campoamor, a la que le debemos reconocimiento y gratitud. Es una cuestión de ética. Por cierto, que en el debate acerca del voto femenino se produjo una triste paradoja. La otra mujer presente en la Cámara, como nos recuerda Amelia Valcárcel, se convirtió en la portavoz de la tesis contraria. La radical socialista Victoria Kent, política ejemplar por otra parte, creía que debía aplazarse la concesión del voto a las mujeres por cuestiones de estrategia política (el presumible conservadurismo femenino no beneficiaría a los partidos progresistas). Sólo dos mujeres en el Parlamento y se oponían en un asunto esencial. No obstante, antes la posibilidad de interpretaciones interesadas por parte de los diputados Clara Campoamor declaraba: «Quiero significar a la Cámara que el hecho de que dos mujeres que se encuentran aquí reunidas opinen de manera diferente no significa absolutamente nada; no creo que sea motivo para esgrimirlo en tono satírico».

Un ejemplo más claro aún de que la discrepancia no impide el encuentro es el que protagonizan dos poetisas rusas: Marina Tsvietáieva y Ana Ajmátova. La crítica atizaba su rivalidad. Con motivo de un recital en San Petersburgo, el público esperaba una severa crítica de Tsvietáieva contra su rival, que no había acudido al encuentro. Contra todo pronóstico, la poetisa declaró: «Si los fervientes de Ajmátova me escuchan "contra mí", yo no recito "contra Ajmátova", sino "hacia ella". Recito como si ella estuviese en la sala. Ella sola. Recito para ella, ausente. Necesito el éxito como un hilo que me conduzca a ella». Tsvietáieva concluyó su parlamento declarando que, si emulaba a su rival, no era para hacerlo mejor, sino para ofrecerle que «no se podía hacer mejor». El reconocimiento de la grandeza en otra mujer le devuelve, como en un espejo, una imagen de posible grandeza femenina. Lejos de la mímesis homogeneizadora, nos recuerda Maite Larrauri, de la idolatría paralizante o de la envidia estéril, investir a una mujer como «autoridad» significa aquí convertirla en punto de referencia central, mediación insustituible, palanca eficaz para el propio proceso creador.

Bradiotti nos recuerda que son muy pocas las mujeres que gozan de una posición de poder simbólico, de una posición que les permita «sistematizar, codificar y transmitir sus propias tradiciones intelectuales» y apunta que el reconocimiento simbólico al que aspiran hoy las feministas es el de «tener derecho a elaborar sus propias formas de discurso científico» y a que éstas sean reconocidas como científicas.

Pero las mujeres sabias y preparadas ocupan un espacio mínimo en el poder, no sólo político, sino también en el económico y científico. Hablamos de científicas que tienen que plantear estrategias juntas para romper el techo de cristal. En la actualidad, a pesar de los avances, persisten las situaciones que hacen el desarrollo de una carrera científica más difícil para la mujer. La propia Unión Europea así lo ha puesto de manifiesto en un informe realizado recientemente. La investigadora española Flora de Pablo detecta una cierta parálisis cuando se dibuja el gráfico de mujeres y hombres en categorías universitarias en España: se produce la llamativa «gráfica de tijera» o estructura piramidal. Nos aporta las conclusiones del EMBO, encuentro celebrado en Heidelberg en junio de 2001 en el que hay intervenciones muy interesantes sobre el tema del techo de cristal para las mujeres en la vida científica. La situación de las científicas sigue siendo bastante deprimente, incluso las mujeres con más éxito hablan de la necesidad de cambiar las condiciones de trabajo y estudio. Hay que instaurar un plan de acción, porque sin él no cambiarán las cosas con suficiente velocidad. Conseguir «tapar los agujeros» donde se pierden mujeres y lograr que obtengan *tenure* antes de que estén totalmente quemadas... Enfatizar que las mujeres en la ciencia suman y no restan. Encontrar el camino para hacer la ciencia más atractiva para las mujeres.

Pero para no desesperanzarnos en exceso recordamos algunas condiciones favorables; entre otras cabe destacar la de los padres que apoyan a sus hijas a estudiar carreras de ciencias y técnicas, profesoras que estimulan a las estudiantes, colegas, mujeres y hombres, que denuncian sesgos sexistas, difusión de análisis de género en estadísticas universitarias y profesionales. Y hay acciones positivas y cambios legislativos (Estados Unidos, Suecia, Dinamarca, Italia). De Alemania surgió una de las propuestas más interesantes. Consistía en no financiar congresos en los que no hubiera conferenciantes mujeres, conscientes de que no hay una sola acción individual que resuelva el problema, tiene que ser muchas y conjuntas y que muevan dinero...

Por supuesto, no se trata de aceptar cualquier cosa que digan o hagan las mujeres por el mero hecho de serlo, no nos vamos a convertir en *santas*, no se trata de excedernos, sino de hacer justicia, completar la historia con las voces y las imágenes de las mujeres que lo merecieron y también reconocer a las próximas. Insisto siempre en que me siento afortunada, también por tener maestras, amigas. Podemos disentir de las mujeres, enfadarnos con ellas, rebelarnos si nos oprimen.

Tenemos razones para sentirnos orgullosas de muchísimas mujeres. Cuanto antes lo aprendamos mejor. Ganar credibilidad para todas beneficia a cada una en particular.

SOLIDARIDAD Y SORORIDAD

Al contrastar la realidad con la ilusión se descubre que se ha sobrevalorado en exceso el mito de los vínculos de afinidad masculinos. Se dice que para la mayoría de los hombres, los lazos de solidaridad tienen una función superficial, no generan relaciones de amistad verdadera o intimidad. Ellos se reúnen para hablar de trabajo, tomar copas, jugar, pero no para abrirse a los demás. Los grupos pueden resultar cómodos porque rebajan la intensidad emocional de las relaciones interpersonales, proporcionan la engañosa protección del número y refuerzan la masculinidad de cada cual. Un análisis más detenido revela el carácter efímero y poco profundo de las relaciones de compañerismo varonil y su transitoriedad; las encuestas realizadas a ex combatientes de la última guerra mundial revelaban que, tras su marcha del ejército, no conservaban nada que les uniera. Cuentan sus batallitas en una especie de necesaria mitificación del pasado atroz, pero esto no encubre la desconexión y el desconocimiento mutuo en el presente. Como casi siempre, resulta complicado o arriesgado generalizar, y en todo caso, hay que reconocer las excepciones.

Se dice que las mujeres se sienten menos cómodas en grupo y que parecen encontrarse mejor en el ámbito limitado de las relaciones personales, lo cual no impide que tengan tantas dificultades como los hombres para mantener vínculos de auténtica amistad. Tales sentimientos representan, en parte, introyecciones de una tradicional paranoia masculina en relación con los grupos de mujeres, miedo a que menoscaben su soberanía natural. Ya hemos comentado las sospechas que despiertan algunas reuniones de mujeres. ¿Qué estarán haciendo?, ¿qué estarán tramando? Son preguntas que se formulan con frecuencia, sobre todo en el caso de directivas o profesoras (si se trata de secretarias el temor parece que no se manifiesta tan rápidamente). En la imaginación de muchos hombres aparece la hipótesis de una conspiración. La teoría de la conspiración femenina es un tópico, porque la mujer siempre está tramando maldades a espaldas de los hombres: Eva lo hizo, Dalila lo hizo, Judit lo hizo, Salomé lo hizo... La academia de Safo de Lesbos (danza y música, literatura, poesía) se convirtió, muy pronto, en un lugar de perversión, donde las mujeres realizaban prácticas sexuales poco comunes que debían ridiculizarse. Baudelaire, siempre a contracorriente, dedicó a las mujeres lesbianas su poema *Femmes damnées:* «¡Oh vírgenes, oh demonios, oh monstruos, oh mártires / cuyas almas desprecian la realidad, / buscadoras del infinito, / devotas y sátiras, / tan llenas de gritos, tan llenas de lágrimas».

Dice Shere Hite que todo el mundo coincide en que si las mujeres quieren mejorar su situación lo primero que tiene que hacer es ser más solidarias, apoyarse unas a otras con orgullo. Con independencia de que a continuación hablemos con un poco más de detenimiento sobre la solidaridad, quisiera destacar algo práctico que nos propone Shere Hite: ser solidarias significa tener presente que los hombres no son más importantes que nosotras, por definición. ¿Podemos convencernos de ello? No es fácil en la medida en que la sociedad refuerza la idea de que los hombres merecen el poder; a fuerza de repetirlo, parece natural, incuestionable. Nos conviene, pues, ser solidarias.

No voy a extenderme en el concepto de solidaridad, cuyos fundamentos filosóficos podemos encontrar en Rawls y Habermas, entre otros. La solidaridad constituye el conjunto de cualidades ciudadanas que haría posible el logro de la justicia. Amelia Valcárcel señala que no se trata de empatía, ni de compasión, ni de benevolencia, ni

tampoco de apoyo indiscriminado: es una virtud igualitaria, una virtud política moderna que supone *simetría*, no
jerarquía. Ser solidaria significa hacer comunidad, y por
ello se vincula a la justicia. Supone la agregación de apoyos simétricos para lograr objetivos comunes que, de forma individual, no se alcanzarían. Sólo la simetría real garantiza la democracia, sin ella no hay igualdad. Victoria
Camps apunta que aunque podamos sostener ideas distintas, e incluso dispares, también es posible, a la vez,
ser solidarias. Es la falta de cooperación lo que hace la
sociedad más injusta.

Hay consenso en que la solidaridad es una prioridad,
instrumental y política, para que las mujeres del siglo XXI
consigan influir en las decisiones de los círculos del poder. A la vez intentamos que esta ética se haga extensiva
a toda la sociedad. La solidaridad busca sumar lo que ate-
soran hombres y mujeres. Rehacer identidades. Desde la
experiencia de las mujeres, el mundo se conoce de manera diferente, y nos conviene rescatarla para sumarla a
la del varón. La solidaridad es la garantía primera y última de supervivencia pacífica y justa sobre la tierra, señala Elena Simón, porque implica también la relación
equilibrada, armónica y justa entre los seres humanos,
hombres y mujeres, con los recursos de la naturaleza y
los elementos que la cultura pone a nuestro alcance. La
solidaridad activa, para Simón, tiene que fundir los componentes del cuidado con los de la justicia; la intimidad
y la asistencia con la autorrealización y la individualidad.
Se trata de un pacto intragénero y supone un nuevo concepto de fraternidad solidaria entre mujeres, basado en
la complicidad y el reconocimiento de autoridad.

La solidaridad nos impone algunos deberes colectivos, entre ellos el de fijarnos objetivos comunes, ampliar el

concepto de ciudadanía, rescatar los saberes de las mujeres, impulsar liderazgos para el cambio: la movilización, en definitiva, con sentido político.

Apunta Amelia Valcárcel —mi amiga y maestra— que la práctica de la solidaridad puede suponer un pacto de silencio, algo así como lo siguiente: «Yo, persona del sexo femenino, estoy dispuesta a no criticar ninguna de las acciones o decisiones que otra persona de mi sexo tome a no ser que éstas desborden ciertos límites que un ser humano no debe traspasar». No se trata de un compromiso de apoyo indiscriminado, sino de no criticar; las acciones públicas de una mujer tenderán a ser juzgadas como acciones femeninas, ante lo que hay que añadir, matiza Valcárcel, que no se utilizará como explicación de la conducta de una mujer precisamente el que sea mujer, excepto en casos meliorativos. La solidaridad por encima de antipatías y de algunas distancias políticas no significa que todas las mujeres tengan que resultarnos simpáticas, ni que nos parezca bien todo lo que hacen. Incluye, eso sí, renunciar a la venganza: hay que ser solidaria incluso con aquella que es insolidaria, aunque sin caer en las trampas de la solidaridad que se abren al admitir la continuidad genérica sin fisuras, que no existe. Tampoco, según la autora citada, puede extenderse hasta el límite de que seamos solidarias con ideologías que favorezcan el sometimiento de las mujeres. La que se propone sería una solidaridad inteligente y crítica desde una conciencia feminista. Pasaríamos de ahí a la solidaridad asertiva, solidaridad con las mujeres que trabajan en interés de las mujeres. La solidaridad de la que hablamos supone, en suma, la práctica de dar y recibir ayuda entre las mujeres y a favor de las mujeres.

En opinión de Clara Coria, al hablar de solidaridad convendría diferenciarla del altruismo, tan próximo a las mujeres, y del ideal maternal. El llamado altruismo femenino es una forma sofisticada de naturalizar los servicios —y servilismos— ejercidos por mujeres, quienes automáticamente terminan por contribuir a su perpetuación. Consecuencia directa de este altruismo es la compulsión que tantas mujeres experimentan a hacerse cargo de las necesidades ajenas y actuar como madres complacientes y solícitas, incluso de los hijos que se valen por sí mismos, o de todo el mundo en casos extremos (en cuanto nos descuidamos estamos haciendo de madres). La feminización del altruismo, continúa Clara Coria, es uno de los mecanismos más eficientes para generar culpas y tejer redes alrededor de las mujeres, como si todas nos identificáramos con Pandora, sobre quien pesa la responsabilidad del bienestar o la desgracia de la humanidad, como vimos al tratar de la misoginia, temerosas de sentirnos mujeres desnaturalizadas al decir «no». La ética de la reciprocidad traza la línea divisoria entre altruismo y solidaridad. El altruismo exige renuncia, entrega incondicional y supeditación de los intereses propios a los ajenos. Negociar, en cambio, consiste en poner condiciones, legitimar los deseos personales, defender las propias conveniencias, y la negociación es incompatible con el altruismo. Como para muchas mujeres la medida del amor viene dada por el grado de altruismo que manifiestan, la negociación produce una fuerte herida en la imagen idealizada del amor altruista (pero negociar no es vender tu alma al diablo). La solidaridad, concluye Clara Coria, no consiste en ceder espacios y renunciar a aspiraciones legítimas, sino en repartir equitativamente tanto los inconvenientes como los beneficios, disminuyendo las marginaciones y privilegios.

La soridad o sororidad se establece paralelamente a la *fraternidad* —hermandad masculina y patriarcal; consciente o inconsciente, herencia histórica y tradicional (antes ya hemos dedicado una líneas a la hermandad femenina)—: es un valor forjado desde una situación discriminatoria y, por tanto, no admitido ni reconocido. Puesto que se trata de una respuesta desde la discriminación, se constituye en redes defensivas: *lobbies* de mujeres, oganizaciones, experiencias económicas femeninas, etcétera.

Y también hablamos de sororidad (como principio, arma contra la misoginia). Ya sabemos que no se trata de que las mujeres se conciban como una identidad amorfa, no se trata de misticismo, sino de la conciencia común, en palabras de Luisa Posada, que han ido tejiendo las mujeres sobre la necesidad de «hermanarse» con otras mujeres. Esto confiere al término «sororidad» ese eco positivo, detectable también históricamente (entre mujeres que se concedieron y se conceden «libre y mutuamente» el rango de «individuas», de irse poniendo al lado de la otra y no del otro, del hermano) para cuestionar y modificar su puesto de relegación diseñado por el dominio patriarcal... Algunas mujeres en la historia traspasaron el umbral de la pura conciencia común de su marginación, convirtiendo la sororidad en acciones intelectuales y políticas que rechazan y delatan la ideología de los pactos patriarcales.

La *sororidad* es un concepto ético y estético nacido de la necesidad de inaugurar una cultura de pactos implícitos y explícitos entre mujeres. Reúne connotaciones de concordia y conformidad. La ética de la sororidad tiene como fundamento la ética del desarrollo colectivo a partir del individual. Mejorar la vida de las mujeres es un objetivo alcanzable, no una *utopía* remota, nos dice Marcela Lagarde. Se trata de lograr avances de género, de las mujeres en conjunto, y de la mujer como individuo.

El sincretismo de género es la base de la sororidad, la conciencia de que no somos idénticas, apunta Marcela Lagarde. A través de la sororidad nos potenciamos a nosotras mismas, nos planteamos cómo dotarnos de poder simbólico, reconocible y equiparable al de los varones, desarrollamos la conciencia de la semejanza. La sororidad significa refundar una cultura común desde la paridad. Rechazar el esencialismo: las mujeres no son buenas ni malas en términos absolutos. También implica la alianza política entre mujeres, que nos apoyemos para encontrar nuevos caminos, nuestras claves específicas. Y en otro plano, otorgar humanidad: no hacer a las otras lo que no quieras para ti.

La sororidad surge del reconocimiento de las desigualdades, partiendo de las mujeres reales; es una tendencia del feminismo del siglo XX que tiende a remover las estructuras en las que se basa la rivalidad, sin frustrantes idealizaciones, sustituyendo la culpa por la responsabilidad, intentando desvelar las claves de la dependencia vital, para vivir las relaciones desde la autonomía, desde «yo misma». Autonomía significa tener recursos propios, juicios propios, ideas y valores propios. Que cada una esté a favor de sí misma implica tener o procurarse condiciones para vivir, como nos recuerda Marcela Lagarde.

La sororidad, según Lagarde, es una solidaridad con límites; como es solidaridad implica generosidad y no dádiva, implica reconocer la paridad, sin dependencia; significa reciprocidad, o sea tengo para dar y puedo recibir. Cada mujer tiene derecho —y yo también— a ser ella misma, y la mismidad se construye con límites. Porque la sororidad no supone incondicionalidad, no se trata de repetir la fantasía materna de la incondicionalidad, la abnegación, el sacrificio.

Se trataría también de aprender a escuchar, respetar, compartir, buscar la proximidad, la cordialidad, el equilibrio, la sintonía.

Desmontar la misoginia, aprender a disentir sin misoginia, con respeto a la discrepancia (rebajamos un grado la misoginia cada vez que reconocemos las aportaciones que realizan las mujeres, como hacían las senadoras españolas socialistas al organizar los GAM —Grupos de Adulación Mutua—. La táctica consistía en realzar, no sin motivo, las intervenciones de las senadoras socialistas).

La sororidad es una alternativa, compleja, que nos coloca en mejores condiciones para afrontar los conflictos entre las mujeres. Nos permite reconocernos como pares, semejantes, dignas de respeto y consideración. Sin respuestas dogmáticas, desarrollar los poderes vitales para vivir bien y gozar de la vida.

Concluyo con palabras de Marcela Lagarde de nuevo: las mujeres necesitamos recursos para enfrentarnos a situaciones hostiles y transformar las relaciones negativas entre mujeres (como hemos venido repitiendo a lo largo del libro, entre nosotras se producen situaciones positivas y también conflictivas, y las tensiones se expresan o las expresamos con agresividad a veces). Necesitamos contribuir a crear bases y ambientes propicios para favorecer relaciones de apoyo y solidaridad. Ello conlleva el desarrollo de formas beneficiosas de cooperación entre mujeres comprometidas con el avance personal y colectivo de género. Es una experiencia contemporánea, sigue Marcela Lagarde, producto de la identificación positiva de género y de la comunión de intereses y necesidades entre mujeres. Es también el resultado de la asociación real de decenas de miles de mujeres en el mundo afanadas en construir metas comunes y del gusto de conocer mujeres admirables y compartir experiencias creativas entre nosotras.

Nosotras y ellos

Los hombres están en apuros. Tal parece la conclusión que, tras su análisis, extrae el psiquiatra Anthony Clare en *La masculinidad en crisis*. Se trata, en realidad, de una crisis de identidad, porque «existe la sensación, sin duda en las zonas remotas del imperio patriarcal, de que el imperio de la autoridad, la dominación y el control masculinos han tocado a su fin». Insatisfacción, dudas, descontento... Al fin, resulta que «la agresividad y la violencia son sumamente sensibles a factores que no son biológicos»: es decir, la cultura, el entorno social o la configuración psicológica de cada hombre son los verdaderos resortes de su conducta. «Pueden contener su agresividad, controlar su tendencia a dominar y seguir siendo hombres». El problema no radica en ser hombre sino en la obligación de ser lo que se supone que debe ser un hombre: «agresivo, racional, mandón, competitivo, reticente, taciturno, analítico, resuelto, independiente, dominante e invulnerable». El hombre del siglo XXI se enfrenta a cambios y revoluciones perturbadoras: las rupturas sentimentales repercuten en su salud, la competitividad les deprime y les aboca a la soledad, la ciencia y la tecnología médica reproductiva los convierte en inútiles o prescindibles, la familia nuclear, patriarcal y tradicional está rota y son las mujeres las que logran la custodia de los hijos, el papel de padre ha perdido valor... Anthony Clare propone un nuevo modelo: padres comprometidos con la familia, que desarrollen «la empatía, el altruismo, la sensibilidad y la expresividad emocional». El autor responde a la pregunta freudiana: ¿qué quieren los hombres? «Bueno, lo que yo quiero como hombre y lo que quiero para todos los hombres es que seamos más capaces de expresar la vulnerabilidad, la ternura y el cariño que sentimos, que valoremos más el amor, la familia y las relaciones personales y menos el poder, las posesiones y los logros, y que sigamos poniendo fe en unos valores sociales y comunales más amplios en tanto y cuanto nos faciliten y permitan a todos nosotros vivir una vida más generosa y satisfactoria». En fin: competir y dominar menos; amar y dejarse amar más.

Los hombres también están necesitados de amar y de ser amados, pero han contado desde siempre con múltiples fuentes de satisfacción por la participación en las más diversas actividades humanas del ámbito público. Escribía Julliet Mitchell que las mujeres no son oprimidas por los hombres: están socialmente oprimidas. Esta distinción es esencial desde el punto de vista metodológico, aunque el resultado sea coincidente. No todos los hombres son iguales. La voz de las mujeres tampoco es una sola, es múltiple, como la de los hombres.

Se habla del nuevo sexo débil. No voy a adentrarme en estos temas, daría para otro o varios libros más. Queremos coincidir con ellos, encontrarnos, lo que no quiere decir fusionarnos, ni ser dependientes, ni atrapar ni ser atrapadas por la culpa. Preferimos la libertad, la responsabilidad, el goce, la reciprocidad, la cooperación, la buena vida.

Nos referimos a la cooperación porque, como dice Claude Steiner, es la antítesis del abuso de poder, y si los hombres aprenden a cooperar, a hacer uso del poder sin oprimir a quienes están a su alrededor, podrán disfrutar de la plena expresión de energía sin el peso de la culpabilidad. Creo que hay una idea clave: si los hombres perciben que los privilegios les perjudican, si se juntan con las mujeres en favor de la libertad, ganarán en felicidad lo que perderán en prebendas. Dice Steiner que los «cerdos» machistas, sutiles o brutales, se aferran a sus privilegios masculinos y sacan buen partido de ellos, pero la mayoría no es consciente del impacto de su machismo y desconoce los beneficios de sustraerse a él. Hay dificultades en comprender que ésta es una lucha en favor de nuestra libertad, continúa Steiner, nos engañamos con privilegios insignificantes que acompañan nuestras sojuzgadas vidas, al mismo tiempo que desconocemos cuánto bienestar obtendríamos si dejáramos de ser machistas. A nosotros nos gusta la libertad de las mujeres tanto como a ellas, sigue, ya que si ellas son libres no dependerán de nosotros y asumirán mejor su sexualidad. Como siempre hay que destacar la importancia de la educación. Se trataría, por tanto, de enmendar el efecto distorsionador de la programación sexista, aprender a ser cariñoso (desarrollar la intuición), aprender a usar el poder sin abusar de él (ser solidario en lugar de ser antagónico). Los cambios experimentados por las mujeres afectan a los hombres, concluye.

Clara Coria señala que el varón que cree en el amor no posesivo y se nutre de estímulos que provienen de aquellos que son diferentes, incluidas las mujeres, «adquiere una irresistibilidad poco común por el simple hecho de que son capaces de amar a una mujer sin reducirla a la condición de madre, de objeto, de esclava o de niñita inmadura [...]. Estos varones no han nacido por generación espontánea. Se trata de personas dispuestas a rescatar del sistema patriarcal los afectos, la ternura, el disfrute del cuerpo y la posibilidad de ser ellos mismos», precisa Coria.

En opinión de Daniel Cazes, la condición masculina y los privilegios asignados a los hombres en el patriarcado generan su alienación o enajenación. Todos los hombres pueden gozar de las ventajas que se les ofrecen como recompensa de la permanente tensión que les ocasiona la obligación de poseerlas si cumplen con los atributos suficientes de la masculinidad hegemónica; tal es la vía por la que se les enajena permanentemente la posibilidad de construirse como seres humanos plenos y de construir la equidad y la igualdad de los géneros. Pero el tiempo en masculino enajenado y enajenante parece haber comenzado a cambiar.

Se habla de las nuevas paternidades. Se habla de las nuevas masculinidades. De la necesidad de crear un hombre nuevo frente al hombre antiguo. Incluso hay prototipos de ex maridos, como nos cuenta Elena Arnedo. Los medios de comunicación reflejan un fenómeno novedoso, el varón y la masculinidad están en crisis, aunque como expone Marta Segarra, los medios, la publicidad pretenden conformar un canon de masculinidad, de actitud vital; uno de los mitos (en el sentido de falsas evidencias de Barthes) es el de la normalidad, un valor que repercute en la forma de percibir nuestro entorno, nuestra conducta, de ajustarla a pautas establecidas en la formación de patrones de la masculinidad. Muchos hombres ya han comenzado a ser críticos de la masculinidad convencional. Se escribía ya en 1978 en la revista *Achi-*

les Heel («El Talón de Aquiles»): «Nuestro poder en la sociedad no solamente aprisiona a las mujeres, sino que nos aprisiona en una masculinidad tan rígida, que mutila todas nuestras relaciones entre nosotros, con las mujeres y con nosotros mismos».

Los hombres pueden cambiar y lo están haciendo, nos dice Àngels Carabí, se van formando y extendiendo los Men's Group, en países como EE UU, Australia, Inglaterra, Holanda, España, formados generalmente por hombres próximos a mujeres feministas que asumieron o comprendieron que lo personal era político y que manifestaron su deseo de tener relaciones más igualitarias con las personas que les eran más próximas y procedieron a revisar las imágenes polarizadas. En su proceso de recreación, continúa Àngels Carabí, se dieron cuenta de que el enemigo común era la masculinidad convencional y procedieron a modificarla. Aprendieron a ser más abiertos, a expresar sus emociones, a estar más cerca de sus hijos y de sus mujeres y descubrieron el placer de estar más en contacto entre ellos mismos. Supongo que también los hijos que se están educando en las familias más modernas, más democráticas, de madres feministas o mujeres y hombres más sensibles y comprometidos también cuestionarán la masculinidad convencional.

Nos recuerda la citada autora que numerosas escritoras de muchas culturas han creado ya imágenes de hombres igualitarios y no jerárquicos, por ejemplo Toni Morrison, presentando alternativas al modelo tradicional de la masculinidad. Se dice que el varón y la masculinidad están en crisis y se presentan como exponentes del malestar. Las publicaciones sobre el tema, el incremento de patologías en el colectivo masculino (que analiza Luis Bonino), el creciente número de operaciones de cirugía estética, el auge de la Viagra. En otro nivel asistimos al alarmante crecimiento de la violencia contra las mujeres. ¿Qué anda mal? ¿Se percibe o se contempla el proceso de igualdad como una pérdida de poder y por tanto de virilidad?

De la misma manera que la feminidad la masculinidad es un producto cultural, es un concepto plural y variable según las culturas. Luis Bonino plantea la deconstrucción de la «normalidad» masculina, en referencia a los trastornos masculinos, partiendo de la idea de que la masculinidad como tal ha permanecido intocable, ya que el énfasis se ha puesto en la subjetividad femenina, «lo masculino y sus valores siguen aún tomándose en la cultura como paradigma de normalidad, salud, madurez y autonomía y por tanto parecen no requerir interrogación». Como derivado de esto, todavía permanece intacta la dicotomía injusta para las mujeres del espacio simbólico salud-enfermedad mental. Las mujeres siguen siendo «el» problema y esto es así porque los varones y la masculinidad se han colocado desde el inicio de Occidente como los propietarios de la normalidad —salud-cordura—. Por tanto, ellos no constituyen problema, son la unidad ideal y única de medida de lo humano y desde ella producen las pautas que definen lo «normal». Pero ¿de qué normalidad se habla?

La masculinidad es un mito, nos dicen Cristina Alsina, un estereotipo como la feminidad, y al cambiar la concepción de la feminidad la masculinidad se ha desestabilizado (Susan Faludi ha estudiado concienzudamente el fenómeno de «la desestabilización» de los varones en la actualidad en EE UU en *Stiffed: The betrayal of the american man*); ser hombre y ser compelido por los hombres significa ser el más fuerte, el mejor, el que tiene éxito y triunfa. Deconstruir la masculinidad conlleva explicitar el coste y la alienación que viven los hombres en las relaciones con sus congéneres, hombres y mujeres. Si la masculinidad se constituye también se puede cambiar.

Como afirma Alicia Puleo, tanto los hombres como las mujeres somos naturaleza y cultura, razón y afectividad, intelecto y cuerpo. El futuro de la humanidad pasa por el examen atento y —en la medida de lo posible— sin prejuicios de nuestras identidades sexuadas y de nuestra relación con la naturaleza. Todos necesitamos observadores críticos; las culturas y los individuos se enriquecen y se hacen autorreflexivos en contacto con los otros. De esta forma, el acceso de las mujeres a la posición de sujeto ofrece a los hombres una oportunidad histórica inédita de observarse, por fin, en un espejo no deformante, señala Puleo (aludiendo a la famosa frase de Virginia Woolf respecto a la mujer como espejo que agranda la imagen de los hombres).

Pero yo tengo que terminar. Volvería con Steiner cuando afirma que los hombres y las mujeres pueden vivir sus vidas separadamente y juntos en cuanto individuos autónomos, solidarios e iguales. Las mujeres pueden estudiar carreras sin tener que convertirse en las «abejas reinas» —a las que antes aludimos— o pueden ser madres de una prole y vivir en una casa grande sin necesidad de convertirse en la «gran mamá». Los hombres pueden quedarse solteros y pueden tener relaciones con las mujeres sin ser playboys o pueden casarse y tener hijos a quienes pueden apoyar sin ser tiranos, grandes papás; las mujeres pueden ser atletas y cirujanas y los hombres enfermeros y amos de casa… (Sin rencor, mentiras, culpabilidad). Las necesidades humanas pueden ser satisfechas de muchas maneras que eviten las alternativas triviales. Steiner nos plantea alternativas a los banales estilos de vida opresivos. Se trataría de educar en la igualdad (yo estoy bien, tú estás bien), la autonomía (elegir, en lugar de seguir los guiones que nos escriben), la autenticidad (en lugar de mentiras, secretos y juegos), la cooperación (en lugar de juegos de poder y competición), el amor (plenitud de caricias).

Un futuro esperanzado requiere cultivar el acuerdo, la reciprocidad, también entre nosotras y ellos, buscar la buena vida y no perder el sentido del humor.

Bibliografía

ACHMITT PAMTEL, P.; PASTOR, R.: *La antigüedad.* En DUBY, G.; PERROT, M. (direc.): *Historia de las mujeres en Occidente.* Tomo 1. Madrid: Taurus, 1991.

ADAM MUÑOZ, Mª D.: *La protección de los derechos de las mujeres en una sociedad multicultural.* Instituto Andaluz de la Mujer. Junta de Andalucía. Servicio de Publicaciones de la Universidad de Córdoba. Córdoba 2001.

AFKHAMI, M.: *Mujeres en el exilio.* (Título original: *Women in Exile,* 1994). Siglo XXI de España Editores. Madrid, 1998.

AGACINSKI, S.: *Política de sexos.* Taurus. Madrid, 1998.

AGUADO, Ana: *Mujeres regulación de conflictos sociales y culturales de la paz.* Universidad de Valencia, Colección Oberta. Valencia, 1999

AGUILAR, P.: *Mujer, amor, sexo, en el cine español de los 90.* Editorial Fundamentos. Madrid, 1998

AGUILAR; DOLE; HERRERA; MONTENEGRO, CAMACHO; FLORES: *Movimientos de mujeres en Centroamérica.* Ed. Programa Regional La Corriente. Managua (Nicaragua), 1997.

ALBERDI, C.: *El poder es cosa de hombres.* La Esfera de los Libros. Madrid, 2001.

ALBERDI, I.: *La nueva familia española.* Taurus. Madrid, 1999.

ALBERDI, I.; ESCARIO, P.; MATAS, N.: *Las mujeres jóvenes en España.* Fundación La Caixa. Barcelona, 2000.

ALBERONI, F.: *La Amistad. Aproximación a uno de los más antiguos vínculos humanos.* Editorial Gedisa. Barcelona, 1985

AL-SA'DAWI, N.: *Mujer en punto cero.* horas y HORAS la editorial. Madrid, 1994

—*La cara desnuda de la mujer árabe.* horas y HORAS la editorial. Madrid, 1991.

AL-SHAIKH, H.: *Mujeres de arena y mirra*. Ediciones del Bronce. Barcelona, 1996.

ALTÉS, E. (textos); AYMERICH, P. (fotografías): *Els anys violeta. Exposició fotográfica.1976-1982*. Associació de Dones Periodistes. Col·legi de Periodistes de Catalunya. Barcelona, 2001.

ÁLVAREZ, R. y STOKES, W. (eds.): *La mujer ante el tercer milenio. Arte, literatura, transformaciones sociales*. Plaza Universitaria Ediciones. Salamanca, 1997.

AMO, M. Del (ed.): *El imaginario, la referencia y la diferencia: siete estudios acerca de la mujer árabe*. Departamento de Estudios Semíticos Universidad de Granada. Granada, 1997.

AMORÓS, C.: «Espacio de los iguales, espacio de las idénticas. Notas sobre poder y principio de individuación». *Arbor,* 503-4 (1897); págs. 113-127.

—*Tiempo de feminismo. Sobre feminismo, proyecto ilustrado y postmodernidad*. Ediciones Cátedra. Madrid, 1997.

AMORÓS, C. (directora): *10 palabras clave sobre Mujer*. Editorial Verbo Divino. Navarra, 1995.

ANGIER, C.: *Jean Rhys*. Ed. Grijalbo Mondadori. Madrid, 1991.

ANGIER, N.: *Woman. An intimate Geography*. Anchor Books. New York, 2000.

ARCHER, R.: *Misoginia y defensa de las mujeres. Antología de textos medievales*. Ediciones Cátedra; Universitat de València; Instituto de la Mujer. Madrid, 2001.

ARENAS FERNÁNDEZ, Mª G.: *Triunfantes perdedoras. Investigación sobre la vida de las niñas en la escuela*. Servicio de Publicaciones e Intercambio Científico de la Universidad de Málaga. Instituto Andaluz de la Mujer. Junta de Andalucía. Málaga, 1996.

ARENDT, H.: *La condición humana* (Título original: *The Human Condition*, 1958). Ediciones Paidós Ibérica. Barcelona, 1993.

ARENDT, H. y MCCARTHY, M.: *Entre amigas. Correspondencia entre 1949-1975*. Lumen. Barcelona, 1998.

ARISTÓFANES, *Las asambleístas*. Bosch. Barcelona, 1977.

ARISTÓFANES, *Lisístrata*. Editora Nacional. Madrid, 1981.

ARNEDO, E.: *Desbordadas. La agitada vida de la elastic woman*. Temas de Hoy. Madrid, 2000.

ARRIERO RANZ, F.; CASTILLO GÓMEZ, F.: *Las mujeres en la historia de España (siglos XIII al XX*. Ayuntamiento de Torrejón de Ardóz, área de la Mujer, 1993.

AUSTEN, J.: *Emma*. Tusquets Editores, Barcelona. 1996.

—*Selected Letters*. Oxford University Press. Oxford, 1985.

AVIA, M. D. y VÁZQUEZ, C.: *Optimismo inteligente. Psicología de las emociones positivas*. Alianza Editorial. Madrid, 1998.

BADINTER, E.: *¿Existe el instinto maternal? Historia del amor maternal. Siglos XVII al XX*. Paidós. Barcelona, 1991.

BAKER MILLER, J.: *Hacia una nueva psicología de la mujer*. Paidós. Barcelona, 1992.

BALLARÍN DOMINGO, P. (dir.): *Las mujeres en Europa: Convergencias y Diversidades*. Universidad de Granada y Caja General de Ahorros de Granada, Col. Feminae. Granada, 2000.

BARBER, P.: *Vampires, Burial, and Death*. Yale University Press. New Haven, 1998.

BARD, Ch. (ed.): *Un siglo de antifeminismo*. Biblioteca Nueva. Madrid, 2000.

BARKER, P.: *Cartes a Iris* (Título original: *Union Street*, 1982). Edicions de l'Eixample. Barcelona, 1990.

BARNES, J.: *Eva Perón*. Ultramar. Barcelona, 1982.

BASAGLIA, F.: *Mujer, locura y sociedad*. Universidad Autónoma de Puebla. México, 1987.

BASSI, A.; MASOTTI, G.; SBORDONE, F. (coords.): *Tempi di vita e tempi di lavoro. Donne e impresa sociale nel nuovo welfare*. Franco Angeli. Milano, 2000.

BAUDELAIRE, Ch.: *Las flores del mal*. Ediciones Cátedra. Madrid, 1995.

Biblia, La. Edición de Serafín de Ausejo. Herder. Barcelona, 1976.

Bauman, Z.: *La solitudine del cittadino globale.* Campi del sapere. Milano, 2000.

Baumgardner, J. y Richards, A.: *Manifesta, young women, feminism, and the future.* Farrar, Straus and Giroux. New York, 2000.

Baxadall, R.; Gordon, L.: *Dear Sisters: Dispatches from the Wome's Liberation Movement.* Basic Books. Nueva York, 2000.

Beauvoir, S. de: *El segundo sexo. Volumen I. Los hechos y los mitos.* (Título original: *Le deuxième sexe,* 1949). Ediciones Cátedra. Madrid, 1988

—*El segundo sexo. Volumen II. La experiencia vivida.* Ediciones Cátedra. Madrid, 1998.

Behar, R. y Gordon D.A.: *Women writing culture.* University of California Press. California, 1995.

Béjar, H.: *El mal samaritano. El altruismo en tiempos del escepticismo.* Anagrama. Barcelona, 2000.

Beltrán, E. y Maquieira, V.: *Feminismos (Debates teóricos contemporáneos).* Alianza Editorial. Madrid, 2001.

Belli, G.: *El ojo de la mujer* (5ª edición). Ed. Visor Libros. Col. Visor de Poesía. Madrid, 2000.

Bepko, C. y Krestan, J.-A.: *Nosotras, libres, amantes, creativas, innovadoras. Un libro de mujeres para mujeres* (Título original: *Singing at the Top of Our Lungs,* 1993). Gaia ediciones. Madrid, 2000.

Berenguer Contri, G. et al.: *El Laberinto de Cristal.* FVECTA (Federación Valenciana de Empresas Cooperativas de Trabajo Asociado). Valencia, 1999.

Bergman, I.: *Imágenes.* Tusquets. Barcelona, 1992.

-*Persona* (Vídeo) Suecia, 1966. Filmax Home Vídeo. Hospitalet de Llobregat, 2001.

Bessis, S. y Belhassen, S.: *Mujeres del Magreb. Lo que está en juego* (Título original: *Femmes du Magreb: l'enjeu,* 1992). horas y HORAS la editorial. Madrid, 1994.

Bettelheim, B.: *Psicoanálisis de los cuentos de hadas.* Crítica. Barcelona, 1999.

BINET, L.: *Nakusha, la no deseada. Mujeres de Asia oprimidas* (Título original: *Nakusha l'indesirable,*. 1997). Ed. Bruño con la colaboración de Amnistía Internacional. Madrid, 2000.

BIRULÉS; CORRAL; LARRAURI; MARÇAL; RIUS: «Fragmentos del discurso sobre la autoridad femenina». *Archipiélago. Cuadernos de Crítica de la Cultura*, Nº 30 (Otoño, 1997).

BLAISE, S.: *El rapto de los orígenes o el asesinato de la madre: de la comunicación entre las mujeres*. Vindicación feminista. Madrid, 1996.

BLAKE TYRRELL, W.: *Las Amazonas. Un estudio de los mitos atenienses* (Título original: *Amazons. A Study in Athenian Mythmaking*, 1984). Fondo de Cultura Económica. México D.F., 1989.

BLANCO CORUJO, O.: *Olimpia de Gouges (1748-1793)*. Ediciones del Orto. Madrid, 2000.

BLANCO GARCÍA, N.: *El sexismo en los materiales educativos de la E.S.O.* Instituto Andaluz de la Mujer. Sevilla, 2000.

BLECUA, J.E. (ed.): *Poesía de la Edad de Oro*. Castalia. Madrid, 1984.

BLOOM, H.: *Cómo leer y por qué* (4ªedición). Anagrama. Barcelona, 2000.

BOCCHETTI, A.: *Lo que quiere una mujer*. Ediciones Cátedra. Madrid, 1996.

BOCK, G.: *La mujer en la historia de Europa*. Editorial Crítica. Barcelona, 2001.

BOLEN, J.S.: *Ring of Power. The Abandoned Child, the Authoritarian Father, and the Disempowered Feminine. A Jungian Understanding of Wagner's Ring Cycle*. Harper Collins. New York, 1993.

—*Las diosas de cada mujer. Una nueva psicología femenina.* (4ª edición) (Título original: *Goddesses in everywoman*, 1984). Editorial Kairós. Barcelona, 1998.

BONESCHI, M.: *Santa Pazienza. La storia delle donne italiane dal dopoguerra a oggi*. Arnoldo Mondadori Editore. Milano:, 1998.

BONNEFOY, Y.: *Diccionario de las mitologías y de las religiones tradicionales y del mundo antiguo. Vol. 2, Grecia*. Destino. Barcelona, 1996.

—*Diccionario de las mitologías y de las religiones tradicionales y del mundo antiguo.Vol. 3, De la Roma arcaica a los sincretísmos tardíos.* Destino. Barcelona, 1997.

BORNAY, E.: *Las hijas de Lilith.* Ediciones Cátedra. Madrid, 1990.

BORRELL, E.: *Presoneres del progrés. Fragmentació i felicitat femenina.* Pagès Editores. Lleida, 1999.

BOSCH, E; FERRER, V. A.; GILI, M.: *Historia de la misoginia.* Anthropos editorial (coedita el Servei de Publicacions i Intercanvi científic de la Universitat de les Illes Balears). Barcelona, 1999.

BOSERUP, E.: *La mujer y el desarrollo Económico* (Título original: *Woman's role in economic development,* 1970). Minerva Ediciones. Madrid, 1993.

BOSSI FEDRIGOTTI, I.: *Amigas enemigas.* Ediciones Martínez Roca. Barcelona, 1999.

BOURDIEU, P.: *La dominación masculina.* Anagrama. Barcelona, 2000.

BOUVRIE, S. des: *Women in Tragedy: an Anthropological Approach.* Norwegian University Press. Londres, 1990.

BRAIDOTTI, R.: *Sujetos nómadas. Corporación y diferencia sexual en la teoría feminista contemporánea* (Título original: *Nomadic subjects. Embodiment and Sexual Difference in Contemporary Feminist Theory,* 1994). Ediciones Paidós Ibérica. Barcelona, 2000.

BRANTENBERG, G.: *Las hijas de Egalia* (2ªedición). horas y HORAS la editorial. Barcelona, 2000.

BRAVO, A.: *Femenino singular. La belleza a través de la historia.* Alianza Editorial. Madrid, 1996.

BRONTË, Ch.: *Jane Eyre.* Ediciones Cátedra. Madrid, 1996.

—*Villette.* Rialp. Madrid, 1996.

BRÜCKNER, J. et al.: *Estética Feminista.* Icaria Editorial. Barcelona, 1985.

BURIN, M.; BLEICHAR, E.D. (compiladoras): *Género, psicoanálisis, subjetividad.* Editorial Paidós. Buenos Aires, 1996.

BURIN, M.; MELER, I.: *Género y familia. Poder, amor y sexualidad en la construcción de la subjetividad.* Editorial Paidós. Buenos Aires, Barcelona, México, 1988.

CALAMITY JANE: *Cartas a la hija 1877-1902* (Título original: *Calamity Jane's letters to her daughter*). Anagrama. Barcelona, 1982.

CALVO SERRALLER, F.; IGLESIAS, C.:. *Ensayos. Goya y la imagen de la mujer. Las mujeres españolas de finales del Siglo XVIII*. Museo Nacional del Prado. Madrid, 2002

CAMI-VELA, M.: *Mujeres detrás de la cámara. Entrevista con cineastas españolas de la década de los 90*. Editorial Ocho y Medio. Madrid, 2001.

CAMPOAMOR, C.: *Mi pecado mortal. El voto femenino y yo*. Instituto Andaluz de la Mujer, Junta de Andalucía. Sevilla, 2001.

CAMPS, V.: *Una vida de calidad. Reflexiones sobre Bioética*. Editorial Crítica. Barcelona, 2001.

—*El siglo de las mujeres*. Ediciones Cátedra. Madrid, 1998.

CANTERELLA, E.: *Pasado próximo. Mujeres romanas de Tácita a Sulpicia*. Ediciones Cátedra. Madrid, 1997.

CARRASCO, C. (ed.): *Mujeres y economía. Nuevas perspectivas para viejos y nuevos problemas*. Icaria Editorial. Barcelona, 1999.

CASTELLS, C.: *Perspectivas feministas en teoría política*. Paidós. Barcelona, 1996.

CASTILLA DEL PINO, C.: *Teoría de los sentimientos*. Tusquets Editores. Barcelona, 2000.

CASTILLA DEL PINO, C. (compilador): *La envidia*. Alianza Editorial. Madrid, 1994.

CAVARERO, A.: *In spite of Plato. A feminist rewriting of ancient philosophy* (Título original: *Nonostante Platone: Figure femminili nella filosofia antica*, 1990). Routledge. New York, 1995.

CEPEDA Y AHUMADA, T.: *Vida*. Espasa-Calpe. Madrid, 1984.

CERATI, C.: *La mala hija* (Título original: *La cattiva figlia, 1990*). Muchnik Editores. Barcelona, 1993.

CERRADA JIMÉNEZ, A. I.; SEGURA GRAÍÑO, C. (edits.): *Las mujeres y el poder. Representaciones y prácticas de vida*. Al-Mudayna y l@s autor@s. Madrid, 2000.

CERVANTES SAAVEDRA, M. de: *Don Quijote de la Mancha*. Instituto Cervantes-Crítica. Barcelona, 1998.

CHADWICK, W.: *Mujer, arte y sociedad.* Ediciones Destino. Barcelona, 1992.

CHADWICK, W y De Courtivron, I. (eds.): *Los otros importantes. Creatividad y relaciones íntimas* (Título original: *Significant Others. Creativity & Intimate Partnership*, 1993). Ediciones Cátedra. Madrid, 1994.

CHÉJOV, A.: *Las tres hermanas.* Ediciones Cátedra. Madrid, 1994.

CHESLER, Ph.: *Woman's Inhumanity to Woman.* Thunder's Mouth Press & Nation Books. New York, 2001.

CHODOROW, N.: *El ejercicio de la maternidad. Psicoanálisis y sociología de la maternidad y paternidad en la crianza de los hijos* (Título original: *The Reproduction of Mothering. Psychoanalysis and the Sociology of Gender,* 1978). Editorial Gedisa. Barcelona, 1984.

CIORAN, E.M.: *Historia y utopía.* Tusquets Editores. Barcelona, 1988.

CIRLOT, J.E.: *Diccionario de símbolos.* (5° edición). Ediciones Siruela. Madrid, 2001.

CLARE, A.: *Hombres. La masculinidad en crisis.* Taurus. Madrid, 2002.

CLÉMENT, C. y KRISTEVA, J.: *Lo femenino y lo sagrado.* Ediciones Cátedra, Madrid 2000.

COBO, R.: «Política Feminista y Democracia Paritaria». *Leviatán. Revista de hechos e ideas* (edita: El socialista, S.A.), n° 80 (ju.-sep. 2000); págs. 101-116.

COLECTIVO EL TELAR: *De rivales a cómplices. Una experiencia de educación popular feminista.* Colectivo El Telar. Santiago de Chile, 1991.

COLLET, M.; FERRER, R.M.; PLA, F.: *Yo, tú: nosotras. Mujeres en busca de una nueva identidad.* Editorial Kairós. Barcelona, 1994.

COLOMBO, R.M.; RUGGIERI, F. (comp.): *Lettere d'amore di Mary Wollstonecraft.* Essedue edizioni. Verona, 1983.

COMPANY, J.M.: *Ingmar Bergman.* Cátedra. Madrid, 1993.

CONSIDINE, S.: *Bette and Joan: The Divine Feud.* E.P. Dutton. Nueva York, 1989

CORIA, C.: *Los laberintos del éxito. Ilusiones, pasiones y fantasmas femeninos*. Paidós. Buenos Aires, Barcelona, México, 1992.
—*Las negociaciones nuestras de cada día*. Paidós. Barcelona, 1996.
—*El amor no es como nos contaron… ni como lo inventamos*. Paidós. Barcelona, 2001.

CUCÓ GINER, J.: *la amistad: perspectiva antropológica*. Icaria. Barcelona, 1995.

DANTICAT, E.: *Palabra, ojos, memoria* (Título original: *Breath, eyes, memory*, 1994). Ediciones del Bronce. Barcelona, 1998.

DAGNINO, A.: *UOMA: La fine dei sessi*. Mursia. Milano, 2000.

DEBOLD, E.; WILSON, M.; MALAVÉ, I.: *La revolución en las relaciones madre-hija*. Paidós. Barcelona, 1994.

DECKER. M. de.: *Madame de Montespan: Le gran sultane*. Librairie Academique Perrin. París, 1985.

DEEPWELL, K.: *Nueva crítica feminista de arte, estrategias críticas*. Ediciones Cátedra. Madrid, 1998.

DIEGO, E. de: *El andrógino sexuado. Eternos ideales, nuevas estrategias de género*. Visor Dis. Madrid, 1992.

DIO BLEICHMAR, E.: *La sexualidad femenina de la niña a la mujer.* Ediciones Paidós Ibérica. Barcelona, 1998.
—*El feminismo espontáneo de la histeria. Estudio de los trastornos narcisistas de la feminidad* (3° edición). Siglo XXI de España Editores. Madrid, 1991.

DIVAKARUNI, C.B.: *Mi hermana del alma*. Ediciones B. Barcelona, 2000.

DODSON, L.: *Don't call us out of name with new afterword. The untold lives of women and girls in poor America*. Beacon Press. Boston, 1999.

DOMERGUE, L.; FREIRE, A.M. *et al.*: «Coordenadas y cauces de la vida literaria». En: *Historia de la literatura española, 6 (I)*. Dir. Víctor García de la Concha; Coord. Guillermo Carnero. Espasa-Calpe. Madrid, 1995.

DOWNING, Ch.: *La Diosa: imágenes mitológicas de lo femenino*. Kairós. Barcelona, 1999.

DUBY, G. Y PERROT, M. (direc.): *Historia de las mujeres*. Volumen 5: *El siglo XX*. (bajo la dirección de Françoise Thébaud). Taurus. Madrid, 1993.

DUCHEIM, M.: *Isabel I de Inglaterra*. Javier Vergara. Buenos Aires, 1994.

DUFRESNE, C.: *La Callas*. Juventud. Barcelona, 1995.

DUJOVNE ORTIZ, A.: *Eva Perón: la biografía*. El País/Aguilar. Madrid, 1996.

DUPANLOUP, L.: *La mujer estudiosa*. Servicio de Publicaciones de la Universidad de Cádiz, Col. Textos y Estudios de Mujeres. Cádiz, 1996.

DURÁN, M.A.: *Si Aristóteles levantara la cabeza. Quince ensayos sobre las ciencias y las letras*. Ediciones Cátedra; Universidad de Valencia; Instituto de la Mujer. Madrid, 2000.

—(edit.): *Liberación y utopía*. Akal. Madrid,1982.

EBERT, T.L.: *Ludic Feminism and After. Postmodernism, Desire, and Labor in Late Capitalism*. The University of Michigan Press. Critical Perspectives on Women and Gender. 1999.

EDWARDS, R.; READER, K.: *The Papin Sisters*. Oxford University Press. Oxford, 2001.

EISLER, R.: *El Cáliz y la Espada. La alternativa femenina* (Título original: *The Chalice and the Blade. Our History, Our Future*, 1987). H.F. Martínez de Murguía-Editores. Madrid, 1996.

ELZABURU MÁRQUEZ, F. y MARTITEGUI SUSUNAGA, J.: *Educación: reto del tercer milenio*. Ediciones 2010. Madrid, 1998.

EPICURO: *Sobre la felicidad*. Editorial Debate. Madrid, 2000

EPHRON, N.: *Ensalada loca. Algunas cosas sobre las mujeres*. Anagrama. Barcelona, 1978.

EPS, nº 1.332. «Un país de mujeres». Madrid, 7 de abril de 2002.

ETXEBARRIA, L.: *La historia de Courtney Love y Kurt Cobain*. Midons. Valencia,1996.

—*La Eva futura*. Destino. Barcelona, 2001.

EURÍPIDES: *Tragedias*. Gredos, Madrid, 1977.

EVANS, M.: *Introducción al pensamiento feminista contemporáneo*. Minerva Ediciones. Madrid, 1997.

FAGOAGA, C. (coord.): *1898-1998 Un Siglo Avanzando hacia la igualdad de las mujeres*. Dirección General de la Mujer. Consejería de Sanidad y Servicios sociales Comunidad de Madrid. Madrid, 1999.

FALCO, L.: *Memorias políticas (1959-1999)*. Barcelona. Planeta, 1999.

FALCÓN MARTÍNEZ, C., *et al.*: *Diccionario de la mitología clásica*, 2 vols. Alianza Editorial. Barcelona, 1990

FALUDI, S.: *Reacción. La guerra no declarada contra la mujer moderna*. Anagrama. Barcelona, 1991.

FERNÁNDEZ DE MORATÍN, L.: *La comedia nueva. El sí de las niñas*. Crítica. Barcelona, 1994.

FERNÁNDEZ PONCELA, A.M.: *Protagonismo femenino en cuentos y leyendas de México y Centroamérica*. Narcea Ediciones. Madrid, 2000.

—*Mujeres, revolución y cambio cultural. Transformaciones sociales versus modelos culturales persistentes*. Anthropos Editorial, en coedición con la Universidad Autónoma Metropolitana, Xochimilco, México. Barcelona:, 2000.

FISHER, H.: *El primer sexo. Las capacidades innatas de las mujeres y cómo están cambiando el mundo*. Taurus. Madrid, 2000.

FLAUBERT, G: *Madame Bovary*. Ediciones Cátedra. Madrid, 1990.

FLAX, J.: *Psicoanálisis y feminismo. Pensamientos fragmentarios*. Ediciones Cátedra. Madrid, 1995.

FOLGUERA, P. (comp.): *El feminismo en España: dos siglos de historia*. Editorial Pablo Iglesias. Madrid, 1988.

FRAISSE, G.: *La diferencia de los sexos*. Manantial. Buenos Aires, 1996.

FRANCKE, L.: *Mujeres guionistas en Hollywood* (Título original: *Script Girls. Women Screenwriters in Hollywood*, 1994). Ed. Alertes. Barcelona, 1996.

FRANCO, J.: *Las conspiradoras . La representación de la mujer en México (Versión actualizada)* (Título original: *Plotting Women. Gender and Representation in Mexico*, 1989). Editan el Colegio de México y el Fondo de Cultura Económica. México D. F., 1993.

FREDRIKSSON, M.: *Las hijas de Hanna* (Título original: *Anna, Hanna och Johanna*, 1994). Emecé Editores. Barcelona, 1998.

FREIXAS, L.: *Madres e hijas.* Anagrama. Barcelona, 1996.

FRENK ALATORRE, M. (ed.): *Lírica española de tipo popular.* Ediciones Cátedra. Madrid, 1986.

FRIDAY, N.: *Mi madre, yo misma.* Argos-Vergara. Barcelona, 1979.

FRIEDAN, B.: *La mística de la feminidad.* Ediciones Júcar. Madrid, 1974.

FRISCHER, D.: *La revanche des misogynes. Où en sont les femmes après trente ans de féminisme?* Éditions Albin Michel. Paris, 1997.

GALEANO, E.: *Amares.(Antología de relatos).* Alianza Editorial. Madrid, 1998.

—*Memorias de fuego III. El siglo del viento.* Siglo XXI de España. Madrid, 1986.

GALEY, M.: *Conversaciones con Marguerite Yourcenar. Con los ojos abiertos* (Título original: *Les yeux ouverts*, 1980). Editorial Gedisa. Barcelona, 1995.

GALLAND, C.: *The Bond Between Women (A Jouney to Fierce compassion).* Riverhead Books. New York, 1999.

GARAIZABAL, C. y VÁZQUEZ, N.: *El dolor invisible. Una experiencia de grupos de auto-apoyo con mujeres salvadoreñas.* Talasa Ediciones. Madrid, 1994.

GARCÍA DE CORTÁZAR, M. y GARCÍA DE LEÓN, Mª A.: *Mujeres en minoría. Una investigación sociológica sobre las catedráticas de universidad en España.* Centro de Investigaciones Sociológicas. «Opiniones y Actitudes» Nº 16. Madrid, 1997.

—(coords): *Profesionales del periodismo. Hombres y mujeres en los medios de comunicación.* Centro de Investigaciones Sociológicas en coedición con Siglo XXI de España Editores. Madrid, 2000.

GARCÍA DE LEÓN, Mª A. *et al.: Las Académicas (Profesorado universitario y género)*. Instituto de la Mujer (Ministerio de Trabajo y Asuntos Sociales). Madrid, 2001.

GARCÍA DE LEÓN, Mª A.: *Élites discriminadas. (Sobre el poder de las mujeres.* Anthropos. Barcelona, 1994.

GARCÍA DE LEÓN, Mª A.; GARCÍA DE CORTÁZAR, M.; ORTEGA, F. (coords.): *Sociología de las mujeres españolas*. Editorial Complutense. Madrid, 1996.

GARCÍA LORCA, F.: *Doña Rosita la soltera*. Espasa-Calpe. Madrid, 1992.

—*Yerma*. Alianza Editorial. Madrid, 1990.

GARCÍA LORENZO, L. (editor): *Autoras y actrices en la historia del teatro español*. Universidad de Murcia, 2000.

GARCÍA PRINCE, E.: *Derechos políticos y ciudadanía de las mujeres. Una vía género sensitiva y paritaria al poder y al liderazgo.* GENDHU (Género, Desarrollo, Democracia y Derechos Humanos. Centro para el Adelanto de las Mujeres). Caracas, 1996.

GARDINER, J.: *El mundo interior. Las hermanas Brontë en Haworth.* Odín. Barcelona, 1992.

GARMENDIA LARRAÑAGA, M.: *¿Por qué ven la televisión las mujeres? Televisión y vida cotidiana*. Servicio Editorial de la Universidad del País Vasco. Bilbao, 1998.

GARRIDO, E. (edit.): *Historia de las Mujeres en España*. Editorial Síntesis. Madrid, 1997.

GENET, J.: *Las Criadas*. Alianza. Madrid, 1998.

GENOVESE, M.: *Mujeres líderes en política. Modelos y prospectiva*. Narcea Ediciones. Madrid, 1997.

GIL CALVO, E.: *El nuevo sexo débil. Los dilemas del varón posmoderno.* Temas de Hoy. Madrid, 1997.

GILVERT, S.M.; GUBAR, S: *La loca del desván: La escritora y la imaginación literaria del siglo XIX*. Cátedra. Madrid, 1998.

GINER, J.: *La amistad. Perspectiva antropológica*. Icaria Editorial. Barcelona, 1995.

Giroud, F.: *No se puede ser feliz siempre.* Gedisa Editorial. Barcelona, 2001.

Glut, D. F.: *The Dracula Book.* Scarecrow Press. Nueva Jersey, 1975.

Goldmann, L.: *El teatro de Jean Genet: ensayo de estudio sociológico.* Monte Ávila. Caracas, 1968.

Gómez Canseco, L.: Zambrano, P.L.; Alonso, L.P.: *El sexo en la literatura.* Servicio de Publicaciones, Universidad de Huelva. Huelva, 1997.

Gómez de Avellaneda, G.: *Poesías y epistolario de amor y de amistad.* Castalia-Instituto de la Mujer. Madrid, 1989.

González de Chávez Fernández, M.A.: *Feminidad y masculinidad. Subjetividad y orden simbólico.* Editorial Biblioteca Nueva . Madrid, 1998.

Grandes, A.: *Modelos de mujer.* Tusquets Editores. Barcelona, 1996.

Grau, Anna.: *Dones contra dones.* Edicions de la Magrana. Barcelona, 2001.

Graves, R.: *Los mitos griegos.* Ariel. Barcelona, 1995.

Green, K.; Taormino, T. (edit.): *A Girl's Guide to Taking Over the World: Writings from the Girl Zine Revolution.* St. Martin's Press. Nueva York, 1997.

Greer, G.: *La mujer completa* (Título original: *The Whole Woman,* 1996). Editorial Kairós. Barcelona, 2000.

Gubern, R.: *Máscaras de ficción.* Anagrama. Barcelona, 2002.

Guerra Palmero, M.J.: «Apostar por el feminismo global». *Leviatán. Revista de hechos e ideas.* (Edita: El socialista, S.A. Madrid); nº 80 (jul.-sep. 2000).

Guigou, E.: *Être femme en politique.* Plon. Saint-Amand-Montrond, 1997.

Gupta, S.S. y Montaraz, F. (compiladoras y traductoras): *Lihaf. Cuentos de Mujeres de la India.* horas y HORAS la editorial. Madrid, 2001.

HAIGH, Ch.: *Elizabeth I*. Lonhman. Londres, 1988.

HARAWAY, D. J.: *Ciencia, cyborgs y mujeres. La reinvención de la naturaleza* (Título original: *Simians, Cyborgs and Women. The Reinvention of Nature*, 1991). Ediciones Cátedra. Madrid, 1995.

HARTEN, E.: *Femmes, culture et Revolution*. Des Femmes. Paris, 1989.

HELGESEN, S.: *La ventaja de ser mujer. Formas femeninas de liderazgo* (Título original: *The Female Advantages*, 1990). Ediciones Granica. Barcelona, 1993.

HELLER, A.: *La revolución de la vida cotidiana* (2ª edición). Ediciones Península. Barcelona, 1994. (1ª edición: 1982).

HELLMAN, L.: *Mujer inacabada. Un retrato biográfico de la autora de Pentimento* (Título original: *An Unfinishedd Woman*, 1969). Editorial Argos Vergara. Barcelona, 1978.

HERNÁNDEZ, T. y MURGUIALDAY, C.: *Mujeres indígenas, ayer y hoy. Aportes para la discusión desde una perspectiva de género*. Talasa Ediciones. Madrid, 1992.

HIEDEN-RYNSCH, V. Von der: *Los salones europeos.. Las cimas de una cultura desaparecida* (Título original: *Europäische Salons*, 1992). Ediciones Península. Barcelona, 1998.

HEYWOOD, L. y Drake, J. (eds.): *Third Wave Agenda. Being Feminist, doing Feminism*. University of Minnesota Press. Minneapolis, 1997.

HIGHSMITH, P.: *Pequeños cuentos misóginos* (7ª edición). Alfaguara. Madrid, 1995.

HITE, S.: *Sexo y Negocios* (Título original: *Sex & Business*). Ed. Pearsons Educación. Madrid, 2000.

HOLIDAY, B.: *Lady Sings the Blues. Memorias*. Tusquets Editores. Barcelona, 1988.

HOLLAND, B.: *Eco feminismos*. Ediciones Cátedra. Madrid,1996.

HOMERO: *Ilíada*. Ediciones Cátedra. Madrid, 1991.

HOMERO: *Odisea*. Ediciones Cátedra. Madrid, 1991.

HOOKS, B.: *Feminism is for everybody. Passionate Politics.* South End Press. Cambridge, 2000.

HOUELLEBECQ, M.: *Las partículas elementales* (3ª edición). Anagrama. Barcelona, 1999.

HUDDLESTON, S.: *Isabel de Inglaterra.* Moreton, 1968.

HURTADO, A.: *The Color of Privilege. Three Blasphemies on Race and Feminism.* The University of Michigan Press, 1996.

IBSEN, H.: *Casa de Muñecas.* Edaf. Madrid, 1981.

Informe Mundial sobre la Situación de la Población en el Mundo.

IRAZÁBAL MARTÍN, C.: *Alice, sí está. Directoras de Cine Europeas y Norteamericanas 1896-1996.* horas y HORAS la editorial. Madrid, 1996.

IRIGARAY, L.: *El cuerpo a cuerpo con la madre.* La Sal, Edicions de les Dones. Barcelona, 1985.

—*Yo, tú, nosotras.* Ediciones Cátedra. Madrid, 1992.

IZQUIERDO, M.J.: *Sin vuelta de hoja. Sexismo: poder, placer y trabajo. El sexismo como impotencia ideológica.* Ediciones Bellaterra. Barcelona, 2001.

JASCHOK, M. Y MIERS, S. (eds.): *Mujeres y patriarcado chino. Sumisión, servidumbre y escape* (Título original: *Women & Chinese Patriarchy,* 1994). Ediciones Bellaterra. Barcelona, 1998.

JONASDÓTIR, A. G.: *El poder del amor ¿Le importa el sexo a la democracia?* Ediciones Cátedra. Madrid, 1993.

JONG, E.: *¿Qué queremos las mujeres?* Aguilar. Madrid, 1999.

JULIANO, D.: *El juego de las astucias. Mujer y construcción de modelos sociales alternativos.* horas y HORAS la editorial. Madrid, 1992.

—*Las que saben… Subculturas de mujeres.* horas y HORAS la editorial. Madrid, 1998.

—*La causa saharaui y las mujeres. «Siempre fuimos tan libres».* Icaria Editorial. Barcelona, 1998.

KABEER, N.: *Realidades trastocadas. Las jerarquías de género en el pensamiento del desarrollo* (Título original: *Reversed Realities: Gender Hierarchies in Development Thought*, 1994). Coeditan Programa Universitario de Estudios de Género, UNAM; Instituto de Investigaciones Económicas, UNAM; Editorial Paidós Mexicana, S.A. México D.F., 1998.

KAMEN, P.: *Feminist Fatale, Voices from the «Twentysomething» Generation Explore the Future of the «Women's Movement»*. Donald I. Fine, Inc. New York, 1991.

KANT, I.: *Lo bello y lo sublime*. Espasa-Calpe. Madrid, 1946.

KAPLAN, E. A.: *Las mujeres y el cine. A ambos lados de la cámara* (Título original: *Women & Film. Both sides of the Camera*, 1983). Ediciones Cátedra. Madrid, 1998.

KARLINSKY, S.: *Marina Tsvietaieva*. Mondadori. Barcelona, 1991.

KARP, M. Y STOLLER, D. (eds.): *The Bust guide to the new girl order.* Penguin Books. New York, 1999.

KINGSOLVER, B.: *La Biblia envenenada*. Ediciones del Bronce. Barcelona, 2000.

KLEIN, M.: *Envidia y gratitud y otros trabajos* (2ª edición) (Título original: *Enjoy and gratitude*). Ediciones Paidós. Barcelona, 1994.

KOLBENSCHALG, M.: *Adiós, Bella Durmiente. Crítica de los mitos femeninos*. Kairós. Barcelona, 1993.

KYMLICKA, W.: *Ciudadanía multicultural* (Título original: *Multicultural citizenship. A liberal theory of minority rights*, 1995). Paidós Iberica. Barcelona, 1996.

La balsa de la Medusa. Revista trimestral, número 48,1998.

LAGARDE Y DE LOS RÍOS, M.: «Enemistad y sororidad: Hacia una nueva cultura feminista». Articulo publicado en la revista *Memoria del Cemos* (México D.F.) Vol. IV, Nº 28, Septiembre-Octubre de 1989.

—*Los cautiverios de las mujeres: madresposas, monjas, putas, presas y locas*. Universidad Nacional Autónoma de México. México, 1993.

—*Género y feminismo. Desarrollo humano y democracia.* horas y HORAS la editorial. Madrid, 1996.

—*Los cautiverios de las mujeres: madresposas, monjas, putas, presas y locas.* Universidad Nacional Autónoma de México. México, 1997.

—*Identidad genérica y feminismo.* Instituto Andaluz de la Mujer. Sevilla, 1998.

—*Una mirada feminista en el umbral del milenio.* Instituto de Estudios de la Mujer. Facultad de Filosofía y Letras. Universidad Nacional. Heredia (Costa Rica), 1999.

—*Claves feministas para el poderío y la autonomía de las mujeres.* Instituto Andaluz de la Mujer. Sevilla, 1999.

—*Claves feministas para la autoestima de las mujeres.* horas y HORAS la editorial. Madrid:, 2000.

LANE, M.: *Hijas escritoras.* Salvat. Barcelona, 1995.

LAO, M.: *Las Sirenas. Historia de un símbolo* (Título original: *Le Sirene,* 1985). Coedición Era/Librería Las Sirenas. México D.F., 1995.

LARRAURI, M.; MAX (ilustraciones): *El deseo según Gilles Deleuze.* Tàndem Edicions. Valencia, 2000.

—*La llibertat segons Hannah Arendt.* Tàndem Edicions. Valencia, 2001.

LAURENZI, E.: *María Zambrano. Nacer por sí misma.* horas y HORAS la editorial. Madrid, 1995.

LEBOWITZ, F.: *Vida metropolitana* (Título original: *Metropolitan Life,* 1974). Tusquets Editores. Barcelona, 1984.

LE GUIN, U.K.: *Los desposeídos. Una utopía ambigua* (4ª reimpresión) (Título original: *The Dispossessed,* 1974). Ediciones Minotauro. Barcelona, 1998.

LEGUINA, J.: *Malvadas y virtuosas. Retratos de mujeres inquietantes.* Temas de Hoy. Madrid, 1997.

LEÓN, M. (comp.): *Poder y empoderamiento de las mujeres.* Tercer Mundo Editores en coedición con el Fondo de documentación mujer y género y el programa de estudios de género, mujer y desarrollo en la Facultad de Ciencias Humanas de la Universidad de Colombia, 1998.

LEÓN, V.: *Uppity Women of Ancient Times*. MJF Books. New York, 1995.

—*Uppity Women of Shakespearean Times*. MJF Books. New York, 1999.

LERNER, H.G.: *La mujer y la intimidad* (Título original: *The Dance of Intimacy*, 1989). Ediciones Urano. Barcelona, 1991.

—*La verdad y la mentira en la vida de las mujeres*. Ediciones Urano. Barcelona, 1994.

LIBRERÍA DE MUJERES DE MILÁN: *No creas tener derechos. La generación de la libertad femenina en las ideas y vivencias de un grupo de mujeres* (Título original: *Non credere di avere dei diritti*, 1987). horas y HORAS la editorial. Madrid, 1991.

LLORCA, C.: *Llamádme Evita*. Planeta. Barcelona, 1994.

LOADES, D.: *Mary Tudor: A life*. Blackwell. Oxford, 1990.

LÓPEZ, I. Y ALCALDE, A.R. (coords.): *Relaciones de género y desarrollo. Hacia la equidad de la cooperación*. Ed. Instituto Universitario de Desarrollo y Cooperación y Los Libros de la Catarata. Madrid, 1999.

LORENTE ACOSTA, M.: *Mi marido me pega lo normal. Agresión a la mujer: realidades y mitos*. Editorial Crítica. Barcelona, 2001.

LORENTE ACOSTA, M. y J.A.: *Agresión a la mujer: maltrato, violación y acoso*. Editorial Comares. Granada, 1999.

LORENZO ARRIBAS, J.: *Hildegarda de Bingen (1098-1179)*. Ediciones del Orto. Madrid, 1996.

LOVERA, S., con la colaboración de Yoloxóchitl Casas: *Policias violadores. Violadores policias*. Editorial Majo. México D.F., 1990.

LOZANO DOMINGO, I.: *Lenguaje Femenino, Lenguaje Masculino. ¿Condiciona nuestro sexo la forma de hablar?* Minerva ediciones. Madrid, 1995.

LUCRECIO: *De la naturaleza*. Círculo. Barcelona, 1998.

MACKINNON, C.A.: *Hacia una teoría feminista del Estado*. Ediciones Cátedra. Madrid, 1995.

MADRID, M.: *La misoginia en Grecia*. Ediciones Cátedra. Madrid, 1999.

MANGINI, S.: *Recuerdos de la resistencia. La voz de las mujeres de la guerra civil española* (Título original: *Memories of Resistance: Women's Voices from the Spanish Civil War*, 1995). Ediciones Península. Barcelona, 1997.

—*Las modernas de Madrid*. Ediciones Península. Barcelona, 2001.

MAQUIEIRA, V.; SÁNCHEZ, C. (comp.): *Violencia y Sociedad Patriarcal*. Editorial Pablo Iglesias. Madrid, 1990.

MAQUIEIRA, V.; VARA, M.J.: *Género, clase y étnia en los nuevos procesos de globalización, (XI Jornadas de investigación interdisciplinaria sobre la mujer)*. Universidad Autónoma de Madrid. Servicio de publicaciones. Madrid, 1997.

MARINA, J.A.; LÓPEZ PENAS, M.: *Diccionario de los sentimientos*. Anagrama. Barcelona, 1999.

MARSÁ VANCELLS, P.: *La mujer en la filosofía*. Editorial Fragua. Madrid, 1976.

MARTÍN GARZO, G. *et al.*: *Ser hombre*. Temas de Hoy. Madrid, 2001.

MARTÍN MUÑOZ, G. (comp.): *Mujeres, democracia y desarrollo en el Magreb*. Editorial Pablo Iglesias. Madrid, 1995.

MARTÍNEZ, C.; PASTOR, R.; DE LA PASCUA, M.J.; TAVERA, S.: *Mujeres en la Historia de España*. Editorial Planeta. Barcelona, 2000.

MASTRETTA, A.: *Arráncame la vida* (23ª edición). Cal y arena. México D.F., 1993.

—*Mujeres de ojos grandes* (10ª edición). Cal y arena. México D.F., 1993.

MATURANA, H.: *El sentido de lo humano*. 9ª edición. Santiago de Chile: Dolmen Ediciones, 1997. (1ª edición: 1991.)

McDOWELL, L.: *Género, identidad y lugar*. Ediciones Cátedra. Madrid, 2000.

McNALLY, R.T.: *Drácula Was a Woman : In Search of the Blood Countess of Transylvania*. McGraw-Hill Companions. Nueva York, 1987.

MELZER, S.E.; RABINE, L. W. (edit.): *Rebel Daughters: Women and the French Revolution*. Oxford University Press. Oxford, 1992.

MERNISSI, F.: *Las sultanas olvidadas*. Muchnik Editores. Barcelona, 1997.

—*Marruecos a través de sus mujeres*. Ediciones del Oriente y del Mediterráneo. Madrid, 2000.

—*El Harén en Occidente* (Título original: *Scheherazade goes West, or: The European Harem*, 2000). Espasa-Calpe. Madrid, 2001.

MICHAEL, Ll. (editor): *Ingmar Bergman's Persona*. Cambridge University Press. Cambridge, 2000.

MICHAUD, S.: «La mujer», en *El hombre romántico*, ed. François Furet. Alianza Editorial. Madrid, 1997.

—*Lou Andreas-Salomé. La aliada de la vida*. Editorial Crítica. Barcelona, 2001.

MICHELET, J.: *Historia del satanismo y la brujería*. Dédalo. Buenos Aires, 1989.

MIEDZIAN, M.: *Chicos son, hombres serán. Cómo romper los lazos entre masculinidad y violencia*. horas y HORAS la editorial. Madrid, 1995.

MILLER, A.: *Las brujas de Salem*. Versión española: Diego Hurtado. Colección Teatro. Madrid, 1963

MOA RODRÍGUEZ, P.: *La sociedad homosexual y otros ensayos*. Criterio Libros. Madrid, 2001.

MOEBIUS, P.J.: *La inferioridad mental de la mujer*. Editorial Bruguera. Barcelona, 1982.

MOIX, A.M.: *Extraviadas ilustres*. C y P. Barcelona, 1996.

MOORE, H.L.: *Antropología y Feminismo*. Ediciones Cátedra. Madrid, 1999.

MORANT, I.: *La felicidad de Madame du Châtelet: vida y estilo del siglo XVIII*. Ediciones Cátedra. Madrid, 1996.

MORA, L. Mª. y PEREYRA, V.: *Mujeres y solidaridad. Estrategias de supervivencia en el África subsahariana*. Instituto Universitario de Desarrollo y Cooperación. Los libros de la Catarata. Madrid, 1999.

MORATÓ, C.: *Viajeras intrépidas y aventureras*. Ed. Plaza & Janés. Barcelona, 2001.

MORENO, A.: *El arquetipo viril protagonista de la historia. Ejercicios de lectura no androcéntrica*. La Sal. Edicions de les Dones. Barcelona, 1987.

MORO, T.; CAMPANELLA, T.: BACON, F.: *Utopías del Renacimiento*. Fondo de Cultura Económica de España. Madrid, 1996.

MOSSIKER, F.: *The affair of the Poisons; Louis XIV, Madame de Montespan, and One of History's Great Unsolved Mysteries*. Knopff. Nueva York, 1969.

MOUFFE, CH.: *El retorno de lo político. Comunidad, ciudadanía, pluralismo, democracia radical* (Título original: *The return of the political*, 1993). Ediciones Paidós Ibérica. Barcelona, 1999.

Mujeres y globalización de la economía. XIV Congreso Nacional de Mujeres Abogadas.

MURILLO, S.: *Relaciones de poder entre hombres y mujeres. Los efectos del aprendizaje de rol en los conflictos y en la violencia de género*. Federación de Mujeres Progresistas. Madrid, 2000.

MURRÍA, A.: *Mujeres que hablan de mujeres*. Cabildo de Tenerife-Área de Cultura. Santa Cruz de Tenerife, 2001.

NAOURI, A.: *Hijas y madres*. Tusquets Editores. Barcelona, 1999.

NASH, M.; MARRE, D. (eds.): *Multiculturalismos y género. Un estudio interdisciplinar*. Editorial Bellaterra. Barcelona, 2001.

NAVALES, A.M.: *Tres mujeres. Cuentos*. Huerga y Fierro editores. Madrid, 1995

NIN, A.: *Ser mujer*. Editorial Debate. Madrid, 1979.

NOMDEDEU MORENO, X.: *Mujeres, manzanas y matemáticas. Entretejidas*. Nivola, libros y ediciones. Madrid, 2000

Nosferatu, revista de cine, n° 23. «Malas en el cine».

NOTHOMB, A.: *Estupor y temblores* (Título original: *Stupeur et tremblements*, 1999). Anagrama. Barcelona, 2000.

NUÑO GÓMEZ, L. (coord.): *Mujeres: de lo privado a lo público*. Editorial Tecnos. Madrid, 1999.

ORBACH, S.; EICHENBAUM, L.: *Agridulce. El amor, la envidia y la competencia en la amistad entre mujeres* (Título original: *Bittersweet*, 1987). Ediciones Grijalbo. Barcelona, 1988.

ORTEGA, M.; SÁNCHEZ, C.; VALIENTE, C: *Género y Ciudadanía. Revisiones desde el ámbito privado*. Universidad Autónoma de Madrid. Servicio de Publicaciones. Madrid, 1999.

ORTIZ, L.: *El sueño de la pasión*. Planeta. Barcelona, 1997.

OTTO, W.: *Coser y cantar* (Título original: *How to make an American Quilt*, 1991). Ediciones B. Barcelona, 1996.

PAGLIA, C.: *Vamps and Tramps. Más allá del feminismo*. Valdemar. Madrid, 2001.

PEDRAZA, P.:. *La bella, enigma y pesadilla*. Tusquets. Barcelona, 1991.

PENELAS I BEA PORQUERES, M.L. (ed.): *La ciutat de les dames, Debat de Barcelona (V)*. Centro de Cultura Contemporánea de Barcelona, 2000.

PENROSE, V.: *La condesa sangrienta*. Siruela. Madrid, 1996.

PEÑAMARÍN, C.; LÓPEZ DÍEZ P. (coords.): *Los melodramas televisivos y la cultura sentimental*. Comunidad de Madrid. Dirección general de la mujer. Instituto de Investigaciones Feministas. Universidad Complutense de Madrid. Madrid, 1995.

PÉREZ CANTÓ, M.P.: *También somos ciudadanas*. Universidad Autónoma de Madrid. Servicio de publicaciones. Madrid, 2000

PÉREZ CANTÓ, M.P.; CASAÚS ARZÚ, M.E.: *La Mujer Latinoamericana ante el reto del siglo XXI*. Universidad Autónoma de Madrid. Servicio de Publicaciones. Madrid, 1993.

PÉREZ GALDÓS, B.: *Obras completas*. Aguilar. Madrid, 1990.

PERROT, M.: *Mujeres en la ciudad*. Editorial Andrés Bello. Santiago de Chile, 1997.

PETITFILS, J.-Ch.: *L'affaire des poisons, alchimistes et sorciers sous Louis XI.*: A. Michel. París, 1977.

PINKOLA ESTÉS, C.: *Mujeres que corren con los lobos. Mitos y cuentos del arquetipo de la Mujer Salvaje.* Ediciones B. Barcelona, 1998.

PISAN, C. De: *La ciudad de las damas.* Ediciones Siruela. Madrid, 1995.

PLATH, S.: *Ariel.* Ediciones Hiperión. Madrid, 1997.

PLATÓN: *La república.* IEP. Madrid, 1949.

POMEROY, S.B.: *Diosas, rameras, esposas y esclavas. Mujeres en la Antigüedad Clásica.* (2ª edición). Akal. Madrid, 1990.

PRESENCIA GITANA: *Mujeres gitanas ante el futuro.* Editorial Presencia Gitana. Madrid, 1990.

PRÉVOST, abate: *Manon Lescaut.* Ediciones Cátedra. Madrid, 1984.

PUIGVERT, L.: *Las otras mujeres.* El Roure editorial. Barcelona, 2001.

PUJADE-RENAUD, Cl.: *La noche de las reinas: Isabel de Farnesio y la princesa de los Ursinos.* Edhasa. Barcelona, 1999.

QUANCE, R.A.: *Mujer o árbol. Mitología y modernidad en el arte y la literatura de nuestro tiempo.* Antonio Machado Libros. Madrid, 2000.

QUINN, T. (edit): *Quotable women of the Twentieth century.* William Morrow and Company, Inc. New York, 1999.

REED, E.: *Woman's Evolution. From matriarchal clan to patriarchal family* (10ªedición). Pathfinder Press. New York, 1997.

REGUANT I FOSAS, D.: *La mujer no existe. Un simulacro cultural.* Maite Canal Editora. Bilbao, 1996.

RENAU, Mª.D. et al.: *Integrismos, violencia y mujer.* Editorial Pablo Iglesias. Madrid, 1996.

RICHARDSON, S.: *Pamela.* Ediciones Cátedra. Madrid, 1999.

RICO-GODOY, C.: *Tres Mujeres (Cómo ser una mujer y no morir en el intento, Cómo ser infeliz y disfrutarlo, Cuernos de mujer).* Temas de Hoy. Madrid, 2001.

—*Fin de fiesta.* Temas de Hoy. Madrid, 2001

Rico, L.: *TV fábrica de mentiras. La manipulación de nuestros hijos.* (4ª edición). Espasa-Calpe. Madrid, 1993.

Riera, C. (edit.): «La representació de les dones a les literatures hispàniques finiseculars». *Lectora. Revista de Dones i Textualitat,* 3. Universitat Autónoma de Barcelona. Departament de Filología Espanyola, 1996.

Rivera, M.M.: *Nombrar el mundo en femenino. Pensamiento de las mujeres y teoría feminista.* (2ªedición). Icaria Editorial. Barcelona, 1998.

—*Mujeres en relación. Feminismo 1970-2000.* Icaria Editorial. Barcelona, 2001.

Rivière, M.: *El mundo según las mujeres.* Aguilar. Madrid, 1999.

Robles, M.: *Mujeres, mitos y diosas.* Tezontle. Consejo Nacional para la Cultura y las Artes. Fondo de Cultura Económica. México D.F., 1996.

Rojas, F. de: *La Celestina.* Ediciones Cátedra. Madrid, 1991.

Roma, P.: *Jaque a la Globalización. Cómo crean su red los nuevos movimientos sociales y alternativos.* Editorial Grijalbo. Barcelona, 2001.

Romeu Alfaro, F.: *El silencio roto... Mujeres contra el Franquismo.* Editado por el Servicio de Publicaciones de la Universidad de Castilla - La Mancha, 1991

Rossanda, R.: *Las Otras* (Título original: *Le Altre,* 1979). Gedisa. Barcelona, 1982.

Rossello, I.: *Música, femení singular.* Bahía Industria Gráfica. Illes Balears, 1999.

Rossi, M.: *Courtney Love, Queen of Noise.* Pocket Books. Nueva York, 1996.

Roudinesco, E.: *Feminismo y Revolución, Théroigne de Méricourt.* Península. Barcelona, 1990.

Roura, A.: *Entre nosotras. De mi madre a mi hija.* Editorial Planeta. Barcelona, 2001.

Rousseau, J.-J.: *El contrato social.* Porrúa. México, 1992.

Rovira, G.: *Mujeres de maíz. La voz de las indígenas de Chiapas y la rebelión zapatista* (2ª edición). Virus Editorial. Barcelona, 1999.

RUBIALES, A.: "El siglo de las mujeres". *Revista Leviatan*, n°83 (primavera, 2001).

RUBIO CASTRO, A.: *Feminismo y Ciudadanía*. Instituto Andaluz de la Mujer. Sevilla-Málaga, 1997

RUIZ, Juan, arcipreste de Hita: *Libro de Buen Amor*. Planeta. Barcelona, 1983.

SAAVEDRA, P.: *Hacia una democrácia paritaria, análisis y revisión de las Leyes Electorales vigentes*. EFCA. Madrid, 1999.

SAINT-SIMON, Louis de Rouvray, duque de: *La princesa de los Ursinos*. Orbis. Barcelona, 1983.

SÁIZ LÓPEZ, A.: *Utopía y género. Las mujeres chinas en el siglo XX*. Edicions Bellaterra. Barcelona, 2001.

SALTZMAN, J.: *Equidad y género. Una teoría integrada de estabilidad y cambio* (Título original: *Gender Equity An Integrated Theory of Stability and Change*, 1989). Ediciones Cátedra. Madrid, 1992.

SANTDRIAN PADILLA, R. Mª: *Mujeres malas y perversas de la historia*. Edimat. Madrid, 1994.

SANZ, F.: *Los vínculos amorosos. Amor desde la identidad en la terapia de reencuentro*. (3ª edición). Editorial Kairós. Barcelona, 2000.

SAU, V.: *El vacío de la maternidad*. Icaria Editorial. Barcelona, 1995.

—*Ser mujer: el fin de una imagen tradicional* (2ª edición). Icaria Editorial. Barcelona, 1993.

—*Mujeres lesbianas*. Sidecar, libros sobre ruedas. Valencia, 1998.

—*Diccionario ideológico feminista. Volumen 1* (3ª edición). Icaria Editorial. Barcelona, 2000.

—*Diccionario ideológico feminista. Volumen 2* (1ª edición). Icaria Editorial. Barcelona, 2001.

SCOTT, W.: *Ivanhoe*. Planeta. Barcelona, 1991.

SEAGER, J.: *Atlas Akal del estado de la mujer en el mundo*. Akal. Madrid, 2001.

SEGARRA, M.; CARABÍ, À. (eds.): *Nuevas masculinidades*. Icaria Editorial. Barcelona, 2000.

SEGURA GRAÍÑO, C. (coord.): *Feminismo y misoginia en la literatura española. Fuentes literarias para la historia de las mujeres.* Narcea. Madrid, 2001.

SEN, M.: *La reina de los bandidos. La verdadera historia de Phoolan Devi* (Título original: *India's Bandit Queen*, 1991). horas y HORAS la editorial. Madrid, 1995.

SERRANO, M.: *Antigua vida mía.* Suma de Letras. Madrid, 2000.

SHAKESPEARE, W.: *Las alegres casadas de Windsor. Obras completas.* Aguilar. Madrid, 1969.

SHELLEY, M.: *Frankenstein.* Valdemar. Madrid, 1994.

SHOWALTER, E.: *Mujeres Rebeldes. Una Reivindicación de la Herencia Intelectual Feminista.* Espasa-Calpe. Madrid, 2001.

SIMÓN RODRÍGUEZ, E.: *Democracia vital. Mujeres y hombres hacia la plena ciudadanía.* Narcea ediciones. Madrid,1999.

SIPI, R.: *Las mujeres africanas. Incansables creadoras de estrategias para la vida.* Ed. Mey. Barcelona, 1997.

SÓFOCLES: *Tragedias.* Gredos. Madrid, 1981.

SOLSONA I PAIRÓ, N.: *Mujeres científicas de todos los tiempos.* Talasa Ediciones, con ayuda de la dirección del Libro y Bibliotecas del Ministerio de Cultura. Madrid: 1997.

SOR JUANA INÉS DE LA CRUZ: *Obras Selectas.* Prólogo, selección y notas: Georgina Sabàt de Rivers y Elías L. Rivers. Editorial Noguer. Barcelona, 1976.

SORIANO, E.: *El donjuanismo femenino.* Ediciones Península. Barcelona, 2000.

SPADA, J.: *Más que una mujer: una biografía íntima de Bette Davis.* Alertes. Barcelona, 1994.

STARCK, M.; STERN, G.: *Danzando con la sombra. La Diosa Oscura y la integración creativa del inconsciente femenino* (Título original: *The dark goddess*, 1993). Gaia Ediciones. Madrid, 1996.

STARR, T.: *La naturale inferiorità delle donne. 5000 anni di cattiverie maschili* (Título original: *The «Natural Inferiority» of Women*, 1991). Sperlind & Kupfer Editori. Milano, 1993.

STASSINOPOULOS, A.: *Converations with the Goddesses. Revealing the Divine Power within You.* Stewart, Tabori & Chang. New York, 1999.

STASSINOPOULOS, M.: *María Callas, la mujer detrás de la leyend.* Quartos. Barcelona, 1983.

STEINEM, G.: *Ir más allá de las palabras. Rompiendo las barreras del género: edad, sexo, poder, dinero, músculos.* Ediciones Paidós Ibérica. Barcelona, 1996.

STEINER, C.: *Los guiones que vivimos.* (2ª edición) (Título original: *Scripts People Live*, 1974). Editorial Kairós. Barcelona, 1998.

STRINDBERG, A.: *La señorita Julia.* Bruguera. Barcelona, 1983.

STUART MILL, J.; TAYLOR MILL, H.: *Ensayos sobre la igualdad de los sexos.* Antonio Machado Libros. Madrid, 2000.

SUBIRATS, M.: *Con Diferencia. Las mujeres frente al reto de la autonomía.* Icaria Editorial. Barcelona, 1998.

SUU KYI, A.S.: *Cartas desde Birmania.* Circe. Barcelona, 1998.

TAMARO, S.: *Donde el corazón te lleve.* Seix Barral. Barcelona, 1998.

TAN, A.: *El Club de la Buena Estrella* (4ªedición). Tusquets Editores. Barcelona, 1999.

TANNEN, D.: *La cultura de la polémica. Del enfrentamiento al diálogo.* Paidós. Barcelona, 1999.

TAXONERA, L. de: *Isabel de Farnesio.* Planeta-De Agostini. Barcelona, 1996.

THE GUERRILLA GIRLS: *The Guerrilla Girls' Bedside companion to the history of Western Art.* Penguin Books. New York, 1998.

THOMAS, A.G.: *Esa mujer en que nos convertimos. Mitos, cuentos y leyendas sobre las enseñanzas de la edad* (Título original: *The Women We Become*, 1997). Ediciones Paidós Ibérica. Barcelona, 1999.

THOMAS, CH.: *Cómo soportar la libertad.* Tusquets Editores. Barcelona, 1999.

TITO LIVIO: *La Roma legendaria.* Círculo. Barcelona, 1999.

TODOROV, T.: *El hombre desplazado.* Taurus. Madrid, 1998.

—*Los abusos de la memoria* (Título original: *Les abus de la memoire*, 1995). Ediciones Paidós Ibérica. Barcelona, 2000.

Tolstói, L.: *Ana Karenina*. Ediciones B. Barcelona, 1995.

Tortajada, A.: *El grito silenciado. Diario de un viaje a Afganistán.* Grijalbo Mondadori. Barcelona, 2001.

Tubert, S. (ed.): *Figuras de la madre*. Ediciones Cátedra, Universitat de Valencia, Instituto de la Mujer. Madrid, 1996.

—*Figuras del padre*. Ediciones Cátedra, Universitat de Valencia, Instituto de la Mujer. Madrid, 1997.

Turín, A.: *Los cuentos siguen contando. Algunas reflexiones sobre los estereotipos.* horas y HORAS la editorial. Madrid, 1995.

Unamuno, M. De.: *La tía Tula* (25ª edición). Espasa-Calpe. Madrid, 1999.

Valcárcel, A.: *Sexo y filosofía. Sobre «Mujer» y «Poder».* Editorial Anthropos. Barcelona, 1991.

—*La política de las mujeres*. Ediciones Cátedra. Madrid, 1997.

—*Del miedo a la igualdad*. Editorial Crítica. Barcelona, 1993.

—*Rebeldes. Hacia la paridad*. Plaza & Janés Editores. Barcelona, 2000.

—*Estudio preliminar: «El voto femenino en España. La Constitución del 31 y Clara Campoamor».* Publicaciones del Congreso de los Diputados. Madrid, 2001.

Valcárcel, A. (comp.): *El concepto de igualdad*. Editorial Pablo Iglesias. Madrid, 1994.

Valcárcel, A.; Renau, Mª D.; Romero, R. (eds.): *Los desafíos del feminismo ante el siglo XXI*. Instituto Andaluz de la Mujer, 2000.

Valle, T. del (edit.): *Perspectivas feministas desde la antropología social*. Editorial Ariel. Barcelona, 2000.

—(coord.): *Modelos emergentes en los sistemas y las relaciones de género.* Narcea Ediciones. Madrid, 2002

Varona, M.: *Mujeres Argelinas. La Libertad Prohibida*. Federación de Mujeres Progresistas. Madrid, 1995.

VÁZQUEZ, M.; Villalba Simón, Mª R. (coords.): *La mujer en el mundo de hoy. Situación y política de los gobiernos. (en torno a la IV Conferencia Intergubernamental de Naciones Unidas, Pekin, Septiembre de 1995.* Escuela Libre Editorial. Madrid, 1997.

VILLOTA, P. de (ed.): *Las mujeres y la ciudadanía en el umbral del siglo XXI.* Editorial Complutense. Madrid, 1998.

—(ed.): *Globalización y género.* Editorial Síntesis. Madrid, 1999.

VIRGILIO: *Eneida.* Espasa-Calpe. Madrid, 1951.

V.V.A.A.: *De dos en dos. Las prácticas de la creación de la vida y la convivencia humana.* horas y HORAS la editorial. Madrid, 2000.

V.V.A.A.: *Diez años de Comadres. Diez años de historia de mujeres 1986-1996.* Tertulia Feminista de Gijón les Comadres. Alvaralias/ Luna Llena. Gijón, 1996.

V.V.A.A.: *El sexo de la noticia.* Icaria. Barcelona, 2000.

V.V.A.A.: *Elogio della menzogna.* Sellerio Editore. Palermo, 1990.

V.V.A.A.: *Encuentro con la sombra. El poder del lado oscuro de la naturaleza humana* (6ª edición) (Título original: *Meeting the shadow,* 1991). Editorial Kairós. Barcelona, 2000.

V.V.A.A.: *Escritoras indias. Diez escritoras indias.* Icaria Editorial. Barcelona, 1991.

V.V.A.A.: *Escritoras israelíes. Once escritoras israelíes.* Icaria Editorial. Barcelona, 1992.

V.V.A.A.: *Escritoras rusas.* Icaria Editorial. Barcelona, 1997.

V.V.A.A.: *Escritoras chinas. Ocho escritoras chinas.* Icaria Editorial. Barcelona, 1990.

V.V.A.A. *Femininmasculine. Le sexe de l'art.* Editions du Centre Pompidou. Paris,1995.

V.V.A.A.: *Filosofía y género. Identidades femeninas.* Pamiela argitaletxea. Pamplona, 1992.

V.V.A.A.: *Interacciones ciencia y género. Discursos y prácticas científicas de mujeres.* Icaria Editorial. Barcelona, 1999.

V.V.A.A.: *La Ilustración olvidada. La polémica de los sexos en el siglo XVIII.* Barcelona: Editorial Anthropos en coedición con la Dirección General de la Mujer, Consejería de Educación de la Comunidad de Madrid, 1993.

V.V.A.A.: *La mujer en el umbral del siglo XXI*. Editorial Complutense; Fundación General de la Universidad Complutense de Madrid Club de Debate. Madrid, 1998.

V.V.A.A.: *La red invisible. Pautas vinculadas al género en las relaciones familiares*. Paidós. Barcelona, 1996.

V.V.A.A.: *Libres para ser. Mujeres creadoras de cultura en la Europa medieval* (Título original: *Libere di esistire. Costruzione femminile di civiltà nel Medioevo europeo)*. Narcea ediciones. Madrid, 2000.

V.V.A.A.: *Mujer, locura y feminismo*. Editorial Dédalo. Madrid, 1979.

V.V.A.A.: *Mujeres, ciencia y práctica política*. Debate. Madrid, 1985.

V.V.A.A.: *Mujeres de la escena 1900-1940*. Sociedad General de Autores y Editores. Madrid, 1996.

V.V.A.A.: *Mujeres Enredadas*. Diputación de Córdoba, 1999.

V.V.A.A.: *The Beacon Book of Essays by Contemporany American Women*. Beacon Press. Boston, 1996.

V.V.A.A.: *Una sola terra desprès de la Cimera de Rio. Dones desemvolupament sostenible*. Diputaciò de Barcelona; A.Una sola terra. Barcelona,1998

V.V.A.A.: *Women's studies. Essential Readings*. New York University Press. New York, 1993.

WALKER, A.: *Joan Crawford, the ultimate star*. Harper & Row. Nueva York, 1983.

WALKER, A.: *En posesión del secreto de la alegría*. Plaza y Janés. Barcelona, 1992.

WARING, M.: *Si las mujeres contaran. Una nueva economía feminista*. Vindicación Feminista, Publicaciones. Madrid, 1994.

WATKINS, S.: *In Public and in Private: Elizabeth I and her World*. Thames & Hudson. Londres, 1998.

WELLDON, E. V.: *Madre, virgen, puta. Idealización y denigración de la maternidad* (Título original: *Mother, Madonna, Whore. The Idea-*

lization and Denigration of Motherhood, 1988). Siglo XXI de España editores. Madrid, 1993.

WHITE, E.: *Fast Girls. Teenage Tribes and the Myth of the Slut.* Scribner. New York, 2002.

WOLF, N.: *Promiscuidades. La lucha por ser mujer* (Título original: *Promiscuities,* 1997). Editorial Planeta. Barcelona,1998.

—*El mito de la belleza.* Emecé Editores. Barcelona, 1991.

WOLLSTONECRAFT, M.: *Vindicación de los Derechos de la Mujer.* Ediciones Cátedra. Madrid, 1994.

WURTZEL, E.: *Bitch: In Praise of Difficult Women.* Anchor Books. Nueva York, 1998.

YÁÑEZ, M. (ed.): *Habaneras. Diez narradoras cubanas.* Editorial Txalaparta. Nafarroa, 2000.

YOUNG, I.M.: *La justicia y la política de la diferencia.* Ediciones Cátedra. Madrid, 2000.

YOURCENAR, M.: *Archivos del norte.* Alfaguara. Madrid, 1977

ZAJOVIC, S.: *Mujeres por la paz.* Edita Mujeres de Negro. Belgrado, 1996.

ZAMBRANO, M.: *Persona y democracia. La historia sacrificial.* Editorial Anthropos. Barcelona, 1988.

—*El hombre y lo divino.* Siruela. Madrid, 1991.

ZAVALA, I.M.: *Breve historia feminista de la literatura española (en lengua castellana) V. La literatura escrita por mujer. Desde el siglo XIX hasta la actualidad.* Anthropos Editorial en coedición con la Editorial de la Universidad de Puerto Rico. Barcelona, 1998.

ZERZAN, J.: *Futuro primitivo* (Título original: *Future primitive,* 1994). Numa Ediciones. Valencia, 2001.

Filmografía

Al Este del Edén (*East of Eden*, E. Kazan, 1955).
Ana Karenina (*Anna Karenina*, C. Brown, 1935).
Armas de mujer (*Working Girl*, M. Nichols, 1988).
Cartas a Iris (*Stanley & Iris*, M. Ritt, 1990).
El apartamento (*The Apartment*, B. Wilder, 1960).
El círculo (*Dayereh*, J. Panahi, 2000).
Esplendor en la yerba (*Splendor in the Grass*, E. Kazan, 1961).
Erin Brockovich (*Erin Brockovich*, S. Sodebergh, 2000).
Eva al desnudo (*All About Eve*, J. L. Manckiewicz, 1950).
Gilda (*Gilda*, C. Vidor, 1946).
Gritos y susurros (*Viskningar och rop*, I. Bergman, 1971).
Julia (*Julia*, F. Zinnemann, 1977).
La Bella y la Bestia (*Beauty and the Beast*, G. Trousdale y K. Wise, 1991).
La ley de la calle (*Rumble Fish*, F. Ford Coppola, 1983).
La mano que mece la cuna (*The Hand That Rocks the Cradle*, C. Hanson, 1992).
La reina Cristina de Suecia (*Queen Christina*, R. Mamoulian, 1933).
La tentación vive arriba (*Seven Year Itch*, B. Wilder, 1955).
Las modelos (*Cover Girl*, C. Vidor, 1944).
Mujeres (*The Women*, G. Cukor, 1939).
Mujeres al borde de un ataque de nervios (P. Almodóvar, 1987).
Persona (*Persona*, I. Bergman, 1965).
Pretty Woman (*Pretty Woman*, G. Marshall, 1990).
¿Qué fue de Baby Jane? (*What Happened to Baby Jane*, R. Aldrich, 1962).
Ricas y famosas (*Rich and Famous*, G. Cukor, 1981).
Thelma y Louise (*Thelma and Louise*, R. Scott, 1991).
West Side Story (*West Side Story*, R. Wise, 1961).